让 我 们 一 起 追 寻

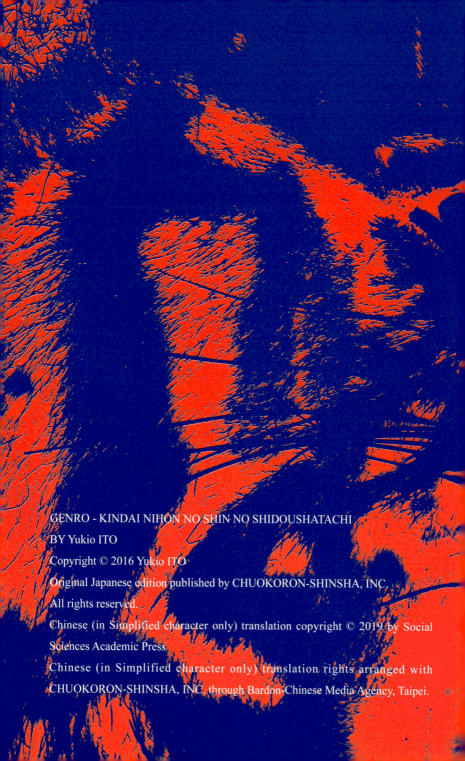

GENRO - KINDAI NIHON NO SHIN NO SHIDOUSHATACHI

BY Yukio ITO

Copyright © 2016 Yukio ITO

Original Japanese edition published by CHUOKORON-SHINSHA, INC.

All rights reserved.

Chinese (in Simplified character only) translation copyright © 2019 by Social
Sciences Academic Press

Chinese (in Simplified character only) translation rights arranged with
CHUOKORON-SHINSHA, INC. through Bardon-Chinese Media Agency, Taipei.

〔日〕伊藤之雄 著

沈艺 梁艳 李点点 译

元老

指导者

近代日本真正的

近代日本の真の
指導者たち

社会科学文献出版社
SOCIAL SCIENCES ACADEMIC PRESS (CHINA)

本书获誉

本书尝试解明"元老"这一游离于宪法之外的存在，是如何利用近代日本的立宪政治的，这种现象是历史的悖论……今天，我们都在讨论立宪主义究竟是什么，而本书就展示了尊重议论的中庸之道、熟练运用政党政治的重要性。

——学习院大学校长井上寿一，发表于《日本经济新闻（早报)》2016年8月21日

伊藤之雄的《元老》详细记述了这种隐藏制度从诞生到成熟再到衰退的整个过程，并且明确了其背后的政治原动力，为我们生动地展现了处于近代国家青春期的日本的一个侧面。

——一桥大学教授楠木健，发表于《周刊新潮》2016年8月4日

元　老

本书是一部回顾近代日本政治史的全新著作。作者一直以来写作、出版了为数众多且赞誉颇丰的研究著作和人物传记……我希望将其置于长远的历史视野下再次阅读。

——政治学者、东京大学教授牧原出，发表于《读卖新闻（早报）》2016 年 8 月 21 日

伊藤之雄的《元老》完全颠覆了"元老"被视为"政界黑幕"的传统印象。

——东京大学教授宇野重规，《读卖新闻（晚报）》2016 年 9 月 12 日

伊藤博文、山县有朋、黑田清隆、井上馨、松方正义、西乡从道、大山岩、西园寺公望。本书通过描述位居权力中枢长达半世纪的元老，展现了近代日本发展的轨迹。

——历史导航，发表于 2016 年 6 月 21 日

目　录

元　老

第二章　宪法的制定与元老制度的形成

元　老

元　老

前　言

隐形制度的形成

《大日本帝国宪法》下选定首相的方法

自明治维新后近代国家形成以来，日本的政策最初是以大久保利通、木户孝允、岩仓具视等维新的领导人物为中心制定的；后来随着近代内阁制度的创建，形成了在大多数情况下以首相为中心的决策机制。

众所周知，《日本国宪法》规定首相由国会议员投票产生。然而，在《日本国宪法》颁布以前，特别是在二战之前，首相产生机制不是公投，并非如现在这样民主。虽然《大日本帝国宪法》（明治宪法）的条文规定，在形式上，首相应由天皇选定并任命，但实际上从惯例来看，天皇并不会如此深入地参与政治。

元 老

19世纪90年代中期以后，一旦内阁陷入危机，或是首相向天皇提交辞呈等情况发生，天皇就会询问被称作"元老"（又作"元勋"）之人的意见。元老们在商讨后决定内阁存续与否，若决定解散内阁则会选定继任首相，并将其推荐给天皇。按照惯例，如果元老们一致推荐某一位继任首相候选人，那么天皇必定会任命其为首相。元老虽然不是《大日本帝国宪法》中规定的机构，只是非正式的组织，但作为经常为天皇出谋划策的集团，已成为惯例性的公开机构。

在日本近代历史上，负责选定继任首相等工作并辅佐天皇的元老有以下八人：伊藤博文（长州出身）、山县有朋（长州出身）、黑田清隆（萨摩出身）、井上馨（长州出身）、松方正义（萨摩出身）、西乡从道（萨摩出身，西乡隆盛之弟）、大山岩（萨摩出身）、西园寺公望（公家①出身）。不过，并没有哪一个时期是这八人同时担任元老的。除了伊藤博文、山县有朋、黑田清隆、井上馨和松方正义以外，西乡从道、大山岩、西园寺公望只是替补，在意欲强化元老集团或是元老去世的情况下出任元老。

---

① 出仕日本朝廷的贵族或上级官员，是与武士阶级相对而言的。本书所有脚注均为译者注，后文不再特别说明。

　　获得任命的首相选定阁僚，并上奏给天皇。除却明治天皇治世初期的例外，对于首相上奏的阁僚名单，天皇均给予任命。根据《大日本帝国宪法》（第五十五条）的规定，大多数情况下，首相被认为与其他阁僚处于同等地位。然而，首相得到了元老的推荐，是天皇指定的第一人，能够在实质上决定阁僚人选，而且能够向天皇上奏罢免个别阁僚。从这个意义来看，首相具有比其他一般阁僚更高的地位。

　　另外，从史料看，表示臣下向天皇进言的有"上奏""内奏""奏上""言上"等各种各样的用语，其用法并没有严格的区别。"上奏"是最正式的，一般用于让天皇做出原则性的"是"与"否"的判断。

　　元老向天皇推荐继任首相这一重要惯例形成于明治中期，当时人们并不认为众议院第一大党派的党首会必然成为首相，实际上也基本如此，因为二战前的首相并不是通过民主主义性质的程序产生的。另外，元老有时通过互选成为首相，有时又借由向天皇上奏或向内阁提议等手段在外交、内政、财政等方方面面发挥影响力。然而，尽管元老是如此重要之存在，但如同接下来的序章将会展示的那样，关于元老制度的形成过程，以及哪些人堪称元老，直至今日都尚未有定论。

元　老

非正式组织的意义

一般来说，如同元老这样的非正式组织并不是民主主义的，而是在暗地里运用权力操纵正式组织，故而不应当受到推崇。但在大多数情况下真是如此吗？

在明治维新这样的大变革之后，创立近代国家是一种摸着石头过河的过程，必须因应日本的发展阶段，一边试错一边改革，不断探索怎样的组织形态才是合适的。然而，适当的组织形式的形成需要时间，对于其间产生的混乱予以应对的就是元老。这是一个维新后以萨（萨摩）长（长州）两藩为中心的由藩阀①中颇有实力之人构成的非正式集团，于19世纪90年代形成并固定下来。

随着日本国民在外交、内政方面成熟起来，并且以此为背景的政党与议会政治也相应发达，元老及元老制度就逐渐变得可有可无了。然而，政党政治在英国自17世纪以来发展了两百多年才得以成熟，遗憾的是，在帝国主义大行其道的时代的制约下，日本很难在维新后的五六十年间就发展出成熟的政党政治。因而，以推荐继任首相问题

---

① 明治时期，日本政府及陆海军的要职几乎被萨长土肥（萨摩藩、长州藩、土佐藩、肥前藩）四藩出身的实力派人物占据，藩阀就指这一排他性的政治派别。

为中心，元老不得不继续存在下去。

　　然而，元老制度也存在局限性，比如当元老候补不足，只剩下高龄的西园寺公望一人等情况发生时，这一位元老的权力就会受到各组织间本位主义（sectionalism）的限制，这些组织包括陆海军在内，均拥有高度发达的官僚体制。《大日本帝国宪法》也具有局限性，从20世纪30年代至40年代前半期，它无法帮助日本统合制定适当的国策并发挥提示作用，从而导致日本走上太平洋战争的不归路。换言之，近代日本虽然国力增强了，但并没有顺利培养与之相应的国民意识和发达的国家统治组织，以及首相和阁僚等有能力统领国政的领导人才。

　　日俄战争前夕，新闻媒体开始讨论应该废除元老及元老制度。但是在昭和时期，人们期望仅存的元老西园寺公望能够弥补未成熟的近代立宪国家机能不足的缺陷，哪怕其作用微乎其微。这一事实就象征着日本近代化的苦恼。

　　从国家层面来看，元老是非正式的一些人及组织；如果从更小一些的层面来看，在企业的创业与合并、官公厅①与大学的新组织的创立等早期阶段，非正式的人及组织使得正式组织能够顺利运营的情况并不少见。非正式组

_____

　　①　国家与地方公共团体的办公场所。

织总有一天会被废除，这是众望所归。但是当正式组织因本位主义而机能不全时，又或者正准备进行大的变革时，非正式组织在当下常常是十分必要的。在这个意义上，元老及元老制度并非过去的问题，而是现代的问题。

*

需要顺便提及的是，本书虽然以一般读者为对象，但也希望对研究者能有所启发，故而为了明确其在研究史上的定位，同时补充用以确定事实的根据，本书正文后将会有一些尾注。但即使不阅读这一部分，也能充分理解本书的内容，因而对此不胜其烦的读者尽可忽略。

凡　例

本书中的表述统一如下。

一、日本旧历的明治五年十二月三日是阳历的 1873 年（明治六年）1 月 1 日。如果用阳历表示旧历的时间会有年月日上的误差，因而本书在叙述旧历的时期时主要使用日本年号，而在叙述已经采用阳历的时期时主要使用阳历进行表述。

二、针对清国及中华民国时期的中国东北地区，本书统一使用"满洲"这一表述。

三、关于当时同时被使用的"朝鲜"和"韩国"的称呼，原则上以高宗即位改国号为大韩的 1897 年 10 月 12 日为分界点，之前称朝鲜，之后称韩国；在日韩合并以后用"朝鲜"称呼该地区。

四、关于书中出现的人物的官职，本书中不区别使用"前任"和"曾任"，统一使用"前任"一词。

元 老

关于史料原文的引用，为方便读者阅读，本书做了以下统一。

一、关于汉字，旧汉字和异体字原则上统一改为常用汉字。

二、如果史料中存在明确的错别字，有时直接改正，不再特别说明。

序　章

何谓元老

“元勋”“黑幕”与制度

“元老”这一用语的模糊感

首先，让我们来简单了解一下“元老”一词的由来以及关于元老制度的说明，看看“元老”这一用语的含义有多么模糊不清。

根据日语词典《广辞苑》（第6版，2008年）的解释，“元老”一词源于《诗经》，指年龄、名望、官位很高的功臣，或是长期做出贡献的人及长老。汉和词典《新汉语林》（第2版，2011年）中的释义为“年龄、名望、官位高的老人或长年在某一领域做出贡献的人”。无论采用上述哪种解释，“元老”一词本身并没有指称某一特定官职的意思。

元　老

当然，《广辞苑》和《新汉语林》也对本书所述的元老这一惯例性制度进行了解释，虽然这些解释比较模糊。《广辞苑》将其解释为"从明治后期至昭和前期，在推荐首相候选人等国家重要事务方面辅佐天皇的元勋政治家，如伊藤博文、山县有朋、黑田清隆、井上馨、松方正义、西乡从道、大山岩、桂太郎、西园寺公望等人"。本书之后会讲到，《广辞苑》把桂太郎列入元老之列是错误的。不仅如此，元老与"元勋政治家"的关系也不清不楚。查阅该词典所指示的参考词条"元勋"，其释义为"在明治维新运动中功勋卓著、受到明治政府重用的政治家，以西乡隆盛、木户孝允、大久保利通为代表，还有伊藤博文、山县有朋等人"。《广辞苑》对"元老"的释义使用了"元勋政治家"这一词，但是被列举为"元勋"人物的西乡隆盛、木户孝允、大久保利通等人不在"元老"所列的人物之中。作为近代制度的"元老"和"元勋"的关系越来越让人疑惑。况且，若说到"受到明治政府重用的政治家"，岩仓具视和三条实美自然应当同西乡隆盛、木户孝允、大久保利通等人被一并列入，却不知为何并未被提及，这点也使人无法理解。

查阅《新汉语林》中关于元老这一近代制度的说明，其解释为"旧制度下，皇室赐予特别待遇的、在遇到国家大事时向其咨询意见的老臣"。该解释虽然简单，但并没有拿"元勋"来解释元老，因此无含混之处。

概括来说，"元老"是公元前9世纪至公元前7世纪的中国古典文献里出现的一般性用语，指年纪较大、名望和官位都很高的长老，到了近代则被用于指称某种特殊制度，但是其由来以及制度形成的过程很模糊。这便是"元老"这一用语的实际情况。[1]

另外，对于和"元老"关联使用的"元勋"一词，《新汉语林》将其解释为"重大功绩。也指成为振兴国家之力的伟大功绩或是立下此功的人"。该释义虽然简单却抓住了要点。换言之，如果着重于"元老"和"元勋"的语义，那么对于明治维新的第一代领导人大久保利通、木户孝允、岩仓具视、三条实美等人，以及他们下一代的伊藤博文、山县有朋、黑田清隆、井上馨、松方正义（或是脱离了政府的西乡隆盛、板垣退助、大隈重信）这些人，用"元勋"一词进行表述更为恰当。

"元勋""黑幕""元老"这些词的用法

明治维新后，"元老""元勋"等词开始被正式使用是在1875年（明治八年）设置元老院之时。元老院是当时政府的高层领导人大久保利通与在野的木户孝允、板垣退助于大阪进行会谈后，以让后二人重归政府作为交换条

元　老

件而设置的，是政府改革计划的主要支柱。元老院的设置被认为是为了防止政府寡头专制之弊端，为日后创建国会打下基础。

　　被任命为元老院议官的人中有后藤象二郎（前参议，土佐出身）、胜安芳（即胜海舟，前参议兼海军卿，旧幕臣）、有栖川宫炽仁亲王（任总裁，即明治维新后政府中最高职位）这三位太政官制下的"内阁"成员，他们是大臣、参议级别的人物。但是，在分别于 4 月 25 日和 7 月 2 日获得任命的二十三位议官中，除上述三人外的其余二十人，如由利公正（前东京府知事，越前出身）、陆奥宗光（前大藏少辅代理，和歌山出身）、福冈孝弟（前左院议官，土佐出身）、山口尚芳（前外务少辅，肥前出身）、吉井友实（前宫内少辅，萨摩出身）、鸟尾小弥太（前陆军少将，长州出身）、柳原前光（前特命全权大使，公家出身），基本上都只有比参议低一个级别的各省大辅、少辅（次官或次官级别）以下的任职经历。[2]

　　也就是说，活跃于明治维新运动中，且其后也作为藩阀政府的高层领导政治的大久保利通、伊藤博文、大隈重信，以及重回政府的木户孝允、板垣退助等阁员级人物，基本都不在元老院中。因此，元老院并非聚集了"振兴国家""立下大功"之人的"元勋院"，将其命名为"元老院"是恰当的。成为元老院议官的陆奥宗光等人试图以元老院为后盾推进立宪制改革，却因权限未能确立而失望离开。[3]

在此之后，正如第二章所述，1889 年（明治二十二年）11 月 1 日，伊藤博文和黑田清隆接到了"元勋优待"的诏书。当时，伊藤博文不仅是长州藩的头号实力派人物，也成了藩阀中最有实力的人物。黑田清隆是萨摩藩的第一实权者，和长州藩的山县有朋并列成为与伊藤博文相当的实权人物。伊藤博文和黑田清隆都在木户孝允、大久保利通麾下，活跃于明治维新时期，因此明治天皇和天皇在朝廷中的亲信们向二人下达诏书称其为"元勋"，认为这比称"元老"更为贴切。

到了 19 世纪 90 年代，在内阁行至末路、首相向明治天皇递交辞呈之际，天皇转而向藩阀中的个别实权人物咨询善后处理意见。因此，直到甲午中日战争结束的 19 世纪 90 年代中期，报纸等新闻媒体把经常与推举继任首相事宜相关联的个别藩阀实权者称为"元勋"。这也是考虑到他们在明治维新时期的贡献以及作为藩阀实权者的身份，所以与"元老"相比，"元勋"这一称呼更加适合他们。

另外，对于藩阀中最有实力的伊藤博文、山县有朋这些"元勋"来说，即使天皇没有向其征求意见，他们的存在也关乎实力略逊一筹的首相松方正义所率领的藩阀内

元　老

阁的存续问题，能对内阁产生重要影响。因此，这一时期的新闻媒体对"元勋"集团的成员持批判态度，称他们为"黑幕"。在这一时期虽然也存在称谓混用的问题，但"元老"这一用语被用来指称比"元勋"集团地位稍低的一群人，或是包括了"元勋"以及地位稍低的人。而"元勋""黑幕"等词所指称的集团便是后来的元老。可以说这就是元老制度形成的开端。

此后，这样一些无关正式官职而参与推举继任首相等国家重要事务的人被称为"元老"，这一称呼是从1896年（明治二十九年）9月第二次松方正义内阁成立之时开始固定下来的。另外，在1898年年初第三次伊藤博文内阁组建之时，伊藤博文首相私下奏请天皇召集"元老"共议时局对策，这一请求于1月10日得以实现。这样一来，参与推举继任首相等事宜的藩阀实权者集团在朝中开始被正式称为"元老"。在此后的1898年，元老制度得以名副其实地确立起来，也开始被普通大众所认识。

为什么会形成元老制度呢？在这一过程中，"元勋"这一用语为何会在甲午中日战争后被"元老"取代呢？在这之后，"元勋"一词又被用于什么场合呢？另外，对于元老这一非宪法法定机构的存在，政党势力、新闻媒体等民间力量有没有对其正当性进行批判呢？如果有的话，元老是怎样应对的呢？为什么元老制度能够存续？

　　通过弄清楚这些问题，笔者想要说明的是，虽然从首相不经过公选这一点来看，元老制度并非民主主义的，但它能够选择相较而言更加合适的人当首相，同时还能洞察天下大势，指导近代日本外交，可谓起到了十分重要的作用。另外，笔者想提出的是，从整体上看，元老以及元老制度保证了立宪政治可以较为顺利地发展，也保证了政治参与的扩大化以及政党政治的发展。

第一章

明治维新后领导人的选定

大久保利通、西乡隆盛、木户孝允、岩仓具视的时代

废藩置县之前

明治维新后，在明治四年（1871年）七月进行的废藩置县大改革期间，萨摩、长州、土佐、肥前（佐贺）这四个军事力量最强藩的领导人成了新政权的中心。

萨摩藩废藩置县的改革是由维新后一直留在中央政府发挥影响力的大久保利通推进的，并得到了一度返回鹿儿岛，后又复归政府的西乡隆盛的协助。大久保利通具备了重视"义理"和"人情"的萨摩藩的情感特质以及思索

近代化的理性特质，他认为日本有必要朝着立宪制国家的目标一步步推进近代化。然而，从在萨摩出身的军人和士族心中颇有威望的西乡隆盛身上，却看不到近代化改革的明确构想。萨摩藩的黑田清隆、西乡从道（局长级别的陆军军人）、松方正义等人意识到近代化是基本且必要的，他们成了大久保利通的部下。

长州藩的掌舵人木户孝允领导着肥前藩的掌权者大隈重信以及长州藩的心腹人物伊藤博文和井上馨等人。大隈重信和伊藤博文主张以立宪制国家为目标尽快推进近代化；温和稳重的木户孝允虽然也对急速的近代化感同身受，但考虑到与大久保利通及萨摩藩保持协调的必要性，他压制了大隈重信和伊藤博文的主张。长州藩的山县有朋（次官级别的陆军军人）也是木户孝允的部下，他在木户孝允的支持下被派往欧洲，进行为期一年的征兵制度考察。

土佐藩的领导人是与西乡隆盛关系亲密并在军中颇有威信的板垣退助和后藤象二郎。

肥前藩实力最强的大隈重信与木户孝允联手，在维新政府内部拥有极大的势力。江藤新平也是拥有实力的人物，但并非作为肥前藩代表产生了重大影响。

旧公家势力在维新运动中发挥了重要作用，他们对于倒幕（打倒德川势力）尚能理解，却无法跟上之后的新变革。到废藩置县之时，明治天皇的外祖父中山忠能以及

元　老

在下达"倒幕密诏"中起了重要作用的其他大多数人物，已经失去了政治影响力。这样一来，政府中具备实力的仅有岩仓具视和三条实美。岩仓具视原本是下层朝廷官员，因在维新运动中表现活跃，而在维新结束后与三条实美一同担任副总裁（行政上仅次于总裁有栖川宫炽仁亲王的最高职位），又在废藩置县后担任了一段时间的右大臣。身为中层朝廷官员的三条实美于明治二年（1869 年）七月被任命为右大臣，在废藩置县后成为太政大臣。

原来的大名中，参与过维新运动的松平庆永（前越前藩藩主）、伊达宗城（前宇和岛藩藩主）、德川庆胜（前尾张藩藩主）在维新后均担任了要职。例如，松平庆永曾任议定（对政府的决策意向进行审议的职位，位居审议官之上，大久保利通、木户孝允这样的藩阀出身的维新领导人即便势力强大，也仅做过作为议定下属的参与），后任民部官知事（民部职责部门的最高责任官，相当于后来的阁僚，维新运动中的实力派领袖、长州藩藩士广泽真臣在其麾下担任副知事）；伊达宗城历任议定、外国官知事（副知事由大隈重信等人担任）的职务；德川庆胜曾任议定之职。然而，自明治二年七月以后，松平庆永与伊达宗城二人交替就任民部卿兼大藏卿，这一新设置的职务被认为是略低于大臣和参议的，且其实权被掌握在担任大辅（次官）之职的大隈重信手里。可以说，实力雄厚的各藩实权者也同朝廷官员一样，至废藩置县之时已退出权力一线。

另一方面，在维新后的庆应四年（明治元年，1868年），少年天皇表面上（正式）实行"万机亲裁"（所有事务由天皇决定），但时年十五岁的他没有政治权力，且即使在天皇已满十八岁、实施废藩置县之际也仍然如此（除非特别指出，本书中的年龄均以周岁标记）。

那么，维新后政府领导人的选定是以何人为主、以何种组织形式进行的呢？我们无法对其真实状态进行简明扼要的论述。也就是说，当时的实际情况是：萨摩、长州、土佐再加上肥前，这些雄藩为了应对变化的局势，每一次都要经历复杂的决议过程，从而决定重要人事安排及政策。

另外，特别是在明治二年天皇离开京都迁至东京之前，由于存在江户（东京）和京都两个政权中枢，且当时的通信手段以书信为主，因此信息的传达极不彻底。这也是决议程序无法固定下来的一个原因。

明治二年五月，箱馆的榎本武扬等人投降，戊辰战争宣告结束，打倒旧德川势力的目标不复存在，维新政权的向心力变弱。维新运动的大多数参与者并没有考虑废藩一事。在强行实施废藩置县之前，各藩的自主性较强，这种建立在藩阀联合基础上的维新政权何时崩塌不得而知。

正院 "内阁"

如前所述，自明治四年（1871 年）七月十四日开始实施的废藩置县是由军事力量最强的三个藩——萨摩、长州、土佐的领导人合力推进的。因此，三藩的领导者以及该政策的推进者岩仓具视和三条实美手握实权这一事实，变得更加明确。

其后，同月二十九日进行的太政官制改革把太政官三分为正院、左院和右院，其中正院成为政府决策中心。八月一日，官制进一步完善，正院的中枢由太政大臣、左右大臣和参议组成。这些职位作为"辅佐天皇的重要官职"成为新设置的"三职"。[1] 这样一来，维新政府的实权人物基本上都成为新设置的由大臣和参议构成的正院三职中的一员。最高决策机关至此确立。

由于明治维新以恢复王权为口号，因此太政官制虽使用了日本古代律令制度下的政府名称（即太政官）以及古代官厅的名称，却是维新之后的政府制度。然而，建立于维新之后的太政官制政府设置了正院作为其中枢，担任大臣、参议的阁员们互相商议，在事实上行使了最高决策、统治国家的权力。从这一点上看，太政官制与日本古代政府制度之间存在相当大的差异。

废藩置县后，这一以正院三职为中心的新体制直到十月八日岩仓具视担任右大臣后才算暂时固定下来。其成员有太政大臣三条实美、右大臣岩仓具视（左大臣缺位），以及参议木户孝允、西乡隆盛、板垣退助、大隈重信。公家出身的二人担任大臣，参议则由萨摩藩、长州藩、土佐藩、肥前藩各出一人担任。然而，肥前藩出身的大隈重信是长州藩木户孝允的属下，因而更确切地说，他是作为木户派而活跃于政治活动中的。另外，政要大久保利通担任的不是参议而是大藏卿。他作为兼具民部省的职能并管理地方行政的大藏省公卿，威信毫不逊于成为参议的木户孝允和西乡隆盛。也就是说，除了三条实美、岩仓具视之外，政府权力中枢实际上由长州两人（木户孝允、大隈重信）、萨摩两人（西乡隆盛、大久保利通）和土佐一人（板垣退助）构成。

废藩置县得以完成，从九月开始权力集中于正院，这可以说是维新的中坚领导者们在反复摸索、实践的基础上做出的选择。废藩是开创近代国家的必然选择，但如果遭到强烈反对，维新政权就有可能覆灭。为了防止这一败局的出现，有必要在维新后花费三年半以上的时间进行摸索。

与权力集中于正院三职之后的情况相比，在这之前的三年半内，政府在做出某项决议之前不得不征求各方势力的意见。但是由于各方势力对于西欧这一近代化模板的认识存在很大差异，因此在应追求的国家形象以及达成手段、进展速度等方面都存在较大异议。为了使各方势力进行会谈从而达成一致意见，需要耗费大量的时间。并且更为本质的问题是，这种通过征求各方势力的广泛意见达成一致的事项，是无法保证其具有很强的连贯性且能够适应时局的变化的。萨摩、长州、土佐三藩的领导者们，以及岩仓具视、三条实美二人，经历了维新后的种种，应该是明白这一问题的吧。也就是说，虽然他们被批判为藩阀专制、"有司"（官僚）专制，但日本的近代化以及立宪制国家的建立仍然要靠他们来切实推动。

在那之后，1873年（明治六年）5月20日公布的《太政官职制暨正院事务章程》规定，构成正院的太政大臣、左右大臣、参议这三个职位为"内阁"。本书之后将要讲到，此"内阁"与1885年12月建立的近代内阁制度存在极大差异。即使1877年1月18日正院被废止，太政大臣、左右大臣以及数位参议也仍然在实质上掌控着政府决策的权力，继续被称为"内阁"。为了使之后的叙述便于读者理解，本书在指代包括正院三职时期在内的近代内阁制度形成之前的政府中枢机构时，原则上使用"内阁"这一名称。

非正式的权力

如此一来，所有重要事项实际上都由"内阁"裁决的制度已经形成。如后文将要提到的那样，当原本是少年的明治天皇逐渐成长起来，开始谋求基于"万机亲裁"原则的政治发言权时，"内阁"必然会拒绝。维新的领导者们明白，作为维新大变革的团结象征，天皇是必须存在的。然而，成长起来的天皇应该行使多大程度的政治权力，这在藩阀政府的实权人物中没有达成一致意见，他们自身对此也并不确定。

维新领导者们期待天皇能够通过各种各样的学习和体验变得成熟起来，他们打算在研究外国君主实例的基础上再对上述问题进行判断。天皇及其宫中亲信把"万机亲裁"这一表面上的说辞当作信念，从而谋求天皇亲政，但这是不会成功也是不应当实施的。一旦那样做了，不仅建设近代化国家的任务会失败，天皇也会被追责并受到批判，天皇及皇室的存续会因此受到威胁。对此，维新领导者们已经在直觉上有所领会。

虽说"内阁"集中了权力，但直到1873年（明治六年）10月的征韩论政变①发生之前，大久保利通和木户孝允等人即使没有就任大臣、参议的职务，也能通过非正式

---

① 又称明治六年政变。该年，鼓吹征韩论的西乡隆盛、板垣退助等五位参议与主张内政优先的大久保利通等人发生争执，西乡隆盛等人失败后离开政府，与西乡隆盛持相同意见的一批政治家、官僚、军人也相继辞职。

的形式发挥强大的影响力。征韩论政变发生之前，大臣、参议这种正式的官僚组织构成内阁，逐渐成为权力中心。与此同时，不属于大臣、参议成员却以非正式的形式发挥影响力的早期灵活政治逐渐被摒弃，"内阁"慢慢成为权力的中心。经过了征韩论政变后，大久保利通、木户孝允、大隈重信、伊藤博文等留在政府效力的重要人物全部就任参议，这便说明了以上结论。

在从维新初期到征韩论政变的大约六年间，大久保利通、木户孝允这些萨摩、长州的实力派人物以非正式职务的形式组成了非正式的中枢机构，虽然其人员构成以及各成员的影响力发生了变化，但他们仍然与三条实美、岩仓具视等朝廷的实力派人物共同领导国政。他们的部下有后来成为实力派元老的伊藤博文、山县有朋、井上馨、松方正义等人。他们见证了这一历程，因此他们熟知，在大变革时期，在无法确定什么样的政府组织和人员配置是合适的情况下，非正式的集团保有影响力是自然而然的事情。

在从制定宪法到开设帝国议会、政党势力抬头的19世纪90年代中期的新变革期内，上述情况成为元老这一不存在于宪法中的惯例性组织得以形成的基础之一。关于这一点，明治天皇也有同样的体会。他一边切实感受到自身的官方权力与实际权限之间的巨大差异，一边继续观望着这一非正式中枢组织的发展情况。

"内阁"与征韩论政变

让我们回过头来对太政官制下的"内阁"进行些许说明，看看太政官制下的"内阁"与教科书中常说的成立于 1885 年（明治十八年）12 月、以伊藤博文为第一任首相的近代内阁有什么不同。

最大的不同就是太政官制下的"内阁"原则上是不存在政权更替的。大臣、参议等"内阁"成员可以辞职，也会有人补缺，但是"内阁"从未发生大换届。三条实美担任的太政大臣相当于首相，但太政大臣并非如首相一般具有掌管全局的权限。三条实美的个人资质也是一个影响因素，最终实权掌握在实力派参议大久保利通、木户孝允和右大臣岩仓具视的手中。另外，各中央部门的责任人在近代内阁中由大臣担任；而在太政官制下的"内阁"中一般由参议和公卿（中央部门的长官）兼任，但是兼任并非绝对的。

参议这一职位设置于明治二年（1869）七月八日，重臣并不一定会被委以参议职务，身为实力派人物却没有就任参议的情况很常见。例如西乡隆盛和板垣退助就已经回到家乡，没有参与政府事务。

从废藩置县到发生征韩论政变，重要的人事安排和政策实际上都由"内阁"决定，太政大臣三条实美向天皇请求裁定，天皇裁定后做出最终决定，这一新的形式逐渐固定下来。在 1873 年（明治六年）10 月征韩论政变发生之前，后藤象二郎（土佐，自 1873 年 4 月 19 日起）、大木乔任（肥前，同上）、江藤新平（肥前，同上）、大久保利通（萨摩，于 1873 年 10 月 12 日）、副岛种臣（肥前，于 1873 年 10 月 13 日）加入参议的行列，"内阁"进行决策制定的基础在表面上得到强化。

　　然而，"内阁"内部围绕征韩论的对立过于激烈，自明治二年七月起，经历了废藩置县、曾经被沿用四年的决议程序发生了极大的变化。具体说来，十月十五日，内阁会议依照多数参议的意见，决定派遣西乡隆盛作为使节前往朝鲜，而此时太政大臣三条实美病倒了。于是，右大臣岩仓具视作为三条实美的代理，于十月二十三日上奏了内阁会议的讨论经过和结论，提交了反对"内阁"决议的《奏闻书》（「奏聞書」），并提出了反对立即派遣使节的意见。

　　另外，在这之前，岩仓具视等人与担任宫内卿的德大寺实则联手，他们暗地里活动，谋求即将年满二十一岁的年轻天皇对己方的支持。天皇于十月二十四日向岩仓具视下达了亲笔诏书，表明自己接受了岩仓具视上奏的内容。于是，自二十三日到二十四日，西乡隆盛、板垣退助、江藤新平、后藤象二郎、副岛种臣等参议提交了辞呈。从二十四日到二十五日他们得到批准，离开了政府（高桥秀直「征韓論政変の政治過程」）。将异于内阁会议决议的内容上奏给天皇，从而变更决议，这在近代内阁制度下是不可能发生的。

在此次征韩论政变中，天皇与其说在积极主动地进行判断并采取行动，不如说仅仅是在依照岩仓具视和宫内卿德大寺实则等宫中亲信的意思行事。另外，天皇召见了近卫干部将校，命令他们继续尽职尽责，但是直到二十九日，包括西乡隆盛的心腹筱原国干少将在内的四十六位将校都提交了辞呈（伊藤之雄『明治天皇』）。

以“内阁”为中心的国家决策

征韩论政变发生后，为了补充之前辞职造成的参议空缺，强化政权基础，1873 年（明治六年）10 月 25 日至 28 日，政府任命了在政变中以最强硬态度主张停止派遣使节的伊藤博文（长州，兼任工部卿）、胜安芳（旧幕臣，兼任海军卿）、寺岛宗则（萨摩，兼任外务卿）三人。除木户孝允外继任的参议大多兼任参议和卿，如大久保利通（萨摩，兼任第一代内务卿，于 11 月 29 日）、大隈重信（肥前，兼任大藏卿，于 10 月 25 日）、大木乔任（肥前，兼任司法卿，于 10 月 25 日）。其中，大久保利通兼任的内务卿是为管理国内行政及治安而新设置的重要部门内务省的长官。大久保利通一直以来都极具权威，出于这个原因以及上述事实，大久保利通逐渐成为政府的核心。另外，木户孝允于翌年兼任文部卿，后文将会讲到，他任职不足四个月就辞去了参议职务。

虽然在征韩论政变中，岩仓具视将有悖于内阁会议决议的内容上奏天皇，采取了异常的决策手段，但是这之后的情况仍然和从前一样，为先由内阁会议讨论并决定，天皇再予以裁决。表面上，天皇和"内阁"之间的关系并没有发生较大的变化。

例如，在天皇时年二十一岁的1874年5月，他提出了让其他人接任由参议伊藤博文兼任的工部卿职务的意见。虽然工部卿不参加由大臣、参议组成的内阁会议，但由其管理的工部省是一个负责招纳外国技术人员、推进日本近代化的重要政府职能部门。与此同时，天皇还要求不要辞去德大寺实则的宫内卿职务（据1874年5月29日伊藤博文写给岩仓具视的文书，『岩倉具視関係文書』，6、119～121頁）。

天皇要求伊藤博文辞去工部卿的意见被无视了。正如伊藤博文本人告诉岩仓具视的那样，天皇对工部卿的工作并不了解，找到接替者也很困难。伊藤博文作为长州藩出身的人物，地位仅次于木户孝允，也深得右大臣岩仓具视和政府内萨摩派的最强实权者大久保利通的信赖，因此上述结果可以说是理所当然的。

另一方面，德大寺实则续任宫内卿一事得到了认可。公家出身的德大寺实则性格温厚朴实，深得天皇信赖。翌年 1875 年，天皇巡幸北海道的计划因为没有得到天皇许可而未能实施（在六年后的 1881 年，天皇巡幸了日本东北地区和北海道）。与此形成对比的是，明治三年（1870年），当要为十八岁的天皇再次种痘时，政府并没有特别询问天皇的意见，后来因为皇太后（夙子，与天皇无血缘关系的名义上的母亲）和淑子内亲王（明治天皇的父亲孝明天皇的姐姐）主张暂缓进行以做观察，此事才未能实施。可见关于内部事宜（天皇身边的事），政府在实现天皇意愿这一方面有较大进步（伊藤之雄『明治天皇』，108～109、242 页）。

也就是说，在明治天皇年已二十一岁的 1874 年，他的影响力也未能达到政治层面。然而宫内卿德大寺实则留任一事说明了天皇在内部事宜上已经可以贯彻自己的意见。巡幸北海道是一项展示天皇形象的活动，也可以说是一项表面化的政治活动，但从其不涉及具体的行政事务这一点来看，它可以说是宫廷内部事宜。事实上，天皇是以血肉之躯去巡幸的，如果天皇拒绝则巡幸无法进行。从这个意义上来说，我们在谈及天皇权力时，天皇巡幸应当被归为内部事宜考虑。这一事例并非表明天皇在 1875 年的影响力已波及政治前线，而是说明其影响力继续发挥在内部事宜中。

让我们将话题转回征韩论政变后的政治前线。经过政变，西乡隆盛（萨摩）、板垣退助（土佐）、后藤象二郎（土佐）、江藤新平（肥前）、副岛种臣（肥前）等参议下野，藩阀内部以及萨摩藩内部的平衡被打破。政变成了大久保利通逐步掌握最大权力的契机。木户孝允虽然列席参议，但正如下节将述，他因反对出兵台湾而于翌年5月辞去参议职务，从此失去了对长州系的影响力。板垣退助也于1875年一度复归参议职位，任职时长为七个半月。但是，他没能在以大久保利通为中心的政府内获得足够的影响力，最终选择了领导自由民权运动的道路。

大久保利通成了显要领袖，得到了岩仓具视和三条实美的协助，其下形成了由伊藤博文（长州）、大隈重信（肥前）、山县有朋（长州）等人组成"内阁"的体制，这意味着"内阁"成为名副其实的国家决策中枢。另外，这也表明在维新后存在了六七年的藩阀联合体式的政权形态已被废除。

元老院的创立

在征韩论政变发生的第二年，政府试图对三年前发生的漂流至台湾的琉球渔民被杀害的事件采取报复行动，决定出兵台湾。其一，维新之后，琉球到底属于日本还是属于清国这一问题并未得到完全解决，这一报复行动具有宣示琉球属日本领土的意思。其二，出兵台湾可以把征韩论政变之后变得更加反政府的萨摩等藩的不满士族的注意力引向外部。虽然台湾一直被视作清国领土的边缘地带，但如若清国出兵抵抗日本，就有可能爆发战争。

　　木户孝允强烈反对出兵台湾，于 1874 年（明治七年）5 月 13 日辞去参议职务。然而木户孝允的心腹伊藤博文于明治四年起作为岩仓使节团成员巡游欧美，其间他与大久保利通的关系变得密切起来，想法不再与木户孝允一致。另外，由于与木户孝允关系不和，身为陆军卿的山县有朋是唯一一个未列席参议的公卿。伊藤博文未和木户孝允商量便与大久保利通联手，让山县有朋于 1874 年 8 月就任参议。自岩仓使节团出使之后，木户孝允的身体状况不佳，情绪也变得极不稳定，伊藤博文开始怀疑木户孝允作为领导人的能力。不仅仅是山县有朋，不得木户孝允青睐的井上馨也开始背离木户孝允（伊藤之雄『伊藤博文』）。

　　出兵台湾虽然取得了一定的成果，但日本与清国的关系变得紧张起来。政府内的最大实权人物——参议兼

元　老

内务卿大久保利通为了协商解决日清两国间的危机，希望亲自前往清国，于是征求太政大臣三条实美、右大臣岩仓具视的同意。但因为考虑到西乡隆盛等人割据鹿儿岛这一造成政治动荡的因素，三条实美、岩仓具视二人都表示反对。

大久保利通拜托伊藤博文说服三条实美和岩仓具视，大概取得了一定成效。7 月 30 日，"御会议"（内阁会议）达成内部决议；8 月 1 日下达了任命大久保利通为"全权理事大臣"并派其出使清国的命令；8 月 2 日达成决议，在大久保利通出使清国的期间，由伊藤博文代替大久保利通兼任内务卿职务。这样一来，伊藤博文作为大久保利通继任者的地位逐渐巩固。

在这一过程中，派遣大久保利通前往清国这一项人事决策事实上是由内阁会议，特别是其核心成员大久保利通、伊藤博文、三条实美、岩仓具视做出的，天皇做的仅仅是予以准许，实质上并未参与决策。

在此之后，为了巩固政府根基，伊藤博文与大久保利通联手斡旋，以期木户孝允和板垣退助重归政府。1875年 2 月，大久保利通、木户孝允、板垣退助三人在大阪进行了会谈。同年 3 月，木户孝允和板垣退助复归参议，按照大阪会谈中达成的逐渐推进立宪政体的协议设置了元老院。元老院作为立宪体制的准备机构发挥了一定作用，但未被赋予充分的权力（久保田哲『元老院の研究』，第二、三章）。

如前一章所述，元老院的大多数议员都比藩阀"内阁"成员低一个级别。大久保利通和伊藤博文并非要将权力交给元老院，当务之急是在以"内阁"为中心的强大行政权的背景下，渐进式地推动改革。因此，"元老院"这一名称并非意味着聚集了大久保利通、木户孝允、三条实美、岩仓具视等维新"元勋"的"元勋院"。与"元勋院"相比，"元老院"的权威显得稍逊一筹。

最终，进一步改革的计划被否决，1875 年 10 月 27日板垣退助辞任参议。担任左大臣的保守派人士岛津久光也于同日辞职，他是从板垣退助再次担任参议的前一年的4 月开始任职的。

政府之所以让岛津久光担任左大臣，是因为担心西乡隆盛一党在回到鹿儿岛掌控当地政局并脱离政府统治后，会与岛津久光的势力合流。然而，岛津久光反对地租改革、实施征兵制等近代化举措，也反对把作为近代化象征的西服当作正装礼服。此外，岛津久光也不服从"宸断"（天皇的决断）。岛津久光的举动煽动了各种不满分子的情绪。在板垣退助和岛津久光辞职的第二年，也就是1876 年 3 月 28 日，木户孝允也辞去了参议职务（伊藤之雄『明治天皇』，160～177 页）。

元　老

大久保体制下的当权者

虽然大阪会议后木户孝允、板垣退助复职参议等事件带来一些混乱，但到木户孝允辞去参议职务的 1876 年（明治九年）3 月，政府内形成了以大久保利通为中心的体制。这是一种为支持大久保利通，以伊藤博文（工部卿）、大隈重信（大藏卿）为核心，以山县有朋（陆军卿）、黑田清隆［萨摩，开拓使次官（长官代理）］为辅佐的参议人员体制。

这样一个聚集了萨摩、长州、肥前当权者的大久保体制得以形成，最重要的原因是大久保利通在起用人才时十分公平，并不局限于萨摩藩。这一点从他让被木户孝允冷落的陆军卿山县有朋担任参议的事中便可以看出。

还有一个原因是，大久保利通等人在渐进式地推进日本近代化、创建立宪制国家方面具备长远的视野。在废藩置县之前，关于早期废藩等事宜，伊藤博文主张激进式的改革，而大久保利通因对保守的萨摩藩的动向心存顾虑而谨慎持重，这一点遭到了伊藤博文的诟病。然而，在岩仓使节团共事的期间，二人在渐进式近代化及其内容上有了共同的目标。山县有朋和黑田清隆也有到访欧洲的经历，他们对上述目标持理解态度。

另外，大久保利通不惜与西乡隆盛产生极大的分歧也要阻止向朝鲜派遣使节，表现出了非凡的气魄，这使得伊藤博文等人愿意追随其后。在反对征韩论的激烈浪潮中，木户孝允患病，伊藤博文成功说服岩仓具视并得到了其赞同，而黑田清隆也表示同意，至此大久保利通决心与西乡隆盛进行正式对决。大久保利通是那种一旦决意做某事便不会放弃的人。

值得注意的是，在元老制度的确立过程中，成为实力最强的元老的伊藤博文、山县有朋、黑田清隆都加入了支撑大久保体制的中枢集团。此后，大隈重信在 1881 年的明治十四年政变中被罢免。大隈重信倡导民权运动，密奏天皇，建议其尽快开设国会，但该提议过于激烈，近乎政变。如果大隈重信没有这样做，他必定也会当上首相并进而成为元老。可以说，除大隈重信之外，大久保体制下的政府中枢人物，基本上都在 19 世纪 90 年代作为藩阀政府的核心人物成了元老。

话题回到大久保体制。刚毅且具备灵活应变能力的实力派人物右大臣岩仓具视，因 1874 年 1 月在赤坂遭到高知县士族的袭击而身负重伤。他已年近五十，在当时已属高龄，因此此后逐渐失去了志气。太政大臣三条实美在围绕征韩论的对决中仿佛陷入了意识不清的状态，原本三条实美的气势就比不上同辈的岩仓具视、大

元　老

久保利通和伊藤博文，随着岩仓具视势力的衰弱，三条实美的存在感更弱了。前面讲到，岩仓具视和三条实美二人强烈反对大久保利通为协商出兵台湾而前往北京，这正是他们消极无力的表现。由于岩仓具视、三条实美的力量衰落了，以大久保利通为核心的政府格局变得更加明确。

虽说如此，太政大臣三条实美和右大臣岩仓具视的权威当然不可能沦落到一般参议的水平。他们作为大臣发挥着向天皇上奏内阁决议的作用，积累了自维新后身处国政中枢的经验和知识。能与他们匹敌的只有大久保利通一人。

然而，他们已经失去了凭一己之力推进重大事件的意志力，转而承担起手握否决权的修正职能。如果二人一致反对，参议们就可能产生动摇，从而导致计划不能实行。因此，即使是大久保利通，也需要慎重地与这二人进行商议（1883 年 7 月 20 日岩仓具视去世后，只剩三条实美一人拥有否决权，其修正职能进一步弱化）。

在这种体制下，到了 1876 年的年中，伊藤博文取代了辞去参议职务的木户孝允（担任内阁顾问），在长州系拥有了高于后者的权力，并在统管长州系的同时支持大久保利通，以建立立宪制国家为自己的目标（伊藤之雄『伊藤博文』）。

西南战争与大久保体制

1877 年（明治十年）2 月，拥护西乡隆盛的鹿儿岛士族的举兵之事已经明了。18 日，恰好跟随天皇来到京都的三条实美、大久保利通、木户孝允、伊藤博文、山县有朋等人齐聚一堂（实质上的内阁会议），决定采用将西乡隆盛等人定为"暴徒"进行讨伐的方针；翌日（19日），在天皇的许可下他们下达了"讨伐暴徒"之令。

20 日，政府在大阪设置了征讨总督大本营，以大久保利通、伊藤博文两位参议为中心。它决定了重要军官的人事安排、军队的动员和编制以及整体战略，在经由一直滞留京都的天皇的许可后最终形成决议。军队的所有重要情报都要通报给大久保利通、伊藤博文两位参议。

有栖川宫炽仁亲王被任命为征讨总督，参议山县有朋和川村纯义（萨摩，海军大辅、海军中将）被任命为参军。参军在职务上是征讨总督的参谋，但自戊辰战争以来一直都发挥着前线的实际指挥官的作用。这次，两人同样分别在前线担任陆军和海军的指挥官。3 月，为了支援因在田原坂苦战而无法南下的政府军，大久保利通与伊藤博文联手在内阁会议中起用黑田清隆为参军，得到了天皇的准许。黑田清隆被任命为别动第二旅团的指挥官，于熊本县南部登陆，从背后袭击了包围熊本城的西乡军，并将其打败（伊藤之雄『山县有朋』，第五章）。另外，战时的财政事务依然由参议兼大藏卿大隈重信负责。

就这样，西南战争在大久保体制下打响了，同年 9 月 24 日，西乡隆盛自杀，战争以政府军的胜利宣告结束。在此期间，木户孝允因胃病于 5 月 26 日去世，但这没有对战争指挥的大形势带来任何影响。

后来成为最具实力的元老的伊藤博文、山县有朋、黑田清隆在西南战争中也发挥了重要的作用。西南战争结束后不久，在征韩论政变时以最强硬态度反对遣使的伊藤博文一时间被萨摩系认为是战争的始作俑者，受到了情感上的抵触。然而，在藩阀政府内，以伊藤博文为首，上述三人地位渐高。

伊藤体制的形成

在西乡隆盛自杀后不足八个月的 1878 年（明治十一年）5 月 14 日，大久保利通在前往太政官官邸的途中，于东京的曲町纪尾井坂遭到石川县士族的袭击并被杀害，时年四十七岁。此次袭击的发动是出于对藩阀"专制"的不满。

继大久保利通之后成为政府核心人物的是在大久保体

制下实力仅次于他的伊藤博文。伊藤博文在大久保利通被暗杀的第二天（5月15日）辞去了工部卿的职务，接替了内务卿一职，年仅三十六岁便成为藩阀政府的实际首领。

伊藤博文和右大臣岩仓具视联手提拔了西乡从道（西乡隆盛的弟弟），他是出身萨摩的实力派人物之一，又与伊藤博文志同道合，此次出任参议兼文部卿。大久保利通去世后，成为萨摩最强实权者的参议黑田清隆认为起用西乡从道为时过早，但伊藤博文和岩仓具视依然这么做了。

因伊藤博文辞职而空缺的工部卿一职（当时各省的卿兼任参议）的继任人选也成为问题。明治天皇想要让负责"君德辅导"的佐佐木高行（侍补，土佐出身）出任，虽然他曾两次催促太政大臣三条实美办成此事，但"内阁"并未照办。当时，以佐佐木高行等人为主导的天皇亲政运动正在进行。政府否决佐佐木高行就任工部卿（同时也兼任参议从而"入阁"）的提议也是出于压制该运动的考虑。

伊藤博文主张让盟友井上馨担任工部卿，这得到了三条实美、岩仓具视两位大臣以及参议大隈重信（大藏卿）、参议山县有朋（陆军卿）的协助，天皇也被说服了。7月29日，井上馨成为参议（兼任工部卿），成功入阁。

元　老

伊藤博文的优势

如此一来，大久保体制被取代，所谓的伊藤体制形成了。伊藤博文的优势在于他得到了右大臣岩仓具视的信赖，以及山县有朋、井上馨这些长州系参议的密切协助，而且他与参议西乡从道等萨摩系人士的关系也很紧密。

另外，虽然在佐佐木高行入阁一事上伊藤博文违背了天皇的意志，但伊藤博文仍然深得天皇的信赖，这一点是他最大的优势。天皇在不久后的 1881 年（明治十四年）7 月至 10 月巡幸东北地区和北海道之时，批评了黑田清隆、西乡从道、井上馨等参议，称唯有参议伊藤博文可以信赖。1889 年（明治二十二年）《大日本帝国宪法》制定后，天皇对伊藤博文的信任越来越深（伊藤之雄『伊藤博文』）。

伊藤博文不仅深得藩阀领袖的信赖，还获得了天皇和宫廷大臣这些身份特殊的领导者的广泛信赖，其原因之一正如吉田松阴所说的那样——吉田松阴从十多岁的伊藤博文身上看到了讨人喜欢、纯真不造作的人品性格（吉田松阴的原话是"将成善干旋者""率直且淳朴，余甚爱之"）。而其他的原因包括伊藤博文并未让自己的眼界局限在藩阀之内，而是以长远的眼光把将日本建设成立宪制国家作为目标，以及他拥有处理实际问题的能力，受到了其他领袖的认可。

伊藤博文的恩师木户孝允同样具备这些优点，然而他晚年可能是在疾病的影响下变得过于理想主义，容易感情用事，渐渐失去了影响力。无论如何，伊藤博文具备长远的目光，能做出符合实情的政策判断，且处事为公，这些特点是日后最受看重的元老资质。它们正是伊藤博文能够成为元老制度形成期的中心人物的重要原因。

伊藤体制形成之际的参议中有一大半成为后来的元老。参议有伊藤博文、大隈重信、山县有朋、黑田清隆、井上馨、西乡从道、大木乔任（肥前，兼任司法卿）、寺岛宗则（萨摩，兼任外务卿）和川村纯义（萨摩，兼任海军卿）。其中，在直到元老制度得以确立的 1898 年仍然在世的人物当中，只有最终脱离政府的大隈重信，以及大木乔任、川村纯义没有成为元老。另外，松方正义（萨摩）和大山岩（萨摩）成了元老。当时的松方正义担任着大藏大辅（次官）这样一个重要职务，明治十四年政变后，松方正义成为参议，并兼任大藏卿。政变之前担任陆军卿的大山岩也在政变后成为参议。

在伊藤体制之下，包括人事问题在内的重要事项仍然采取"内阁"达成决议后天皇许可的形式。正如佐佐木高行就任工部卿的提议被否决这件事所表明的那样，天皇的权力几乎无法对宫外的政治产生影响。但佐佐木高行于明治十四年政变发生后的 1881 年 10 月就任了参议兼工部卿。在此之前，井上馨于 1879 年 9 月由工部卿调任为外务卿，其后又有两人继任工部卿，然后就是佐佐木高行了。可以说佐佐木高行的任命顾及了天皇的感情，不过天皇亲政运动已于 1878 年结束（笠原英彦『天皇親政』），这项任命不会对天皇和"内阁"的关系产生影响。

大隈重信的野心

　　大隈重信是一位善于交涉且兼具智慧和胸襟的人物。在维新运动之后的混乱时期，仅三十岁出头的大隈重信解决了一件又一件牵扯到金钱问题的外交案件，发挥出了他的才能。他在自传里写道，征韩论政变后政府内的萨摩、长州藩阀势力变得更加强大（円城寺清著・京口元吉校訂『明治史資料　大隈伯昔日譚』，180 ~ 407 页），但是实际上，大隈重信在聚集了开明官僚的木户派中是一个地位仅次于木户孝允的实力派人物，很早就开始在财政方面发挥影响力。大隈重信在大久保体制下继续担任参议职务，在财政方面的实力派人物中，首屈一指的当数大隈重信。

　　由上可见，在大久保体制下，大隈重信被同属木户派的后辈伊藤博文超越。在大久保利通去世后，伊藤博文成为大久保利通的继承人，大隈重信因此更加感到被疏远，所以他才会有"萨摩、长州藩阀势力变得更加强大"的回忆。

随着在野势力倡导的开设国会运动扩展到全国，大隈重信或许在 1881 年（明治十四年）之初已经开始有了开设初期国会这一激进式立宪政体的机构的构想。在同一时期，大隈重信与福泽谕吉的接触也变得密切起来，而后者可谓激起了自 1879 年夏以来的在野势力开设国会论的热潮。

于是在 1881 年 3 月，大隈重信以不透露给其他的大臣、参议为条件，通过左大臣有栖川宫炽仁亲王向天皇呈递了关于立宪政体的意见书。其内容为：主张在当年内制定钦定宪法，希望于 1883 年年初开设国会，由天皇任命占国会多数席位的政党首领组阁，等等。大隈重信的目的是与民权派联手，在国会开设后成为首相并完成组阁。事实上这是一场针对以伊藤博文为中心的藩阀政权的政变。

大隈重信上呈意见书后约三个月，也就是在 6 月末，伊藤博文从太政大臣三条实美那里看到了大隈重信的意见书，且甚为"惊愕"。自此，伊藤博文决意将大隈重信驱逐出政府，他做通了大多数"内阁"成员的工作，安排了针对大隈重信的包围网，并于 10 月 7 日得到了右大臣岩仓具视的同意，做好了驱逐大隈重信的准备。

元　老

明治十四年政变与元老的萌芽

1881 年（明治十四年）10 月 11 日，天皇巡幸东北地区和北海道后归来，除大隈重信之外的大臣、参议一同上奏了制定宪法、开设国会和罢免大隈重信的意见。此时的天皇即将年满二十九岁，但此前他从未从"内阁"处得知驱逐大隈重信的计划。天皇对于罢免大隈重信的奏议持消极态度，但由于这是"内阁"的意见，所以最终还是认可了此事。伊藤博文代表"内阁"向大隈重信传达了辞任劝告，大隈重信表示接受。最终，政府于 10 月 12 日公开表示，将终止实施一直受到自由民权派攻击的出售北海道开拓使的官产①的决定，于 1890 年开设国会，同时同意大隈重信辞职（伊藤之雄『伊藤博文』）。围绕着驱逐大隈重信的一系列事件即为明治十四年政变。

明治十四年政变后大隈重信被驱逐出政府，以伊藤博文为中心的藩阀政府的实际权力被更多地掌握在长州系、

---

① 　明治十四年（1881 年），开拓使准备将政府用十年时间、投入一千四百万日元在北海道开办的工厂和矿山等，以三十八万日元的价格全部出售给一家与五代友厚等人有关系的新公司，且提供了三十年无息贷款的优厚条件。人们认为这表明被萨摩、长州两派把持的政府在"将国家据为己有"，要求设立国会、打倒藩阀政治的呼声不断高涨。

萨摩系的手里。如表 1 所示，政变发生后，出身萨摩、长州且能够活到元老制度确立的 1898 年的参议中，除了川村纯义（萨摩），后来全部成了元老。

表 1 明治十四年政变发生后的参议

	后来的元老	出身地	备注
伊藤博文	○	长州	兼任参事院议长
山县有朋	○	长州	兼任参谋总部部长
黑田清隆	○	萨摩	兼任开拓使长官;但考虑到舆论对开拓使出售官产事件的批判，遂于 1882 年 1 月 11 日同时辞去了开拓使长官和参议的职务
井上馨	○	长州	兼任外务卿
松方正义	○	萨摩	兼任大藏卿
西乡从道	○	萨摩	兼任农商务卿
山田显义		长州	兼任内务卿，于 1892 年去世
大山岩	○	萨摩	兼任陆军卿
川村纯义		萨摩	兼任海军卿
佐佐木高行		土佐	兼任工部卿
福冈孝弟		土佐	兼任文部卿
大木乔任		肥前	兼任司法卿

明治十四年政变后，萨摩、长州出身的实力派人物（参议）中的长寿者们后来几乎都成了元老，这意味着此次政变奠定了此后的藩阀政府的根基，使之得以存续约二十年之久，而成为元老的人在那之后仍然拥有影响力。

明治十四年政变后，伊藤博文从 1882 年 3 月到第二年 8 月前往欧洲考察宪法，学习关于制定宪法的根本思想——当时最先进的"君主机关说"，即欧洲在资产阶级革命发生后对君主权力的解释。这一思想主张主权在于国家，君主应受到宪法规定的立法、行政等各个机关的制约。这也就意味着政治并非君主专制，立法、行政等所有的政治要素都在特定的"组织纪律"下运转（瀧井一博『ドイツ国家学と明治国制』，第五章，補論，同『文明史のなかの明治憲法』，第二章）。

伊藤博文在欧洲学习以君主机关说为根基的宪法，否定君主专制；同时，在天皇临近二十九岁时，包括人事安排在内的重要决策实质上仍然由"内阁"决定，这些都是促进元老制度形成的重要因素。因此，元老在选定继任首相等重要国务上辅佐天皇并在实质上做出决策的制度可以说是应运而生的。

近代内阁制度与伊藤博文

参议伊藤博文从欧洲考察宪法归国后主导了华族制度的创设。华族令于 1884 年（明治十七年）7 月下达，公布了五百多名授爵者的姓名，这是在为即将开设的"国会"（帝国议会）中的上院（贵族院）的设立做准备。

　　建立华族制度之后的下一步便是废除太政官制下的旧"内阁"，创建类似于西欧的以首相为中心、由掌管各省（中央部门）的大臣所构成的近代内阁制度。从1885年2月开始，取得山县有朋同意的伊藤博文和井上馨，为谋求萨摩藩西乡从道等参议和太政大臣三条实美的一致意见而开展活动。如果近代内阁制度成立，那么伊藤博文则会成为第一任首相，这从伊藤博文一直以来的实际地位来看是理所当然的。在伊藤博文考察宪法归国之际，官方报纸甚至公然论及此事。

　　如上所述，以伊藤博文等萨长系的参议为中心的骨干力量一步步推进近代内阁制度的建立。12月22日，太政官制被废止，新的内阁制度形成了（伊藤之雄『伊藤博文』）。

　　在推选伊藤博文出任首相的事宜上，实质上达成决议的会面是在太政大臣三条实美的官邸进行的，出席者有三条实美、伊藤博文、山县有朋、井上馨、西乡从道、山田显义、大山岩。会议从一开始就决定推举伊藤博文担任太政官制下的右大臣一职，该职在岩仓具视去世后一直空缺。一直以来，大臣之职都由皇族、公家以及雄藩的实际掌权者担任，让足轻①出身的伊藤博文出任右大臣实属破

---

　　①　江户时代最底层的武士。

格提拔。后来，三条实美明白了伊藤博文等人的真正意图，于是向天皇推举伊藤博文为首相。天皇准许后，伊藤博文等人的计划得以实现。

如上所述，伊藤博文、山县有朋、井上馨、松方正义、西乡从道、山田显义、大山岩这几位太政官制下的实力派参议在创建新内阁制度之际也担负重任，除西乡从道外的所有人都就任了阁僚。自明治十四年政变后，参议兼任各省卿（长官）已是惯例，然而伊藤博文是一个特例，他并未兼任卿，而是前往欧洲着手宪法考察，归国后为了国会的开设而全力进行制度建设。身为萨长系的重量级人物却未能进入第一次伊藤博文内阁的，仅有黑田清隆一人。黑田清隆是萨摩藩最有实力的人物，对伊藤博文存在竞争意识。前面已经提到，黑田清隆在西南战争之时曾因率领别动第二旅团打败西乡隆盛的军队而威信大增，但是后来为了对北海道开拓使官产出售事件负责，辞去了参议和开拓使长官的职务，因而他没有担任重要职务。

着手创建内阁制度的七人，再加上黑田清隆，在这总共八位的萨长系重要人物中，除了 1892 年去世的山田显义，其余七人都在后来成为元老。也就是说，元老制度在 1881 年的明治十四年政变后开始萌芽，在 1885 年内阁制度创设之后发展起来，八人权力集团逐渐稳固（表 2）。

他们中的所有人都曾在西乡隆盛、大久保利通、木户孝允等人的领导下参与维新运动，除了松方正义时年五十岁，其他人都才四十多岁。

表 2　近代内阁制度创设时的阁僚

	大臣	出身地	前任职位
伊藤博文	总理	长州	参议
井上馨	外务	长州	参议兼外务卿
山县有朋	内务	长州	参议兼内务卿
松方正义	大藏	萨摩	参议兼大藏卿
大山岩	陆军	萨摩	参议兼陆军卿
西乡从道	海军	萨摩	参议兼农商务卿
山田显义	司法	长州	参议兼司法卿
森有礼	文部	萨摩	相当激进的近代化论者，伊藤博文的心腹
谷干城	农商务	土佐	学习院院长
榎本武扬	通信	幕臣	驻清公使

藩阀当权者的地位排序

之后成为元老的这八位藩阀中枢人物之间当时存在着地位差异，即伊藤博文高居首位，山县有朋、黑田清隆位居其后，井上馨远远次之，再次之是松方正义。这种地位高低从明治天皇驾临这五人府邸的顺序和时间上就能看出来，而且不仅是藩阀官僚，一般民众对此也心知肚明

元　老

（伊藤之雄「元老制度再考」，4～6頁）。八人此后成为元老的先后顺序也与此排位相符。

　　天皇驾临山县有朋与黑田清隆二人府邸的先后顺序值得玩味。山县有朋引入了征兵制，在19世纪80年代前期与萨摩藩的大山岩联手将日本陆军建设成德国式陆军。这支陆军从操练水平上看虽不及欧洲列强，却是亚洲最先进的陆军。另外，山县有朋从1883年12月开始担任参议兼内务卿（同时兼任参谋总部部长至1885年8月），大范围统管内政，获得了负责陆军外事务的历练机会，这为他将来成为国政领导人打好了基础。

　　大山岩从1880年开始担任陆军卿，于内阁制度确立后不久就任陆军大臣（简称陆相）。然而，山县有朋在陆军内的威信并没有衰退，这是因为在陆军的预算和改组事宜中，他经常能与伊藤博文和井上馨协作共事（伊藤之雄『山県有朋』，第六、七章）。

　　同时掌管陆军和内务省这两个重要部门的山县有朋在实力方面毫无疑问仅次于伊藤博文，然而，如果公然承认这一点，就可能引发萨摩系的不满。虽然长州系处于优势地位，但为了对抗在野势力对藩阀政权的批判，长州系有必要与萨摩系联合组建政府。或许出于这种考虑，应尽量保证黑田清隆的待遇与山县有朋并无差别。

　　那么，天皇驾临府邸的顺序是由谁决定的呢？目前还

未发现对此进行解释的关键史料。前面说过，1875 年的
北海道巡幸计划因明治天皇的拒绝而终止。虽然巡幸一事
具有政治层面的意义，但由于它是由宫内省负责的，所以
宫廷内部具有决定权，而天皇对于皇宫内部事宜已经逐渐
拥有了相当大的发言权。如果结合这一点考虑，那么这个
顺序大概就是天皇以忠厚直率的侍从长德大寺实则拟定的
方案为基础加以修订的结果，它在很大程度上反映了天皇
的意愿。

　　近代内阁制度建立时，伊藤博文兼任宫内卿一职。虽
然也存在伊藤博文在天皇驾临五人府邸之事上向天皇或德
大寺实则进言的可能性，但我们认为伊藤博文不可能对包
括自己府邸在内的行幸顺序及时间等细节进行干涉。这是
因为我们已经能够确认，在此之后，在涉及确定的叙勋、
升爵（提升爵位）、授爵（授予爵位）事宜时，不对与自
己相关的事情发表具体言论是一种惯例。

第二章

宪法的制定与元老制度的形成

伊藤博文与山县有朋的对立之始

疑神疑鬼的明治天皇

本书的前言和序章曾提到,在藩阀内阁行至末路,从藩阀实力派人物中无法选出继任首相之时,天皇会向特定的藩阀实权者询问善后策略,于是元老制度在 19 世纪 90 年代前期开始形成,到 1898 年(明治三十一年)趋于固定。为了让元老制度固定下来,天皇不仅能对内阁的决议进行裁决,还必须拥有公开询问政治事件的权力,这样才能在政治舞台产生影响。这样的制度是怎样形成的呢?对于这一问题,我们首先来看看宪法制定过程中明治天皇与伊藤博文的举动。

如前所述，伊藤博文在欧洲宪法考察之旅中学习到的宪法思想是君主机关说，即主权在于国家，君主同行政部门及议会一样是国家机关，或者说在形式上是最重要的机关，从而否定了君主专制。[1]

伊藤博文在欧洲学习了这种基于君主机关说的宪法理论，期望能创建一种模式，即天皇平日的参政受到制约，仅在国政出现混乱之时才以调停者的身份参与政治。这一想法或许是出于对征韩论政变时天皇威信削弱、西乡隆盛等人下野，以及造成了巨大人员牺牲和经济损耗的西南战争等悲剧的考虑吧。

然而，明治天皇觉得自己即使到了三十岁出头的年纪，也依然无法在公开的政治舞台上发挥影响力，因此无法理解伊藤博文的想法，于是从1884年（明治十七年）开始常称病不出宫。天皇在1885的夏天仅仅露面了两个小时左右，其间也仅仅是命令侍从长德大寺实则、一等侍讲元田永孚前往拜谒，聊天叙话。天皇已经极少对涉及重要国务的大臣、参议级别以下的官员进行问话，或者详细阅览内阁所奏文件。很明显，天皇已经离开了政治舞台。

因此，伊藤博文一边提交辞任参议兼宫内卿的辞呈，一边从中调解，终于缓和了天皇的情绪。

元　老

作为调停者的天皇的诞生

明治天皇从伊藤博文那里了解了君主机关说的概略，似乎慢慢拥有了作为一个立宪君主的决心。

到 1887 年（明治二十年）时，身为首相的伊藤博文兼任了宫内大臣（简称宫相）。有人认为这造成了前朝内宫混淆不分的现象，于是批判之声迭起。5 月中旬，伊藤博文私下向天皇提交了辞任首相和宫相的辞呈，并推荐由黑田清隆或吉井友实（萨摩，宫内次官）继任宫相，但天皇没有准许（坂本一登『伊藤博文と明治国家形成』，199～205 頁）。

从 7 月开始，推进条约修订交涉的外交大臣（简称外相）井上馨为了废除领事裁判权（治外法权），打算任用外国人担任判事（日本法官的官名之一）之职。这一决定遭到了一部分阁员和旧民权派的强烈批判。受此影响，对伊藤博文兼任首相和宫相一事的批判之声越发高涨。伊藤博文再度提交辞呈，天皇对此状况感到忧虑，犹豫是否要批准伊藤博文的辞职申请。不过，天皇最终听取了元田永孚的建言，没有准许伊藤博文辞去首相职位，而是让井上馨辞去外相并由伊藤博文兼任，仅允许伊藤博文辞去宫相一职（『明治天皇紀』六卷，781～784、787～

792、804~806 页）。天皇认为黑田清隆的性格不适合留任宫中，于是没有同意让黑田清隆担任宫相之职。最后，农商务大臣（简称农商相）土方久元（土佐，伊藤系）就任下一任宫相，黑田清隆则就任农商相。

由于条约修订等问题的交织，政府内部对伊藤博文兼任首相和宫相一事的批判之声也很大。天皇顾及萨摩派的感情，于是充当了调停者的角色。

有一件事情对天皇的意识改变产生了决定性的影响，使天皇开始以调停者的姿态行事，那就是伊藤博文派遣自幼侍奉天皇（当时为皇太子）且深得天皇信赖的侍从藤波言忠（公家出身）前往欧洲，师从施泰因①学习基于君主机关说的宪法及国法概略。藤波言忠奉伊藤博文之命，自 1885 年 8 月至 1887 年 11 月在异国他乡专心学习陌生的学问，为了到达能对天皇授课的水平而拼命努力，最终学成归国。藤波言忠回国后，按照每两三晚一次、每次两小时的进度向天皇和皇后授课，授课次数共计三十三次。天皇和皇后积极听课，天皇会不断向藤波言忠提问直至理解为止。这样一来，天皇和皇后理解了自己在新宪法中的

---

① 洛伦茨·冯·施泰因（Lorenz von Stein，1815~1890），又译劳伦斯·冯·史坦恩，德国经济学家、政治学家、公共行政学家。伊藤博文在赴欧考察期间曾师从于他，他的理论对日本明治时期的政治改革影响颇大。

职责，并且对伊藤博文产生了不可动摇的信赖感（伊藤
之雄『明治天皇』，250～257、263～264 页）。

　　然而，即使接受了藤波言忠的授课，天皇有时依然会
做出超出调停者身份的干预政治之举。1888 年 5 月 1 日，
天皇就近卫部队（保卫天皇和皇宫的陆军部队）整编一
事，通过侍从长德大寺实则向参谋总部部长有栖川宫炽仁
亲王传达了意见，但天皇的要求未能实现（『明治天皇
纪』七卷，57～58 页）。

　　到底什么样的行为才符合君主机关说的基本要义，这
无论对于天皇还是对于伊藤博文等藩阀实权者来说都是一
个难题。明治天皇通过这样的体验，逐渐成长为一位受君
主机关说影响的天皇，威信渐长。

受到宪法约束的天皇

　　1889 年（明治二十二年）2 月 11 日发布（公布）的
《大日本帝国宪法》规定天皇乃万世一系，是大日本帝国的
统治者（第一条），宣示了天皇的统治权。另一方面，宪法
也规定了天皇须在由贵族院和众议院构成的帝国议会的同意
下行使立法权（第五条、第三十三条），每年的预算须通过
帝国议会的同意（第六十四条），等等，使议会对天皇的行
为形成制约。另外，宪法还规定各国务大臣有辅弼（辅佐）

天皇的责任，法律、敕令以及与国务相关的诏书都必须附加国务大臣的副署名（添加在天皇署名左边的署名）（第五十五条），国务大臣因此也对天皇的行为形成了制约。可以说这正是通过宪法体现了君主机关说理论下天皇的调停者身份。

明治天皇明确理解了宪法为自己规定的角色，并对继承了大久保利通等前辈之路的伊藤博文建立的国政根基，以及《大日本帝国宪法》《皇室典范》的制定给予了高度评价。因此，天皇在已有的"旭日大授章"之外，又设立了"旭日桐花大授章"授予臣下，并将此勋章于宪法公布之日，即 1889 年 2 月 11 日仅授予了伊藤博文一人。重视维持萨长平衡的内大臣三条实美认为也应当将"旭日桐花大授章"授予黑田清隆，于是通过赏勋局总裁柳原前光（生下皇太子的天皇侧室柳原爱子的兄长）奏请天皇；但天皇没有同意，原因是天皇认为如果授予了黑田清隆，就不得不同样授予山县有朋和西乡从道（伊藤之雄「元老制度再考」，7～8 頁）。

首相和阁员主导下的继任首相推荐

接下来，让我们来看看在宪法制定前后，继任首相是如何确定下来的。

首相伊藤博文从 1887 年（明治二十年）9 月 17 日开

始兼任外相，但他身上还肩负着制定宪法这样一项更重大的任务。于是他让大隈重信担任外相并入阁，同时打算将政权让给萨摩派领袖，即担任农商相的黑田清隆。

伊藤博文的目的是通过与立宪改革党的实际党首大隈重信联手，来部分瓦解针对外相井上馨条约修订计划的反对集团，保证外相大隈重信主导下的条约修订交涉得以进行。担任内务大臣（简称内相）的山县有朋强烈反对有政党背景的大隈重信进入内阁，但伊藤博文置之不理，大隈重信最终于 1888 年 2 月 1 日成为伊藤博文内阁的外相。

伊藤博文在和阁僚中的实权人物商谈后，于 4 月 30 日辞去了首相职务。由于伊藤博文很早就向天皇推荐由黑田清隆担任继任首相，所以后来成立的黑田清隆内阁中，阁僚几乎仍是同一批。在这次推举继任首相的过程中，虽然伊藤博文咨询了一些实权阁僚的意见，但身为萨长系藩阀的最核心人物且身居首相之位的他仍然占据了极大的主导权。在此之后，伊藤博文担任了新设立的枢密院的议长，完成了宪法制定的最后阶段的任务。

在下一届的黑田清隆内阁中，外相大隈重信着手推进关于条约修订的交涉。其交涉方案中有仅在涉及外国人被告的案件中由大审院（相当于现在的最高法院）任用外国人法官进行审判等内容。由于与英国之间的条约修订交涉未能顺利进行，外相大隈重信甚至向天皇提出了一旦交涉不顺，则通告英国废除现行条约的奏请。

　　以废除条约为条件威胁英国，对外相大隈重信的这一过激手段天皇产生了强烈的不安。大隈重信的条约修订方案在日本国内甚至藩阀内部激起了强烈的批判浪潮，因此伊藤博文希望大隈重信能自行改变方针。然而，虽然只是在内部讨论，但大隈重信居然抛出了废除条约的观点，伊藤博文不再寄希望于大隈重信，于是在 1889 年 10 月 11 日提交了辞任枢密院议长的辞呈（伊藤博文的请辞得到批准，他于 10 月 30 日辞任）。这一变动对政局产生了决定性的影响，条约修改议案被延期（事实上被终止），黑田清隆内阁于 10 月 22 日提交辞呈，并于三日后倒台。最终，伊藤博文造成了萨摩派内阁的被动倒台，黑田清隆遭受伤害，而伊藤博文也招致了萨摩派实权者的记恨。因此，在内阁提交辞呈的前一天，首相黑田清隆、大藏大臣（简称藏相）松方正义以及陆相大山岩开始认为山县有朋适合担任下一任首相（伊藤之雄『伊藤博文』〔文庫版〕，264～271、278～280 頁）。

　　在此之后，由于首相黑田清隆在征得阁员们的同意后向天皇推荐了山县有朋，因此天皇请山县有朋组阁，但山县有朋并没有立即接受。无奈之下，天皇于 10 月 25 日任命内大臣三条实美兼任首相，内阁成员保持不变，以挺过时艰。

元　老

"元勋优待诏书"

伊藤博文遭到了黑田清隆的记恨，这两位萨长派中最具实权的人物在 10 月底前双双辞职，藩阀政府陷入了巨大的危机。

鉴于这一状况，天皇于 11 月 1 日向二人下达了通称"元勋优待诏书"的诏敕，内容如下：

> 朕特赐枢密院议长伊藤博文以大臣之礼遇，兹昭告元勋优待之意。
>
> （给黑田清隆的诏书与伊藤博文的内容相同。）

到了大正时期，这份诏书被当作与元老有关的法定依据。关于这份诏书，以往的研究都将其与元老资格联系在一起进行论述，事典及辞书也会如此释义，但笔者对这种见解进行了修正。伊藤博文、黑田清隆二人并不是因为这份诏书才成为元老的。对此，本章以及第三章之后的章节将进行更加明确的论述。

顺便提一下，包括这次在内，这样的诏书伊藤博文共被授予过四次，黑田清隆被授予过一次。之后，山县有朋被授予过四次，松方正义被授予过三次。然而，同

样成为元老的井上馨、西乡从道、大山岩、西园寺公望
却一次也没有被授予。桂太郎被授予过两次，却没有成
为元老。

这是授予名誉的诏书，天皇表明今后将待伊藤博文、
黑田清隆二人以大臣之礼，明确认可二人为明治维新后建
立新国家的"元勋"。换言之，这是天皇为了促使二人协
力整顿条约修订问题引发的混乱政局，防止藩阀政府内部
分裂而采取的举措（伊藤之雄「元老の形成と変遷に関
する若干の考察」，71~73页）。

另外，明治维新的大功劳者们一般被称为"元勋"，
这种惯例的形成并没有那么早，而是在1885年（明治十
八年）以后，而且仅用在大久保利通、木户孝允、西乡
隆盛、三条实美（或岩仓具视）等早期最具权力的人物
身上（『読売新聞』1885年5月14日、1886年1月15
日、1888年8月3日、1889年10月23日，『大阪朝日新
聞』1886年1月17日）。到了19世纪80年代后期，称
呼大久保利通、三条实美等人为"元勋"，包含着认可他
们为明治维新时期创建新国家的大功臣的意思。这是因为
当时颁布宪法、开设国会已指日可待，日本国民可以放心
地评价维新事业及其功劳者们了。

后来新闻媒体称呼与伊藤博文、黑田清隆近乎同级别
的山县有朋为"元勋"，并且以此为标准来称呼井上馨、

松方正义等比大久保利通等更年轻的人构成的群体。为此创造契机的，正是这份"元勋优待诏书"。

越来越受天皇信赖的伊藤博文

等到山县有朋决意出任首相后，1889 年（明治二十二年）12 月 24 日，第一次山县有朋内阁成立了。外相由山县有朋的心腹青木周藏（长州出身，前外务次官）担任，其他的阁僚与黑田清隆内阁时期几乎相同。

对于大隈重信的条约修订方案，虽然伊藤博文持批判态度，但假如他能等到阁内的反对论调加剧，内阁自然瓦解，那么大概不会招致萨摩派的憎恨以致威信降低吧。

伊藤博文的权力一直以来都建立在长州及萨摩藩阀均听从其领导这一基础之上，而且他还具备深得明治天皇信任这一优势。从他的这种特殊地位来看，在黑田清隆内阁倒台后，接下来成立的理应是伊藤博文内阁。他或许期待着自己不仅是第一代首相，还可以在自己主导建立的宪法制度下迎来第一次总选举和帝国议会，成为这一绚丽舞台上的主角。

然而，当外相大隈重信为了进行条约修订交涉而对英国这一大国抛出了废除条约的威胁口号后，情况就完全不同了。外交的失败有可能导致无法挽回的后果，伊藤博文这时候放弃了对个人得失的计较。为了避免外交上发生更大的危险，伊藤博文索性选择了迫使黑田清隆内阁倒台这一条招致萨摩藩愤恨的道路。

对于大隈重信在条约修订交涉中的问题以及伊藤博文在处理这一问题时表现的精神，天皇给予了评价。虽然宪法赋予了天皇统帅权，但和从前一样，天皇对伊藤博文身上均衡的知识与判断力非常信赖。在甲午中日战争结束之前，天皇数次向伊藤博文这一文官询问对于军事或非军事问题的意见（表3）。我们之后将要讲到，在第二次伊藤博文内阁时期，伊藤博文再次发挥了强大的指导力，主导了条约修订并指挥了甲午中日战争。

表3 甲午中日战争之前明治天皇对伊藤博文的意见询问

年月日	军事	非军事	内容	伊藤博文的地位
1886.7.24	○		废止陆军监军部（与陆相大山岩一同拜谒）	首相
1887.7.23		○	询问是否可以推进条约修订交涉（与宫中顾问官员一同讨论是否可行）	首相
1888.5 ~ 1889.2	○		近卫部队的整编事宜	枢密院议长
1889.7.29		○	条约修订的可行性	枢密院议长
1889.9.22		○	决定条约修订是否可行的会议的参加者	枢密院议长
1891.2.19			国事相关事宜	贵族院议长

年月日	军事	非军事	内容	伊藤博文的地位
1891. 5. 11		○	关于俄国皇太子遇难的对策	宫中顾问官
1891. 9. 15	○		陆海军大臣的候补资格的变更	枢密院议长
1893. 12. 15		○	对众议院提交的官纪整肃上奏书的应对	首相
1894. 7. 27	○		让伊藤博文列席大本营会议;此后同样如此	首相

资料来源:宫内厅『明治天皇纪』六、七、八卷,「德大寺实则日记」。

　　另一方面,当政府无法发挥形成决议的机能时,明治天皇会平衡各方势力,起到调停者的作用,以此提高自身的权威。

藩阀政府与民党的对立:山县有朋的崛起

　　第一次山县有朋内阁于 1890 年(明治二十三年)7 月顺利组织了第一次总选举。然而,在 11 月召开的第一次帝国议会中,占众议院多数席位的民党(在野党)提出了降低地租的要求,即将地租由地价的 2.5% 削减至 2%(减税 20%),大约削减 10% 的预算。民党与内阁形成了激烈的对立。

　　在帝国议会中,众议院与贵族院地位相等,预算如果没有获得两院一致通过则不能生效。内阁获得了政府支持的"吏党"和立宪自由党内部土佐派的协助，响应了削减相应预算的号召，避开了解散的命运，从而成功度过了议会召开期间的危机，于 1891 年（明治二十四年）3 月 7 日迎来了议会闭幕式。

履行了责任的山县有朋决意辞任，在得到萨长派实权阁员的同意后，于 4 月 9 日向天皇推荐由伊藤博文担任继任首相。天皇也期待伊藤博文继任，但伊藤博文没有接受，大概是因为他认为来自萨摩派的敌对情绪依然存在。伊藤博文向天皇推荐由松方正义（藏相）或西乡从道（前海相）担任首相，天皇知道西乡从道不会接受，于是向松方正义下达了组阁命令。于是，第一次松方正义内阁于 5 月 6 日成立了。这一天，山县有朋像伊藤博文、黑田清隆一样被授予了"元勋优待诏书"。

在近代内阁制度下以即将引退的首相为主导，首相在得到实权内阁成员的同意后向天皇推荐继任首相，这种惯例在第一次伊藤博文内阁之后逐渐形成。然而，不是因为伊藤博文做过所以黑田清隆和山县有朋才照着做，这种做法并非自然而然形成的惯例，而是有两方面的原因：一方面从结果上看，伊藤博文导致了黑田清隆内阁的倒台，因此威信受损；另一方面，黑田清隆、山县有朋两位掌权者在经过首相一职的历练后，同伊藤博文一样具备了向天皇推荐首相人选的威信。

缺乏统治能力的松方正义内阁

　　和之前的一贯做法一样，松方正义内阁是由山县有朋内阁的阁僚留任下来组成的。然而，松方正义内阁少了伊藤博文、黑田清隆、山县有朋三人，并且组阁的松方正义与这三人相比，并非顶级藩阀实权人物，所以人们对这一领导集团抱有些许不安。

　　松方正义组阁后的第五天，即 5 月 11 日，俄国皇太子尼古拉在大津町（现滋贺县大津市）游玩时，被警备巡查员用军刀刺伤，这就是大津事件。于是，惧怕大国俄国发动战争的恐怖情绪在全国各地弥漫开来。

　　大津事件发生后，天皇把伊藤博文视作最重要的建言者，迅速采取了应对措施，成功消除了俄国的误解，因此威信大增。在这个时期，向天皇建言的主导权并非掌握在首相松方正义及其阁僚手中，而是完全在伊藤博文手中（伊藤之雄『明治天皇』『伊藤博文』）。

　　如上所示，松方正义内阁无法统领、制约整个藩阀，也未能得到天皇的充分信赖。在即将召开第二议会（1891 年 11 月 21 日～12 月 25 日）之前，对于民党提出的扩大政治参与和削减经费等要求，松方正义内阁只能采取一味无视的态度。山县有朋及保守的萨摩派要求内阁以强硬姿态应对民党，松方正义内阁正是遵循了这一方针。与此相对，民党则认为第二议会正是向藩阀展示民党实力的好机会。12 月 25 日，众议院大幅削减了预算，于是松方正义内阁直接解散了议会。

在这次总选举中，内相品川弥二郎（长州）过分干涉，阻碍民党候选者当选。然而在 1892 年（明治二十五年）2 月 15 日的总选举中，民党的优势地位依然未被撼动。

藩阀中最具实权的伊藤博文对这种干涉选举的行为持批判态度，于是提交了辞去枢密院议长的辞呈。这可以看作对内相品川弥二郎的直接批判，也可以视为对品川弥二郎背后的山县有朋及保守的萨摩派藩阀官僚的批判。正如外相大隈重信修订条约那次，伊藤博文的行动使其自己身为整个藩阀领导者的威信受损。然而，伊藤博文这样做是为了促使政党熟练掌握立宪政治，逐渐增强议会的权力。他以完成立宪政体的建立为目标，所以甘当藩阀内不讨好的角色。

若伊藤博文坚决行动，井上馨就也会加以支持，所以即使是山县有朋也不能与伊藤博文形成正面对立，无法主张再度解散议会，也无法支持内相品川弥二郎以及松方正义内阁。最终内相品川弥二郎辞职，伊藤博文辞去枢密院议长的辞呈被天皇驳回。

松方正义内阁气数已尽，到了 6 月，藩阀中的实权者们已经达成了伊藤博文最适合担任继任首相的一致意见。然而，围绕该如何应对政党这一问题，藩阀内部产生了分歧，山县有朋一派没有表现出积极支持第二次伊藤博文内阁的意向。

自称"元勋"和"黑幕"

1892 年（明治二十五年）6 月下旬，伊藤博文命令其心腹伊东巳代治（枢密院书记官长）组织召开"黑幕会议"。会议成员有伊藤博文、黑田清隆、山县有朋以及时任首相松方正义。已经回到家乡山口县三田尻的井上馨由于难以立即赶回东京，所以没有参加这次会议。而松方正义向伊藤博文说明自己不能先于"前辈"返回东京，要等"前辈"们都聚齐之后再加入（伊东巳代治写给井上馨的书信，1892 年 6 月 25 日，收录于「井上馨文書」）。

伊藤博文认为在选定继任首相的关键性决议上，自己、黑田清隆、山县有朋、井上馨、松方正义这五人应该参加，而松方正义则出于自己在藩阀内的地位以及内阁的失败而摆出了低姿态，这一点值得注意。

6 月 29 日，在松方正义的首相官邸内，藩阀中权力最大的"元勋"们进行了会面（即伊藤博文所说的"黑幕会议"）。伊藤博文强烈主张由所有"元勋"一起组建内阁，但山县有朋认为自己入阁反而不好，所以拒绝入阁。在随后的 7 月 3 日，山县有朋告诉井上馨，即使自己加入了伊藤博文内阁，大概也会在数月之内提出辞职，明确表示自己没有入阁意向（山县有朋写给井上馨的书信，1892 年 7 月 3 日，收录于「井上馨文书」）。这一史料及事实尤为值得关注，因为这是藩阀实力派人物首次把那些参与商议继任首相的人称为“元勋”。[2]

如此一来，藩阀的顶级实权者——“元勋”们的会谈事实上确定了伊藤博文为继任首相。问题是，在这个或许即将成立的伊藤博文内阁中，山县有朋没有表现出积极配合的姿态。对于这一问题，有必要采取调整手段。

另外，值得注意的是，到了 1892 年的下半年，伊藤博文、山县有朋等顶级藩阀实权者开始对内称呼自己为“元勋”或“黑幕”。后文将讲到，这些“元勋”或这个“黑幕”集团在后来便被称为“元老”。

元老制度形成的开端

1892 年（明治二十五年）7 月 30 日，首相松方正义提交了辞呈，然而松方正义不像以往的首相那样具备推荐继任首相的权威。明治天皇向伊藤博文、山县有朋、黑田清隆三人询问（“咨询”）该如何善后，两天后也就继任首相一事向井上馨询问（“请教”）了意见。最终，在伊藤博文的伊皿子府邸内（位于现东京都港区），上述四位

元　老

天皇的询问对象再加上大山岩、山田显义二人，共六位萨长派的实权人物参加了会议，确定了以伊藤博文为继任首相。天皇向伊藤博文下达了组阁命令，8月8日，第二次伊藤博文内阁成立了（伊藤之雄『伊藤博文』〔文库版〕，322～333 页；伊藤之雄「元老制度再考」，5、7 页）。

作为元老制度形成的初始阶段，这一过程中有以下三点值得注意。

第一，天皇为了打开局面，向伊藤博文、山县有朋、黑田清隆三人请教咨询。此后，内阁倒台，上述三人再加上井上馨和松方正义开始成为天皇请教咨询的特定对象。在藩阀内部以及新闻媒体间，这些人一般被称呼为"元勋"（伊东巳代治写给伊藤博文的书信，1892 年 8 月 4 日，收录于『伊藤博文関係文書』二卷，232 页。同时可参考『大阪朝日新聞』1892 年 8 月 5 日，『讀売新聞』1892 年 7 月 15 日，等等）。然而正如下一章将要论述的，从甲午中日战争后的 1896 年秋开始，这些人开始被称呼为"元老"。

第二，伊藤博文在 6 月时早已将共同商议继任首相问题的藩阀实权者限定为他自己、黑田清隆、山县有朋、井上馨、松方正义这五人。但是，天皇将决策的人选范围限制得更窄，仅向萨长派中最具实权的人物——被授予过"元勋优待诏书"的伊藤博文、山县有朋和黑田清隆三人询问善后处置的讨论结果。伊藤博文为将来会成为元老的人物划定了一个较宽的范围，而天皇划定的范围更窄。天皇在两天后也向井上馨询问了其对于继任首相的意见，可以说，这是与伊藤博文协商调整之后的结果。伊藤博文后来又在自己府邸召开了由六位重量级藩阀人物参加的会议，会议最终确定由伊藤博文出任继任首相。最后，山县有朋也以司法大臣的身份加入伊藤博文内阁（但在七个月后辞职）。

第三，在初期议会中，围绕如何应对政党的问题，藩阀内部出现大分裂，元老制度由此开始形成。这是因为在这种严峻的形势下，首相松方正义的个人力量不足，首相与阁僚中的实权人物商议后再向天皇推荐继任首相的方式无法继续推行下去了。[3]

无论怎样看，当内阁无法向天皇推荐继任首相时，天皇没有以君主专制的形式自行确定继任首相，而是委托藩阀内的特定实权者进行推荐，这正是元老制度得以形成的原因。换句话说，在制定《大日本帝国宪法》之际，伊藤博文所构想的君主机关说下天皇的调停者责任，得到了明治天皇的理解和践行，元老制度由此诞生。伊藤博文和天皇对于把谁设定为特定人物——是五人集团，还是除去井上馨和松方正义的三人集团——的想法不同，但是在维持君主机关说下的天皇行动力这一点上，二人是一致的。

第三章

甲午中日战争后的定型

明治天皇与伊藤博文

政党的抬头与藩阀的分裂

在 1892 年（明治二十五年）8 月成立的第二次伊藤博文内阁的领导下，日本取得了甲午中日战争的胜利。此后，对甲午中日战争后的财政预算进行审议的第九通常议会召开在即，1895 年 11 月 12 日，伊藤博文觐见天皇，以生病为由提交了辞任首相的申请，并向天皇建议继任首相由山县有朋或松方正义担任比较合适。天皇于 16 日召见了黑田清隆和山县有朋并询问对策，又于 21 日向伊藤博文下达了不准予辞职，但准许其修养身体直至第九通常议会召开的旨意。伊藤博文因而继续留任。

虽然生病确实是实情，但首相伊藤博文与其说是真心想辞职，不如说是出于试探藩阀官僚内部对伊藤博文内阁的支持度的目的，向天皇表达了辞任意向。天皇也不希望伊藤博文辞任，因此有了后来的举动。世人再次明白，黑田清隆、山县有朋以及当事人伊藤博文无一不是特别之人。

在甲午中日战争结束后的第二年（即 1896 年）的 8 月 28 日，首相伊藤博文再次提交了辞呈。这次天皇积极行动，联络可以就继任首相问题进行咨询的人选。

宫相土方久元（伊藤派）、宫内次官田中光显（山县派）以及伊藤博文的盟友井上馨（前内相）分别向山县有朋寄去的书信可以说明这一点。这些书信都是由天皇身边的当事人写的，具体地展现了继任首相人选是如何被选出的，是非常珍贵的史料。概览这些书信后，我们可以知晓以下三点。

第一，在 8 月 28 日这个时间点上，天皇对首相伊藤博文辞任后的艰难政局感到痛心，严令当时兼任枢密院议长和班列大臣（副总理级别，相当于现在的无任所大臣①，简称无

---

① 指没有担任政府内特定部门领导的阁僚，是负责或执行不由内阁总理大臣和各省大臣管辖的事务的国务大臣。广义上的无任所大臣包括内阁官房长官、国家公安委员会委员长和内阁府特命担当大臣；狭义的无任所大臣指除去以上职务外，不掌管任何行政部门的大臣。

元　老

任所相）的黑田清隆再兼任临时首相一职（从 8 月 31 日担任到 9 月 18 日）。

第二，关于最终的善后决策，天皇选择向山县有朋、黑田清隆、井上馨三人进行咨询。

第三，伊藤博文向天皇提出辞职之时，并没有向天皇推荐继任首相的人选（伊藤之雄「元老制度再考」，11 ~ 12 頁）。

伊藤博文之所以提交辞呈，是因为他的计划，即努力将自由党的领导人板垣退助、进步党（前身为改进党）的实际领导人大隈重信吸纳到内阁中以便进行内阁改造失败了。当时在野势力正在筹谋以进步党为倚仗的大隈重信与松方正义联手组阁的计划，伊藤博文原本想取得先机。

虽然对政权的构想各不相同，但伊藤博文和松方正义都意欲与政党联手。与此相反，山县有朋和黑田清隆对藩阀势力与政党的联合持反对意见。

另外，包括甲午中日战争在内，伊藤博文执政长达四年以上，可以说到了该辞任的时间。换句话说，伊藤博文没有向天皇推荐继任首相，部分原因在于他自己因内阁行至穷途末路而辞职，更多的原因是自由党以及进步党势力抬头，造成藩阀内部出现三大派不同的意见，伊藤博文知道单凭自己一人不具备推荐继任首相的威信。

伊藤博文与天皇的合作

明治天皇也出于相同的考虑，向山县有朋、黑田清隆、井上馨这三位重量级藩阀人物询问善后对策。然而，8 月 29 日，海相西乡从道对伊藤博文内阁的辞职提出异议，拒绝在任命黑田清隆兼任临时首相的"敕语"（诏书）上副署，因此井上馨不得不尽力调停（「德大寺实则日记」〔写〕，1896 年 8 月 29 日，藏于早稻田大学图书馆）。

面对此种情况，天皇于同一天将咨询对象的范围扩大到山县有朋、黑田清隆、井上馨和松方正义四人，转向谋求政局稳定的方针。

到了 9 月 1 日，天皇向山县有朋等四人下达了让其仔细商讨继任首相问题的圣谕。此后的 9 月 3 日，在黑田清隆、松方正义觐见之时，天皇向二人询问如果让山县有朋担任首相怎么样。当时的在野势力中，期待松方正义与大隈重信和进步党联手组阁的呼声高涨。松方正义对天皇的提议表示同意，于是天皇让松方正义前去说服山县有朋组阁。天皇本来就不信任大隈重信，在大隈重信担任外相时发生的修订条约事件后对他更加不信赖了，因此不可能考虑让

元 老

大隈重信和松方正义联手组阁。

　　然而，山县有朋以生病为由拒绝组阁，并推举松方正义为继任首相。于是天皇于 9 月 10 日命松方正义担任首相兼藏相，9 月 18 日，第二次松方正义内阁成立了（伊藤之雄「元老制度再考」，12 页）。

　　从上述过程中可以看出，在推荐继任首相一事上，天皇咨询的对象由山县有朋、黑田清隆、井上馨和伊藤博文（此次刚刚提交辞呈，不参与）四人，扩大为松方正义加入后的这五人。

　　天皇对松方正义的评价一直不高，即使在甲午中日战争结束后的这个时间点也是如此。但是，巨大的战争赔款可以惠泽日本经济，日本国民对于战后经济的发展期待很高。松方正义是财政方面的专家，且被期待与大隈重信以及进步党携手合作，因此在民间他的人气大增，在藩阀中的地位也得到了提高。鉴于此种情形，天皇终于认可松方正义为首相候补。

　　前面已经讲过，伊藤博文在大约四年前就已经直观地预见了松方正义的政治可能性，将包括松方正义在内的五人召集起来商讨继任首相人选的问题（井上馨因为无法回到东京而未参会）。在推荐继任首相这件事上，伊藤博文四年前的构想被天皇以咨询下情的形式公开践行，元老制度逐步落实下来。

"元老"代替"元勋"

无论是藩阀官僚内部还是新闻媒体都开始认识到"元老"代替了"元勋"。1896 年（明治二十九年）8 月 28 日，山县派的贵族院议员清浦奎吾（敕选，前内务省警保局长）在写给山县有朋的信中使用了"元老"一词，内容如下（伊藤之雄「元老制度再考」，13 頁）：

> 吾以为，此乃天皇召集元老咨询后之圣裁。

一天后，山县派的通信大臣（简称通信相或通相）白根专一在给山县有朋的信中写道："关于（天皇）召集阁下（山县有朋）、黑田清隆、松方正义、井上馨诸位元老一事，在下……"其中也使用了"元老"一词。

伊藤派的伊东巳代治（内阁书记官长）经营的《东京日日新闻》在 9 月 1 日刊中谈道，黑田清隆担任临时首相不过是过渡性措施，在"以黑田清隆公为首的诸位元老"进行严肃的秘密会谈后，大概会由天皇确定首相人选。

另外，《东京日日新闻》的 9 月 3 日刊以《所谓元老会议》（「所謂元老会議」）为题论述：如果"四元老"汇聚一堂，或许事态的发展会超出预想，而西乡从道、大山岩二人是否加入其中还不得而知。

上述报纸还评论说：如果"照元老二字（的字面意思）来解释"（着重号为原文所加），那么西乡从道、大山岩二人当然是元老。另外，枢密顾问官川村纯义（萨摩，前参议兼海军卿）、副岛种臣（肥前，前参议、外务卿）、佐佐木高行（土佐，前参议兼工部卿）这几位伯爵，以及海江田信义（萨摩，前元老院议官）、福冈孝弟（土佐，前参议兼文部卿）这几位子爵也应当属于元老。但是，应该说这次的"元老会议对元老进行了一种限定"。

对进步党持友好态度的《大阪朝日新闻》也在 9 月 1 日至 9 月 19 日的报道中提到由四位"元老"向天皇推荐继任首相。

这里应当注意的是，藩阀内部和新闻媒体在提及相关藩阀实权者推选继任首相或决定政治方向时，对于这一集团及会议，在 1892 年 8 月至 1895 年前后的时间段里多以"元勋""元勋会议"称呼，但是从 1896 年 8 月底开始改为称呼其为"元老""元老会议"。[1]

为何使用"元老"一词

相比于"元老"，"元勋"一词更多地包含着维新后新国家的创建者这一层含义。因此，大久保利通、木户孝允、西乡隆盛、岩仓具视、三条实美这些维新后的高层政治家从很早起就被称呼为"元勋"了。即使到了19世纪90年代中期，称呼伊藤博文、山县有朋、黑田清隆、井上馨、松方正义为"元勋"也是合乎时宜的。那么，为什么后来会使用"元老"一词呢？

第一个原因如下。甲午中日战争结束后，怎样管理战后的日本成为焦点。对伊藤博文这样的"元勋"持批判态度的风气高涨，批判者认为在国家培养新型人才之时，这些"元勋"无法理解新型人才的能力和精神。在这种氛围下，舆论对松方正义及与其联手的进步党（前身为改进党）领袖大隈重信等人充满了期待。

例如，以《元勋诸公的不忠实》（「元勳諸公の不忠実」）为题的《大阪朝日新闻》社论（1896年9月11日）这样写道：

> 当今国家多难，正应是（伊藤博文等）元勋诸公舍去自身利益，投身尽责之时……若到万不得已之时，（不要拘泥于元勋间的统一形式，）请元勋之外的人担负外交、财务之责并非难事……（而元勋之间互相推诿当政之责，白白浪费了时日。）若是元勋们无法达成合作体制，那么积极主动地提拔后起之秀，组建内阁，统帅政权，也并非绝不可行之事。

元 老

另外，以《松方内阁的组织》（「松方内閣の組織」）为题的《东京朝日新闻》社论（1896 年 9 月 17 日）也论及"元勋诸公"在选定首相候选人并向天皇上奏后，不要再重蹈先前"黑幕内阁"之覆辙，把万事交付首相即可。

第二个原因是，经常参与推荐继任首相事宜的顶级藩阀权力者的范围逐渐固定下来，如果这些人以"元勋"的名号自称，则会遭到那些被排除在外的藩阀实权者的反对。况且在这个时期，井上馨和松方正义没有被授予"元勋优待诏书"，如果将他们参加的会议称为"元勋会议"，则有可能处理不好与诏书的关系。

或许是出于上述原因，伊藤博文和山县有朋等人把推荐继任首相的团体和会议称为"元老"和"元老会议"。在山县派官僚的书信中，在对那些向天皇推荐继任首相的集团进行表述时，"元老""元老会议"等用语最早登场于 1896 年 8 月底。并且在同一时期，伊藤派的伊东巳代治所运营的报纸对"元老"这一用语进行了解释和定义。从这些事实出发，我们可以做出上述推断。[2]

天皇扩大裁量权的举动

1896 年（明治二十九年）秋第二次松方正义内阁成立之际，以五人为固定形式且被冠以"元老"和"元老会议"之名的元老制度开始公开实行，但是天皇并没有将内阁存续等问题全部委以元老决定。

第二次松方正义内阁计划将增加地租列入 1898 年的年度预算，因此兼任外相和农商相的大隈重信于 1897 年 11 月 6 日辞职，松方正义内阁与进步党的联合就此破裂。增加地租是松方正义内阁为了增强日本对俄国的安防能力，扩建海陆军以对抗俄国远东势力，而采取的扩大财源计划。大隈重信和进步党虽然也认同俄国对日本来说是一大威胁，为了扩军有必要增加税收，但是考虑到竞选的后援力量——地主阶级的意向，他们放弃了与松方正义内阁的协作。此后，松方正义内阁与自由党就协作联合一事进行磋商，但商谈未能顺利进行，于 11 月下旬终止。最终，松方正义内阁失去了众议院执政党的支持，在接下来的议会中基本失去了获众议院批准预算的可能性，可谓前景黯淡。另外，德国于 11 月 14 日占领了清国的胶州湾地区，东亚局势更加严峻。

在上述的状况不断的背景下，11 月 18 日，天皇听取宫相土方久元汇报天下形势以及内阁"（行政）事务"长达两个小时。土方久元在天皇的授意下于 19 日前往拜访枢密院议长（兼班列大臣）黑田清隆，与其一同讨论了内阁面临的困难情势（「土方久元日记」1897 年 11 月 18 日、11 月 19 日，首都大学东京图书情报中心所藏微缩胶片）。天皇可能期待黑田清隆能推举伊藤博文为继任首相，但黑田清隆没有做出如天皇所愿的反应，于是土方久元停止了行动。

结果，第十一次议会召开后，在 12 月 25 日，进步党、自由党等政党提交了内阁不信任决议案。首相松方正义上奏解散众议院，提交了辞呈。

天皇向枢密院议长兼班列大臣黑田清隆询问善后之策，12 月 27 日，黑田清隆向天皇回禀道，选择伊藤博文或山县有朋都是可以的。值得注意的是，天皇并没有向在第二次松方正义内阁期间就已经开始形成的五人元老集团（或者不算提交辞呈的松方正义，则为四人元老集团）询问意见，而是仅仅询问了黑田清隆一人。天皇试图扩大自己作为君主的裁量权，以此来践行君主机关说。

此后，天皇宣伊藤博文觐见，但伊藤博文请求晚些时日再进宫。于是天皇派黑田清隆前往伊藤博文的住处，即位于神奈川县大矶的"沧浪阁"，催促伊藤博文觐见。

12 月 29 日，伊藤博文觐见天皇，天皇下达了组阁命令。伊藤博文请求考虑一两日，得到了天皇批准。天皇将这一情况告知黑田清隆和山县有朋，于是黑田清隆拜访了山县有朋，让山县有朋前去说服伊藤博文出马。如此一来，伊藤博文在确认自己能够得到黑田清隆和山县有朋的协助后，于 12 月 31 日再次觐见，接受了组阁命令，向天皇汇报了组阁构想及状况。

伊藤博文请求板垣退助、大隈重信这两位众议院两大政党——自由党和进步党——的党首入阁，希望得到两党的协助，但以失败告终。于是，1898 年（明治三十一年）1 月 12 日，第三次伊藤博文内阁在无政党协助的情况下迈出了步伐。以首相伊藤博文、藏相井上馨等五位伊藤派人物为中心，加上两位山县派人物（陆相桂太郎等人），以及萨摩派的实力派人物——与伊藤博文关系亲密的海相西乡从道，内阁由此组建（伊藤之雄『伊藤博文』）。

增至七人的元老

在此期间，伊藤博文于 1898 年（明治三十一年）1 月 8 日确定了组阁人选，然后于同一天觐见了天皇。伊藤博文向天皇上奏曰，出于对严峻的内外局势的考虑，在对首相以下的阁员进行任命之前，应先召集"元老"商讨应对时局之策；该建议得到了天皇的赞同。此时，拟作为元老被召集的人除了一直以来的伊藤博文、山县有朋、黑田清隆、井上馨、松方正义这五人外，还加上了西乡从道和大山岩，共七人。但是，松方正义由于内阁陷入困境而刚刚辞去首相职位，所以最终没有被召集。元老会议于 10 日召开（伊藤之雄「元老制度再考」，13～14 頁）。

上述过程中的特别之处在于，伊藤博文之前与天皇达

元　老

成一致意见，将元老限定为五人，但又再次主导，欲将人数增至七人，该主张在得到天皇的同意后得以实现。

伊藤博文的行为包含两层含义。第一层含义是，如果稍稍扩大藩阀实权者中作为元老而被天皇召集的人的范围，就可以巩固第三次伊藤博文内阁得到的支持。

第二层含义更加深远：此举清楚地表明了元老成员的构成并非天皇临时起意的决定。在第二次松方正义内阁成立之时，元老的范围就已经大致确定，但天皇无视元老集团的存在，做出了仅向黑田清隆一人咨询意见的行为。是否召集全体元老取决于天皇，伊藤博文或许认为这种做法对天皇以及皇室的将来是不利的。为了使元老制度固定下来，天皇采纳了伊藤博文上奏的意见，召集了扩大后的元老集团。元老进一步成为公开的存在。

前面已经讲到，第二次松方正义内阁成立之时，山县派官僚和新闻媒体都使用了"元老"一词，我们可以确认在这一范围内已经形成了对于"元老"一词的认知。与此相对，在侍从长兼内大臣德大寺实则的日记（1898年1月10日）中，"元老"一词第一次出现于如下表述：

十日参十时三十分　昨日召之元老参朝

（10日上午10点30分进宫。天皇昨日召集的元老们上朝。）

德大寺实则性情忠厚诚实，深得天皇信任，长年担任侍从长。在德大寺实则的日记中，"元老"一词于1898年年初第一次使用，可见向七人元老团咨询对策已经成为明治天皇的行为准则。[3]

新闻媒体同样认可

此后，在第一次大隈重信内阁（史称"隈板内阁"，以进步党和自由党联合创建的宪政党为执政党）成立之际，首相伊藤博文于1898年（明治三十一年）6月提交了辞呈，于是在天皇的召集下召开了由伊藤博文、山县有朋、黑田清隆、井上馨、西乡从道和大山岩参加的元老会议。天皇也召见了松方正义，但松方正义在从兵库县御影的别墅回京的途中遇到了洪水，所以最终未能参加会议。在这次会议中，山县有朋依然对组建政党内阁持反对意见，但伊藤博文没有理会山县有朋，主张由大隈重信和板垣退助执掌政权。当年年初在伊藤博文的推举下新加入元老集团的西乡从道和大山岩二人，也对伊藤博文的主张表示赞同。

伊藤博文认为，当下的困境或许可以被看作使宪法政治顺利进展、向建立英式政党政治这一长远目标逐步迈进的一个机会。因此，他冒着风险，将政权交付给那些仅联

元　老

合而未能形成稳定政策和体制的宪政党领袖，让他们体会一下执政的艰辛（伊藤之雄『伊藤博文』）。

此后不久，第一次大隈重信内阁果然如预料之中的那样陷入了困境。组建了宪政党这一执政党的旧自由党和旧进步党间的对立越演越烈，到了10月底，首相大隈重信提交了辞呈。11月2日，在天皇的召集下，山县有朋、黑田清隆、松方正义、井上馨、大山岩和西乡从道召开了元老会议。天皇同样召集了伊藤博文，但他正在从清国回日本的途中，故而未能赶上会议。在这次会议上，山县有朋被推荐为继任首相，第二次山县有朋内阁成立了。

关于在1898年内大隈重信内阁和山县有朋内阁成立之时召开的两次元老会议，兼任侍从长和内大臣的德大寺实则在日记中将与会者称为"元老"。前面说过，新闻媒体也在1896年9月之后使用"元老"一词。于是，到了1898年年初，由伊藤博文主导且得到天皇认可的七人元老集团——伊藤博文、山县有朋、黑田清隆、井上馨、松方正义、西乡从道、大山岩，在经历了后来的两次继任首相推荐会议后逐渐固定下来。元老制度在1898年作为无法律依据的惯例制度确立起来，这些人物由于经常接受天皇的咨询而使元老制度成为官方存在。而以元老之名称呼这些人物的惯例，也随之固定下来。

"元老"之内涵的扩大

虽然参与继任首相推荐事宜的集团被称为"元老"而不再被称为"元勋",但是"元老"一词又可被用来称呼那些维新"元勋",因此"元勋"和"元老"这两个词在此后的一段时间内被混用。然而到了数年后的1903年(明治三十六年)前后,混用现象基本消失。这样一来,"元老"一词便最终被用来指称参与推荐继任首相的惯例式的职位,或特定领域内的最高权力者及实力派人物。

例如,1903年4月,大隈重信受邀参加银行集会所大会,在演说中称:"在邀请伊藤博文、松方正义、井上馨等元勋之际,也让我来参加。"(『報知新聞』1903年4月26日)这则新闻报道恰如其分地显示了,大隈重信心里清楚地知道自己无法与伊藤博文、松方正义、井上馨并称元老,但与这三人一样都是明治维新的元勋。[4]

对元老的批判

然而,到了1903年2月前后,即1898年(明治三十一年)元老制度确立后的第五年,新闻媒体开始对元老存在的理据提出质疑,它们批判性地指出,元老并非

元　老

"公职"，因而参与政治实乃"私意"，但各元老仍然"秘密地"商议往来（『東京朝日新聞』1903 年 2 月 9 日刊「元老と政局」一文）。同时也有一种论调认为，元老是"维新之元勋"，因此随着他们的"凋落"，元老制度也将走向衰落，在代表国民舆论方面政党会取代元老，元老总有一天会消失的（『報知新聞』1903 年 6 月 8 日刊「伊西両侯の絶縁」一文）。

到了 10 月以后，日本想要竭力避开日俄战争，然而日俄谈判尚未取得进展，国内的紧迫感越来越强烈，于是出现了一些批判之声，认为内阁置国民意见于不顾，"无资格的"元老召开了"事实上的内阁会议"（『読売新聞』1903 年 10 月 25 日刊「元老会議」）。同时，也有人从宪法角度对元老进行批判，提出诸如"元老践踏了宪法""元老并非宪法法定机关，何来政治责任"等观点（『報知新聞』1903 年 10 月 29 日刊「政治の中心何れにか在る」）。另外，新闻媒体在论及大隈重信时曾说，元老们"在宪法之外设置元老这一职务名称"，常以"君主和政府的中间者"自居，随心所欲地介入国家的内外政策，让人不知其职责究竟为何（『東京朝日新聞』1903 年 11 月 27 日）。诸如此类的文章都旨在批判元老在宪法上毫无依据。值得注意的是，虽然明治天皇会召集并咨询元老，甚至向伊藤博文等三位元老（黑田清隆于 1900 年 8

月去世）下达了"元勋优待诏书"，但在日俄战争爆发之前，就已经出现了对元老存在的宪法依据的质疑。

作为众议院第二大党的宪政本党（旧进步党）以及与其产生共鸣的新闻媒体人士的不满越来越强烈。他们认为，伊藤博文曾担任第一大党立宪政友会（简称政友会）的总裁，因此政友会可以与政府互通信息，而桂太郎内阁和元老向民众封锁了关于日俄谈判的消息，导致自己一方以及国民们一无所知。出于以上原因，对元老存在的合法性的质疑之声更加高涨。

元老的作用与宪法

如前文所述，在推举继任首相这件事上，伊藤博文为了抑制天皇直接插手而积极地促成了元老制度的形成。伊藤博文这样做是为了避免当内阁失败时天皇会成为批判对象。然而，作为制定《大日本帝国宪法》的核心人物，伊藤博文并不希望无宪法依据的元老作为惯例机构一直存在下去。从这个意义上来说，伊藤博文在思考宪法体制之初就已然考虑了如上所述的情况，即最迟到1903年前后就出现了对元老制度的批判之声。

接受天皇的咨询（下问）并审议重要国务的机关除了元老还有宪法规定下的枢密院。枢密院于1888年（明

元　老

治二十一年）4 月 30 日创建，创建目的在于对《皇室典范》和《大日本帝国宪法》进行审议，第一任议长是伊藤博文。此后，枢密院的中心工作是对宪法进行解释，拟定宪法附属法令的草案并释疑，审议条约、紧急敕令等文件，等等。虽然枢密院的动向有时也会成为一个大问题，但是从整体上来看，枢密院是一个低调的机关。

然而伊藤博文在创建枢密院之时表达过这样的想法：如果将来遇到政府和议会意见相左，内阁只能要么集体辞职要么解散议会的情况，那么枢密院将"辅翼"（辅佐）天皇下决断（伊藤之雄「元老制度再考」，18 页）。伊藤博文的想法是把其后的元老的部分职能划归给枢密院。

如前文所述，甲午中日战争后政党的势力增强，藩阀内部就如何应对政党产生了分歧，并且这种分歧比战争爆发前更大了。针对这一局面，伊藤博文把元老人数增至五人以促使元老集团形成，同时强化枢密院，开始产生使枢密院承担元老职能的构想。首先，1896 年 8 月第二次伊藤博文内阁集体辞职后，伊藤博文在其记事簿中写下了改造、强化枢密院以使其承担起向天皇推荐继任首相之责任的计划。其内容为：仅靠三四位元老的商议来推荐继任首相一事已日渐困难，天皇感到困扰，因此将枢密顾问官增加一倍至五十人，由枢密院负责向天皇推荐继任首相

（伊藤之雄「元老の形成と変遷に関する若干の考察」，
77～78 頁）。

后来伊藤博文于 1898 年年初开始将元老增至七人，
可以认为他由于无法快速实现枢密院的改造和强化，因而
采取了这种应对策略。

改造、强化枢密院以使其承担起向天皇推荐继任首相
之责的观点，在同年 11 月 5 日第二次山县有朋内阁成立
前夕，也曾出现在《东京日日新闻》上刊登的《元老与
枢密顾问》（「元老と枢密顾問」）一文中。由于这家报纸
是由伊藤派官僚伊东巳代治经营的，所以我们可以认为这
篇文章反映了伊藤博文的想法。两年又四个月后，即
1901 年 3 月，当贵族院将要否决伊藤博文内阁的预算，
内阁陷入存亡危机时，伊藤博文也向伊藤派通信大臣原敬
表达了同样的想法。

或许伊藤博文的想法是，在经过改造和强化后的枢密
院中，由包括自己在内的七位元老（黑田清隆去世后剩
下六人）担任议长、副议长和顾问官，以此为核心力量
来指导继任首相推荐事宜。同时，通过宪法法定机关来推
荐继任首相，也能使过程更加公开透明。

如上所述，伊藤博文在制定宪法之际，表面上是在让
天皇决定继任首相的人选，但大概已有以下想法：先由以
首相为中心的内阁进行商议，当内阁内部的激烈对立无法

处理时，再由枢密院进行决策。然而，内阁在大隈重信修订条约等事件上产生了分歧，其余波也殃及枢密院，枢密院当时不得不把那些今后有可能成为元老的藩阀权力人物召集起来，得出一致意见，解决内阁的存续问题以及推荐继任首相的问题。虽然元老制度已经形成，但伊藤博文仍然执着地希望能由宪法法定机关来实施继任首相的推举，让更多的人参与其中，以增强公开性和透明度。

执政党的出现

虽然这个话题发生在第五章所记叙的时期，但让我们此处先结合日俄战争结束后的发展局势来谈谈。日俄战争结束后，从 1906 年（明治三十九年）到 1912 年（大正元年）12 月初，以伊藤博文创建的众议院第一大党政友会（主要成员为旧自由党人）为倚仗的西园寺公望内阁，与山县派的桂太郎内阁达成了互相让步、提携发展的共识，双方实现了平稳的政权交替。虽然即将辞任的首相会和元老进行商议，在形式上召开元老会议，但是西园寺公望辞职时向天皇推荐的是桂太郎，桂太郎辞职时向天皇推荐的是西园寺公望，事实上继任首相已然固定，而元老对此也无异议。

这一阶段中取得的进展是，以具备执政能力的政党

（政友会）为倚仗的西园寺公望内阁和与其政见相同的官僚系的桂太郎内阁之间的提携发展。除政友会之外的其他政党都发展迟缓，在这种难以实现两大政党交替执政的阶段，政党政治以这种符合现实情况的形式实现并不断发展。到1909年10月伊藤博文被暗杀之前，在与伊藤博文相关的史料记载中，关于改造强化枢密院的构想渐渐不再被提及，这大概是因为伊藤博文认为日本的政治正在一步步接近英国式的立宪政治，他对此种状况感到满足了吧。

第四章

元老与东亚秩序及近代化

战争、条约与元老群像

对甲午中日战争的指挥

这一章将试从四个方面来思考从甲午中日战争前后到日俄战争，也就是从元老制度形成到确立的这个时期，元老们是如何在战争和条约等重要外交事项上发挥作用的。之后则会简单展示一下明治时期的元老群像。

当事态朝着中日开战发展之时，日本于 1894 年（明治二十七年）7 月 16 日与英国签订了新条约。其内容如下：第一，废除领事裁判权（治外法权）；第二，协定将关税从原来的一律 5% 改为个别商品的关税为 5% ～15% 的形式，日本成功提高了关税；等等。

　　这一修订条约的方针是在约一年前，即 1893 年 7 月的内阁会议上得到承认，并于 7 月 19 日获得天皇裁可的。外相陆奥宗光在落款为 7 月 25 日的书信中命令驻德公使青木周藏打听英国的意向。陆奥宗光在与伊藤博文、井上馨（内相）进行商议后写下了这封信，同时也交给山县有朋（枢密院议长）阅读并得到了他的同意。

　　其后，外相陆奥宗光一边与首相伊藤博文商讨，一边向驻英公使青木周藏（兼驻德公使）下达指示，命其秘密进行条约修订的交涉，并终于获得成功。成功修订条约的消息于第二天也就是 7 月 17 日被上奏给天皇，天皇十分欣喜。在这一期间，就修订条约一事，由伊藤博文、山县有朋、黑田清隆、井上馨、松方正义组成的元老会议（又称元勋会议、黑幕会议）并未召开。

　　关于甲午中日战争的开战过程及战争指挥、议和、对三国干涉的应对政策同样是如此。重要事项均由有伊藤博文、井上馨、黑田清隆（通信相）参加的内阁会议决定，而进一步的大政方针则由首相伊藤博文与外相陆奥宗光协商决定，并在取得井上馨和山县有朋的同意后确定下来。出征的山县有朋因生病而被免去了第一军司令官的职位后，首相伊藤博文与井上馨合作，一起推动山县有朋就任参谋总长。虽然此事进展得并不顺利，但他们成功让山县有朋就任了陆相一职。伊藤博文连军队人事问题也能成功干预的这种情况始于 19 世纪 80 年代，到了甲午中日战争时期，他再次得到天皇敕命，成为参加在军事层面指挥战争的大本营会议的唯一文官（伊藤之雄『伊藤博文』）。

作为首相的伊藤博文并未利用正在形成的元老制度，而是自己决定了适合战争指挥的中枢组织。下面，我们将讨论一下庚子事变。

庚子事变的对策

清国兴起义和团运动，1900 年（明治三十三年）6 月，义和团与清国官兵开始一起攻击据守北京城中的列强公使馆馆员、公使馆警备员及侨民，包括日本在内的列强派遣了救援军队，这就是庚子事变。日本应对此事的方针一旦有误，就不但会消耗国力，而且有可能使日本在列强间遭受孤立。

当向北京派兵一事成为问题时，正值藩阀中实力排名第二位的元老山县有朋作为首相统领政府工作之际。尽管如此，在 7 月 5 日山县有朋拜谒天皇时，天皇仍然命其就清国问题与伊藤博文商量。伊藤博文奉命进宫参见，就清国问题发表意见，并受命向阁僚进言。

伊藤博文判断事态严重，其后于首相官邸召集了同样身为元老的首相山县有朋、内相西乡从道和藏相松方正义，以及外相青木周藏、陆相桂太郎、海相山本权兵卫等

主要阁僚。伊藤博文的意见是：由于不知局面将如何发展，所以不要轻举妄动，以免消耗国力。各大臣均表示明白（伊藤博文「清国事件に関し大命を奉したる以来の事歴」）。

伊藤博文认为，列强在清国、韩国等远东地区的军事力量不会形成对峙之势，只有在危机之时共同出兵才能构建新秩序，确保日本的安全。然而，首相山县有朋等人想要通过在北京周边驻兵来增加日本的话语权，为在中国的势力扩张做出贡献。山县有朋等人的安保观念陈腐，是帝国主义时期的典型产物。

伊藤博文与首相山县有朋对立的结果让我们可以确认，即使天皇下达了命令，伊藤博文的建议也未得到采纳，他已逐渐失去了作为元老中的元老的权威。这也是两年前的两次事件造成的结果，它们就是第三次伊藤博文内阁未经半年便倒台，以及在伊藤博文向天皇推荐后成立的以大隈重信为首相的内阁（政党内阁）仅仅存续了不到四个月。

其后，为了完成宪法体制，伊藤博文于 1900 年 9 月 15 日创建了立宪政友会。这一政党的中心是伊藤博文的后继者西园寺公望［前外相、文部大臣（简称文相）］、末松谦澄（前通信相，伊藤博文的女儿生子的丈夫）等伊藤派官僚，以及星亨（前驻美公使）、松田正久（前藏相）等旧自由党一派的人物。然而，藩阀出身的伊藤博文成为政党的总裁，这在藩阀一派中引起了轩然大波。正如贵族院反对伊藤博文内阁，试图否决其预算一般，伊藤博文失去了近乎所有其在藩阀内的政治基础（伊藤之雄『伊藤博文』）。

就这样，伊藤博文一边向英国式的立宪君主制迈进，一边以建立军事对峙之下不均衡的东亚稳定秩序为目标，努力推进与列强的新型协调外交。然而，他每迈进一步，在藩阀内的威信就下降一层。

甲午中日战争以后，反感伊藤博文接近政党的藩阀官僚明确摆出了反政党的姿态，逐渐接近对陆军保有影响力的山县有朋，山县有朋从而崛起（坂野潤治『明治憲法体制の確立』，第二章第二節）。如此一来，在元老中，伊藤博文与山县有朋呈并驾齐驱之势。与此相对，内阁失败后的黑田清隆在萨摩派中的影响力逐渐降低。即使在1900年8月25日黑田清隆去世后，剩下六位元老间的势力关系也没有发生变化。

日英同盟与最初的元老会议

如上所述，1900年（明治三十三年）9月15日，伊藤博文组织成立了立宪政友会。首相山县有朋见此表示了强烈的辞职意向，并且推荐伊藤博文为继任首相。这一建议获得天皇批准，10 月 19 日第四次伊藤博文内阁成立。此时，俄国不断在远东地区扩张势力，对日本的威胁日益增大，日本出于安保考虑有必要增加军备，但预算不足。

到了翌年春天，围绕如何编制预算一事，内阁间产生了极大分歧，伊藤博文于 5 月 2 日将阁僚们的辞呈一同提交给天皇。5 月 4 日，山县有朋、松方正义、井上馨和西乡从道四位元老召开了元老会议，虽然他们劝告伊藤博文留任首相，但这并不意味着他们热心地支持伊藤博文。因为对于山县有朋等人来讲，伊藤博文创建政友会一事是难以原谅的。

伊藤博文对于元老们的行为怀有不满，辞意坚决。在 5 月 2 日的元老会议上，山县派官僚大将桂太郎（前陆相）被推举为继任首相。就这样，第一次桂太郎内阁于 6 月 2 日成立。在十位阁僚中有七位都是山县派官僚，而外相由小村寿太郎担任，这成为该内阁的特色。

为了缓和日俄之间的对立局势，伊藤博文于同年秋经由美国前往欧洲，随后访问俄国的圣彼得堡，开始进行日俄两国之间的协商交涉。伊藤博文尝试在两个方面取得进展：一方面，为俄国设置一些限制，如约定不能出于军事战略目的利用韩国等，力求使韩国成为日本的势力范围；另一方面，承认俄国驻军守卫横贯清国满洲地区的东清铁路的安全，以及承认其可在一定程度上扩大在满洲地区的利益，希望以此与俄国达成协议，促使其从满洲的其他地区撤兵（伊藤之雄『伊藤博文』）。

伊藤博文的构想并不是彼此设定以军事力量为背景的排他性势力范围，而是设定一种缓和的势力范围，即彼此之间以及日俄两国与其他各国之间都可以进行经济输出。该构想与英国在中国推行的自由贸易主义基本相同，是以经济竞争为中心的，从这一点来看它包含了脱离帝国主义的要素。

与此相对，首相桂太郎、外相小村寿太郎、元老山县有朋及陆海军的干部们都极其不信任俄国。他们的想法是，即使与俄国的交涉进展顺利，协议也难以长久，战争终有一日还是不得不爆发，所以应该结成日英同盟以备日俄战争。而且，他们希望尽量扩张日本的势力范围，在势力范围内谋求排他性的经济利益，这是帝国主义时代的典型思维方式。

12 月初，伊藤博文与俄国外交部部长拉姆斯多夫（Vladimir Lamsdorf）、财政部部长维特（Sergei Witte）会面后，认为两国间的协议有可能达成，于是通知了日本国内。但是 10 月以后，关于日英同盟的交涉进展迅速，经过内阁会议、12 月 7 日的元老会议（山县有朋、井上馨、松方正义、西乡从道参加）和 12 月 10 日的"小元老会议"（松方正义、井上馨、首相桂太郎、外相小村寿太郎参加）后，缔结日英同盟一事已然确定。山县有朋和西乡从道两位元老没有参加 12 月 10 日的"小元老会议"，是因为他们本就十分赞成结成日英同盟这一方针，大概是判断即使自己不参加该会议，方针也不会发生变化吧（伊藤之雄『立憲国家と日露戦争』，131～142 頁）。另外，日英两国于 1902 年 1 月 30 日在伦敦正式签署了同盟协议。

值得注意的是，元老会议首次因缔结日英同盟这样的外交问题召开了。这是因为桂太郎一代比元老们年轻，且元老均未入阁成为阁僚，桂太郎内阁缺乏威信。而且正如可以从上文看到的那样，伊藤博文威信的下降也是要因之一。他此时已不可能再像甲午中日战争时那样，以天皇在外交方面对他的信赖为倚仗，与其他部分实权者联合起来引领整个藩阀政府了。

另外，伊藤博文曾于 1898 年主导了七人元老集团的形成，本是其中一员的大山岩（陆军参谋总长）却在自桂太郎内阁成立之后的两年左右的时间内一直缺席元老会议。在这一时期，伊藤博文不管怎样都无法再对元老人选进行干涉，或许明治天皇判断没有将大山岩作为元老召集的必要了吧。其后，西乡从道于 1902 年 7 月 18 日去世，元老由此仅剩四人。

元　老

关于日俄战争的元老会议

俄国违反《中俄密约》，没有从满洲撤兵，1903 年（明治三十六年）6 月以后，日本为了制订与俄国交涉的方案，决定如何应对俄国方面的回答，召开了新形式的会议。这几次御前会议①或会议均由伊藤博文、山县有朋、大山岩（同时也是参谋总长）、松方正义、井上馨五位元老，以及首相桂太郎、外相小村寿太郎、陆相寺内正毅（长州出身，山县派军人）、海相山本权兵卫（萨摩出身，西乡从道在海军内的后继者）这几位主要阁僚参加。它们包括 1903 年 6 月 23 日（御前会议）、10 月 13 日、12 月 16 日、1904 年 1 月 12 日（只有这次是有元老、阁僚、参谋本部和海军军令部干部参加的御前会议）等的会议。2 月 4 日，元老和主要阁僚召开了御前会议，决定对俄开战。这些会议的一大特色是大山岩再次作为元老出席。

这些会议的立案由首相桂太郎和外相小村寿太郎等人执行，这体现了上述二人的主导性，但伊藤博文和山县有朋等元老也通过发言施加了影响力。内阁会议仅仅是在追认这些会议的结果而已。

---

① 天皇亲临的决定重要国政的最高会议。

在参会人员中，首相桂太郎和外相小村寿太郎原本就对俄国怀有强烈的不信任，并不怎么期待交涉取得成果；山县有朋也在 1903 年 9 月底对日俄交涉抱持悲观态度；甚至最为期待与俄国进行成功交涉的伊藤博文也从 12 月中旬开始认为战争是不可避免的。

在海军方面，俄国的力量比日本强约两倍。俄罗斯人本没有打算与日本开战，他们误以为日本没有与俄国开战的勇气，因而在与日本的交涉中没有紧张感。然而，日本在 12 月开始正式备战，做好了对俄开战的心理准备。俄国见此放软了态度，制订了日本方面有可能接受的妥协方案，但该方案被提交给俄国驻日公使时已是 1904 年 2 月 7 日。该方案还未来得及被透露给日方，翌日（2 月 8 日），日本海军就袭击了停泊在旅顺港内的俄国舰队，打响了日俄战争（伊藤之雄『伊藤博文』〔文库版〕，523～525、529～532 页）。

日俄战争的开战过程与日英同盟的缔结过程相同，元老作为一个集团在外交事务的决策方面一直发挥着重要作用。因此，与推荐继任首相一样，干预外交事务的决策也成为元老的权限之一。

在日俄战争时期，处理韩国事务的方针决策、与俄国讲和的条件、讲和的全权委派人选等事宜，虽然由首相桂太郎和外相小村寿太郎主导，但都是在元老伊藤博文、山县有朋、井上馨和松方正义（大山岩正在出征满洲），以及主要阁僚共同参加的会议召开后，由阁议决定的。[1]

明治时期的元老群像

伊藤博文

关于可谓元老中的元老的伊藤博文（长州出身），本书已经进行过详细论述了，故而此处只再简单介绍一下。伊藤博文对于帝国主义时代列强间的国际规范，以及正在形成的近代国际法有所理解。在此基础上，他始终考虑到日本国力的界限，不仅想要实施与列强的协调外交，而且希望日本能够像英国一样，以自由贸易主义为基础，构建安定有序的东亚秩序。这是他的理想所在。关于内政，他也试图推动英国式的政党政治在较远的将来逐渐形成，使日本成为立宪制国家。

在这样的理想下，伊藤博文没有过多考虑自己的利益得失，而且具有处理现实状况的能力，这种真诚坦率与能干可靠的特质使他成功制定了《大日本帝国宪法》，也赢得了明治天皇的极大信任。他还确立了元老制度，并成为修正这种制度的中心。然而，为了追求外交内政方面的理想，他甚至创建了政友会这个政党，结果未能得到其他元老的充分理解。因此，他在元老中的威信式微，退而与山县有朋居于同等地位。

不过，伊藤博文的这种公共精神和理想被西园寺公望和原敬等人继承，前者作为政友会第二代总裁成功组阁两次并在之后成为元老，后者曾担任政友会第三代总裁并第一次组建了真正的政党内阁。

山县有朋

山县有朋出身长州，曾在欧洲游学一年，后将征兵制度引入日本，并在萨摩出身的大山岩的协助下建立了近代式陆军。他在 19 世纪 80 年代不仅将陆军掌握在自己手中，而且作为内务卿和内务大臣广泛涉足一般内政事务。山县有朋得以在陆军内确立其权力的一个原因是，他在军队扩张的财源等问题上，获得了同样出身长州的伊藤博文和井上馨的支持。

但是，当宪法颁布、帝国议会召开之后，山县有朋在 19 世纪 90 年代试图压制政党，与伊藤博文和井上馨逐渐形成对立之势。另外，他抱持帝国主义时代典型的外交观并在此指导下开展外交工作，即在外交上谋求以军事力量为后盾，扩张日本的殖民地和势力范围，以确保日本的安全。

山县有朋不会外语，在外交等事务上多有预判失误的地方。不过，他生性十分认真，而且真诚坦率，不会对自

元 老

己在外交上的发言过于执着，例如在甲午中日战争的整个过程中，他都与伊藤博文和外相陆奥宗光等人保持协调一致。另外，围绕对政党的应对问题，山县有朋也避免与伊藤博文发生正面对决，因此在初期议会时期，虽然议会被一次又一次地解散，但日本终究避免了宪法被废止的局面。正是因为这样，当山县有朋在甲午中日战争期间因病而未能完成军务便回国时，伊藤博文和井上馨努力拯救了快要失势的山县有朋，助他成功就任陆相。

甲午中日战争后，伊藤博文不断向政党靠近，藩阀官僚开始集结于山县有朋旗下，出于这个原因再加上其手中原本就掌握的陆军，以内务省为中心，一般官厅①内也形成了山县派官僚集团。到了 1900 年（明治三十三年）伊藤博文创建立宪政友会时，山县派已经控制了贵族院的大部分势力。除此之外，庚子事变以后，日本与俄国的军事关系日益紧张，山县有朋所持有的帝国主义外交观得到了陆海军的支持，并成了藩阀中的主流观念。

以上这些成为山县有朋的权力基础，他作为元老逐渐拥有了与伊藤博文并驾齐驱的影响力。另外需要说明的

---

① 指在德国和日本的法律体系下，拥有代表国民意愿决定国家事务之权限的机关。根据管辖事务可分为行政官厅和司法官厅，根据管辖区域可分为中央官厅和地方官厅，根据组织形式可分为独任制和合议制的官厅。

是，虽然山县有朋与伊藤博文在外交内政方面的观念分歧越来越大，两人逐渐走向对立，但和伊藤博文一样，山县有朋也十分重视自己的理念，拥有无私奉公的公共意识。虽然在这一点上他没有达到伊藤博文的程度，但两人的理念有相互包容之处（伊藤之雄『山県有朋』，第三～十一章）。

黑田清隆

萨摩出身的黑田清隆在征韩论政变之际，作为萨摩派大久保利通的心腹十分活跃，在西南战争中也率领别动第二旅团创造了打败西乡隆盛军队的机会。由于以上实际成就，再加上他刚毅正直的性格，在大久保利通被暗杀后，他成为萨摩派的中心人物。在外交上，他对清国态度强硬，这也是当时萨摩派的普遍态度。

1881年（明治十四年），担任开拓使长官的黑田清隆由于出售官产事件受到大隈重信派攻击，在大隈重信被政府驱逐后，黑田清隆也不得不辞去了参议和开拓使长官的职位。因此，比起不断崛起的伊藤博文和山县有朋，黑田清隆的影响力不断衰退。

不过，他作为萨摩派一把手的事实并未改变，继伊藤博文之后，黑田清隆于1888年成为第二任首相。或许因为在政治权力和威信方面被伊藤博文和山县有朋拉开了差距，黑田清隆有些着急了，于是指派外相大隈重信负责条约修订一事，试图挽回自身的权力和威信。但条约修订失败，黑田清隆内阁在尚未取得任何实际成就之时便集体辞职了。

其后，在初期议会时期有传言称，向来持有保守内政观的黑田清隆居然与大隈重信及其立宪改进党携手合作，这或许是因为他过于把伊藤博文等人当作对手了。但他没能像山县有朋一样将反政党的立场贯彻到底，反而使自己的存在感逐渐减弱。

松方正义在初期议会时期和甲午中日战争后两次组阁，萨摩派从黑田清隆麾下逐渐聚集到松方正义旗下。就这样，黑田清隆逐渐失去了萨摩派一把手的地位。

随着 1885 年内阁制度建立，基于新官僚制度的近代日本逐渐形成，官僚更有必要具备外交、内政和财政等方面的专业知识。黑田清隆在 19 世纪 90 年代这一重要时期离开了政府，可以说失去了在实践中学习这些知识的机会。从这个方面来看，他已逐渐被时代抛弃。黑田清隆于 1900 年 8 月 25 日去世，是元老中最早离世的。

井上馨

井上馨出身于长州藩的中级武士家庭，比足轻出身的伊藤博文家世更好，而且比他年长六岁。井上馨自幕府末年起就时常与伊藤博文携手行动，在明治维新后又作为木户孝允派的官僚，与大隈重信和伊藤博文等人一起推动了以大藏省为中心的近代化改革。他没有参加岩仓使节团，曾作为大藏大辅（大藏省的次官，因为当时大藏卿大久保利通不在国内，所以他就是实际负责人）一展身手。但由于与其他省厅对立，他一度失势。

井上馨在外交、内政和财政方面拥有与伊藤博文相同的视野，而且他性格刚毅。从这个方面来看，可以说他拥有不次于伊藤博文的能力。但是他也有缺点，即性格急躁，总是勉强行事，对于金钱十分执着，他从大藏大辅的位置上跌下来与这些都有关系。

征韩论政变后，伊藤博文成为参议兼工部卿，在大久保利通麾下逐渐占据了重要地位，与井上馨拉开了地位差距。

其后，在条约修订、军备扩张、对政党的应对，以及甲午中日战争的指挥等方面，井上馨总是协助伊藤博文，两人携手行动。然而，井上馨在担任外务卿及外务大臣期间长年负责的条约修订最终失败，他个人并没有留下什么政绩。因为井上馨总是在稍逊于伊藤博文的位置上活动，所以伊藤博文内阁辞职后也轮不到他来执掌政权。井上馨不幸成为伊藤博文的影子一般的存在。

井上馨独自发挥才干的地方是经济领域。利用曾任职于大藏省的经验，再加上其后在藩阀政府内的地位，井上馨在 19 世纪 80 年代促成了各地企业的蓬勃发展，在经济界拥有无形的影响力。然而，即使在这一时期井上馨在藩阀政府内拥有比松方正义还高的地位，他仍然一次都未能成为首相，尚未获得成就感就蓦然老去。井上馨的人生充满了强烈的受挫感。

或许因为这种情绪的作祟，井上馨在 1901 年（明治三十四年）第四次伊藤博文内阁走上穷途末路之际并未向伊藤博文伸出援手，而是为了让自己当上首相而采取了成功可能性极低的策略。

本来井上馨的理念是协助伊藤博文开辟通往政党政治的道路，但是政友会在 1912 年（大正元年）12 月以后以若即若离的姿态参与了护宪运动，推翻了第三次桂太郎内阁，又作为山本权兵卫内阁的执政党推进改革，此时，井上馨与政友会及其在事实上的党首原敬（后来成为党首）断绝了关系。作为伊藤博文（以及西园寺公望）的后继者，原敬努力创造修复关系的机会，但井上馨依然顽固地坚持自己的态度。虽然是出于战略必要性的考虑，但是对于原敬来讲，与山县有朋方面接触或许更为轻松。

松方正义

直到 19 世纪 70 年代，松方正义（萨摩出身）在藩阀内的存在感都不算高。可以说，作为负责大藏省实务工作的官僚，他的功绩在于成功完成了地租改革工作。其后，松方正义的实务能力得到了成为藩阀中心人物的伊藤博文的好评，于是在 1880 年（明治十三年）被晋升为内务卿，但直到明治十四年政变后的 1881 年 10 月 21 日才得以成为能够出席阁议的参议。在其后成为元老的藩阀实权者中，松方正义与大山岩一样，很晚才跻身参议之列。

松方正义在成为参议的同时兼任大藏卿，在内阁制度建立后又担任藏相，在合计约十年间作为财政专家占据了内阁中的重要位置，使健全的财政主义得以确立。其间，他创建了日本银行，成功确保了西南战争后的财政重建和通货稳定（室山義正『松方正義』）。但是在当时的藩阀官僚中，松方正义在精神方面的影响力不够强大，又因为协助过伊藤博文，在萨摩派内被称为"伊藤味噌"，没能确立起足够的威信。

即便如此，松方正义的财政运营能力仍备受期待，他在 19 世纪 90 年代曾两度组阁，并由此成为萨摩派的一把手。再加上就职于大藏省时发展的人脉，松方正义与井上馨一样与各地的企业创立息息相关，逐渐在经济界拥有了影响力。

西乡从道

西乡从道是萨摩出身，在征韩论政变中活跃于大久保

元 老

利通麾下。他原本是陆军军人，但后来转为海军，并在内阁制度创立后断断续续地担任海相，总任职时间长达十年之久，建立了能够赢得甲午中日战争的日本海军。其后的继任海相是西乡从道的心腹山本权兵卫，他也任职很久，长达七年零两个月。他继承了西乡从道的使命，为日俄战争的胜利做出了贡献。

西乡从道心胸宽广，具有决断能力，又拥有海外经历和外语能力，具备开阔的视野，故而在 19 世纪 80 年代以后顺理成章地代替黑田清隆成为萨摩派的领袖。但是由于在与兄长西乡隆盛的对决中不幸使对方死亡，西乡从道心怀愧疚，因此他决不试图谋求海相以上的更具前景的地位。他虽然与伊藤博文的关系十分要好，但在日英同盟一事上选择支持桂太郎内阁。西乡从道是继黑田清隆之后去世的第二位元老，卒于 1902 年 7 月 18 日。

大山岩

明治维新之后，山县有朋和西乡从道很快成为兵部省内陆军改革的中心，大山岩（萨摩出身）不过是他们手下的支持者。与松方正义一样，大山岩是元老中最晚成为参议之人。

19 世纪 80 年代，大山岩选择了协助山县有朋推进陆军近代化的立场（伊藤之雄『山县有朋』，第三～七章），

在从 1880 年（明治十三年）2 月至 1891 年 5 月的十一年
间相继担任陆军卿和陆相，巩固了自己作为萨摩派陆军一
把手的地位。

　　大山岩在甲午中日战争中担任第二军司令官，其后直
到日俄战争开战时都担任参谋总长，更从 1904 年 6 月开
始成为满洲军总司令官。他虽然于 1898 年成为元老，但
在日俄战争前的一段时间内，以及在日俄战争后的 1912
年（大正元年）12 月之前，都未能获得元老级别的待遇，
其元老身份很不稳定。大山岩在晚年由于健康问题，比起
亲自领导事务，更愿意委任儿玉源太郎等能干的部下去进
行实际的指导工作。他的这种风度被誉为"大将之器"。

　　大山岩也没能作为元老拥有积极的发言权。我们可以推
断，大山岩之所以被排除在推荐继任首相的咨询对象之外，
是出于明治天皇的判断，而且伊藤博文也对此表示赞同。

　　天皇或许是因为黑田清隆、西乡从道（海军中的长
老）相继去世，余下的五位元老中有两人都拥有陆军背
景，考虑到文官元老的占比，以及没有海军出身的元老这
一因素，所以最终判断让大山岩加入接受咨询之列不太恰
当吧。再加上日俄战争后陆军开始显现脱离政府的自立倾
向，这更为此种处置增加了依据。更何况比起抑制手下的
陆军军官，大山岩更倾向于依从其意向，这也与如上处置
有关系。

此外，除了这七个人，仅有西园寺公望一人于1916年作为补充加入了元老之列。

少有腐败是近代化获得成功的一大要因

上文已经论述了元老制度的形成和固定，在此基础上最后还需要强调的是，日本近代化得以成功的一大要因，是这些元老都拥有共通的目标和道德观，即必须继承在明治维新的过程中牺牲的先辈和友人的遗志，守护日本的独立，促进日本的发展。另外，他们懂得分寸，不会以权谋私、贪图钱财。

当然，这些元老与当时的庶民相比，住在宅邸里，还拥有别墅，过着优越的生活，这也受到了自由民权派等藩阀反对势力的过度攻击。然而，与当时欧美的实权政治家和经济界人士，日本的经济界人士，或者第二次世界大战后发展中国家的很多实权政治家等相比，几乎所有的元老都过着十分朴素的生活。

甚至元老中实权最大的伊藤博文和山县有朋也并未利用其巨大的权力来谋取钱财。本来，明治天皇就鼓励朴素生活（伊藤之雄『伊藤博文』『山县有朋』『明治天皇』），反对腐败的精神从天皇和元老身上扩散至整个日本。在第二次世界大战后的发展中国家的领导者中，新加坡建国之父李光耀也是类似的情况，他凭借强大的领导能力，带领新加坡发展成为世界上为数不多的富裕国家。

作为发展中国家，少有腐败，将各种有限的资源都合理投入近代化与安全保障领域——这就是明治时期日本成功的重要原因。

第五章

政党崛起导致的制度动摇

伊藤博文之死

没有元老介入的继任首相选定

1904 年（明治三十七年）12 月 5 日，停泊于旅顺港的俄国舰队在日本军队的陆上炮击下沉没，日本眼看着即将迎来日俄战争的胜利。12 月 8 日，桂太郎内阁与政友会之间缔结密约，商定在日俄战争结束后进行政权更替，在此之前政友会将协助桂太郎内阁。这次密约缔结以首相桂太郎（山县派）和原敬（政友会）为中心人物，还有内阁的藏相曾弥荒助和海相山本权兵卫，以及政友会的总裁西园寺公望和松田正久参与。元老伊藤博文和井上馨被告知了密约内容，成为保证人般的存在。

虽然伊藤博文和井上馨二位元老参与了此事，但山县有朋和松方正义并不知道有政权交替的密约，可见桂太郎和原敬的目标是不让元老会议介入继任首相选定。

政友会遵守密约，在1905年9月国民对《朴次茅斯和约》表示强烈不满之时仍然协助桂太郎内阁。其后，山县有朋在当年秋天从伊藤博文处听闻了密约之事，因本为自己心腹的首相桂太郎的背叛而勃然大怒，但并没有试图改变这一走向。桂太郎在辞任前获得了元老们对于由西园寺公望担任继任首相一事形式上的认可，从而向天皇推荐了西园寺公望。就这样，在元老会议没有召开的背景下，1906年1月7日，第一次西园寺公望内阁以众议院的第一大政党政友会为执政党正式成立。

在第一次西园寺公望内阁于1908年7月4日提交辞呈之际，[1]西园寺公望又推荐桂太郎为继任首相。天皇向伊藤博文［当时作为统监正在汉城（今首尔）］、山县有朋、松方正义、井上馨四位元老咨询并获得了他们的同意，于是命令桂太郎进行组阁。元老在这一次推荐继任首相中的作用也是十分形式化的。

对于第二次桂太郎内阁，众议院第一大党政友会仍然在预算通过等方面给予了协助。早在1909年（明治四十二年）3月，原敬就代表总裁西园寺公望和松田正久等政友会干部，与首相桂太郎进行了关于政权交替的密谈。桂太郎在向天皇提出辞职之前，先拜访了山县有朋，将自己的辞职意向以及将推荐西园寺公望为继任首相一事"宣告式地"告知山县有朋，并获得了后者的同意（『原敬日記』1911 年 8 月 26 日）。然后，他在 8 月 25 日向天皇呈递了全体阁员的辞呈，并推荐西园寺公望为继任首相。就这样，1911 年 8 月 30 日，第二次西园寺公望内阁成立。

与上一次相比，这次继任首相的人选决定更加不受元老的干预，桂太郎仅仅获得了山县有朋的同意。另外，与第一次西园寺公望内阁成立时一样，阁员的选定没有被元老的意向左右。政友会及与其联手的桂太郎的力量有所增强，而元老的力量相对有所减弱。

伊藤博文得到的破格待遇

日俄战争后，元老的势力就这样衰落下来。不过，即使在这种背景下，因赢得了日俄战争而权威大增的明治天皇仍继续重用伊藤博文。

这可以从日俄战争后的论功行赏中看出。1906 年（明治三十九年）6 月 1 日，天皇命元老伊藤博文与山县有朋和大山岩一起协商制订对将官级以上军人的论功行赏方案。在天皇的允许下，伊藤博文得到了山县有朋、大山岩、桂太郎（前首相）、山本权兵卫（前海相）、寺内正毅（陆相）、斋藤实（海相）、儿玉源太郎（陆军参谋总长）、伊集院五郎（海军军令部次长）等人的协助。6月13日伊藤博文、山县有朋和大山岩三人向天皇上奏了对陆海军将官级以上军人的论功行赏方案。

另一方面，关于日俄战争中有功文武官员的叙爵一事，天皇于第二年即1907年9月11日私下命令元老伊藤博文负责，但并未给首相西园寺公望和山县有朋下令（伊藤之雄「元老制度再考」，25页）。

如此一来，关于日俄战争的恩赏，元老伊藤博文凭借天皇的高度信赖成为做决定的中心人物，虽然身为军人的山县有朋和大山岩等人也提供了协助，但这并不是包含井上馨和松方正义在内的元老们的工作。

另外，正如上文所述，日俄战争后元老集团的权力不断衰退，但伊藤博文凭借明治天皇的信赖，继续在其中居于最高地位。1909年6月伊藤博文从韩国统监的职位上引退后，天皇在尊重山县有朋意愿的前提下，让他从枢密院议长之位降到一般的枢密顾问官，以便任命伊藤博文为枢密院议长。天皇就这样重新公开地将伊藤博文放到了比山县有朋更高的位置上。除此之外，天皇还在伊藤博文辞任韩国统监之日向其下达敕语，赏赐其十万日元（约合现在的十四亿日元）（「德大寺实则日记」〔写〕1909年6月11、14日）。

元　老

　　同年 10 月 26 日，伊藤博文被暗杀；27 日，政府决定以国葬的规格为他举行葬礼。明治天皇更在 11 月 4 日指示，伊藤博文的国葬仪式应与三条实美公爵的葬礼仪式相当（「德大寺实则日记」〔写〕1909 年 11 月 4 日）。

　　三条实美身为公卿，又作为引领明治维新的领导者十分活跃，更在维新后出任太政官政府的最高职位——太政大臣长达十四年以上，可谓身份地位最高的政治家。像伊藤博文这样并非藩主仅为陪臣之人能够享受国葬之礼已是前无古人，足轻出身的他能够与三条实美以同等规格下葬更是破格的待遇。

　　关于伊藤博文的国葬，至今尚未发现天皇向元老进行咨询的史料。国葬事务的性质居于内阁行政与宫中例事之间（其花费的四万五千日元由国库支出）。考虑到这一点，可以说伊藤博文的国葬一事没有经历咨询元老的程序，而是由天皇做出了决定。

　　天皇对于伊藤博文之事如此上心，恐怕已经不单纯是因为两人之间的私人关系，而是因为天皇支持伊藤博文的外交内政构想吧。由此可以推定，贯彻国际协调主义、建立东亚稳定秩序、开启渐进式政党政治发展道路、保障国内政治稳定，这些也是注重公共性的明治天皇的理想所在。

以成为伊藤博文那样的元老为
目标的桂太郎

　　元老伊藤博文去世后，陆军和贵族院都由山县派坐镇，在此背景下，山县有朋在元老中的存在感大增，但是他并未采取什么特别的新动作。这是因为以众议院第一大党政友会为倚仗的原敬和总裁西园寺公望继续与具有山县派官僚背景的桂太郎携手合作，而且明治天皇仍然健在。

　　上文已述，1911 年（明治四十四年）8 月，第二次桂太郎内阁与第二次西园寺公望内阁进行政权交替时，首相桂太郎向天皇推荐了西园寺公望，而此事在没有召开元老会议的情况下已被决定。另外，西园寺公望内阁的阁员选定也没有受到元老意向左右。

　　其间，1911 年 8 月 27 日，侍从长德大寺实则（同时代行内大臣之职务）记录了桂太郎的发言。

　　　　我之所以提出辞去首相一职，是因为各元老已经"老衰"，没有能够处理政务、"辅导"天皇的人物了。前景堪忧，故而有必要趁现在找到继任首相人选。将来内阁遭遇困难时，只要有天皇之命，其成员就随时可以进宫参见，在此之前也可以上奏意见。我

元　老

> 绝对没有枉顾国家之意，打算永远"辅佐"天皇。
>
> （「德大寺实则日记」〔写〕）

桂太郎试图像伊藤博文那样，成为凌驾于山县有朋及其他一般元老之上的出类拔萃之人。他之所以对德大寺实则说这番话，是因为他自信明治天皇对自己特别信赖，而且德大寺实则的性格很稳重正直。

同年 8 月 30 日，桂太郎接到了"元勋优待诏书"。这种诏书即便在元老中也只有伊藤博文、黑田清隆、山县有朋和松方正义接到过，而井上馨、西乡从道（已故）以及到此为止一度成为元老的大山岩都从未被授予。

对山县有朋形成威胁的桂太郎

桂太郎自第一次组阁担任首相以来，就与山县有朋联手，在事实上决定了陆军的重要人事安排。在日俄战争以后，如果缺少了桂太郎的帮助，山县有朋就难以完全统制陆军，因而根据惯例，陆军的重要人事安排均由山县有朋、桂太郎和陆相协商决定。山县有朋在 1911 年 8 月这一时间点已是七十三岁的高龄，说不定哪个时候就会倒下。就连陆相寺内正毅，他与其说是山县有朋的心腹，不如说在采取行动时兼顾了山县有朋和桂太郎两人的意思

（伊藤之雄『山県有朋』）。如此这般，再加上明治天皇的信赖，桂太郎在可谓山县派官僚大本营的陆军中拥有与山县有朋几乎对等的权力，由此获得了自信。

1911 年秋，中国爆发辛亥革命，山县有朋担心革命波及满洲，故而向西园寺公望内阁提交了一份意见书，建议应该一边与俄国协议，一边寻找适当时机派遣一两个师团出兵满洲。然而，西园寺公望内阁从与英美协调的观点出发反对出兵，而且西园寺公望与桂太郎的联合很稳固，山县有朋的进言不仅在内阁中未得到认真对待，在陆军中枢也没有。可以说，元老作为集团参与重要外交问题的决策制定这一在解决日英同盟问题时形成的惯例几乎消失了。这对于原本在元老中对大陆政策具有发言权的山县有朋个人而言也是如此。

其后，清朝灭亡，中国的形势瞬息万变，对于山县有朋和陆军而言，此时增设两个师团（即在平时的编制下增加陆军兵将约两万人）成为更加切实的目标。

在这样的形势下，1912 年 7 月 6 日，大将桂太郎一行出发前往欧洲。桂太郎想要探听列强首脑对于中国形势的考虑，了解欧洲政党和工人运动等的新情况，希望在归国后能够辅佐天皇并主导政治。在桂太郎巡访欧洲之际，天皇于 7 月 4 日赏赐他一万五千日元。就连伊藤博文在 1901 年至次年为进行日俄两国间的交涉而赴欧那次，也只是在回国后获赐两万日元而已（「德大寺実則日記」〔写〕1902 年 1 月 28 日、3 月 7 日、4 月 11 日，1912 年 6 月 17 日）。

伊藤博文在创建政友会并组成第四次内阁不久后，还从宫中获得总计二十二万日元（约合现在的三十三亿日元）的赏赐，故而不能单纯地比较桂太郎和伊藤博文个人获赐的金额。但是可以说，桂太郎前往欧洲并非公务，而是一种海外旅行，却享受了仅仅略低于老资格元老的待遇。然而，明治天皇于 7 月 29 日驾崩（30 日公开消息），接到讣告的桂太郎一行立即从俄国圣彼得堡返回日本。

考虑到桂太郎接受了"元勋优待诏书"，如果明治天皇活得更久一些，且第二次西园寺公望内阁能够在其治下长久存续的话，那么桂太郎无疑会成为元老。然而，如上所述，明治天皇驾崩，毫无经验的大正天皇即位，桂太郎没有被元老们接纳为一员，不久后就在政治上失势并去世了。因此，桂太郎并没能成为元老。[2]

从英国政党政治出发对元老进行的批判

尽管日本艰难地赢得了日俄战争的胜利，但没有充分了解日本现状的国民对日俄之间的议和结果有所不满，他们认为日本付出了巨大牺牲却没有获得赔偿金。因此，在

1905 年（明治三十八年）9 月议和条约的内容被公布时，针对议和条件出现了题为《元老阁员可知其责任所在?》的文章，对元老及桂太郎内阁进行批判（『東京朝日新聞』1905 年 9 月 4 日）。就这样，元老权力的正当性越发减弱。

即便是在第二年即 1906 年，元老对于第一次西园寺公望内阁的政治干预也被批判为"实在是宪法上的一个问题"，元老被论述为"其制（即日本政治制度）变形的产物"。此类舆论不绝于耳，元老持续受到批判（『東京朝日新聞』1906 年 1 月 10 日「新内閣と元老」，5 月 23 日「新元老か」）。

到了 1908 年，舆论不再停留在对于元老干涉内阁政治的批判，甚至还出现了以下论调：不如说"元老集体辞职对于修正内阁制度"更有利，在"元老及准元老"专横跋扈的期间，绝对难以期望他们有符合立宪精神的举动（『読売新聞』1908 年 1 月 16 日「政変と元老」，『東京朝日新聞』1908 年 6 月 6 日「元老の総辞職か」、10 月 30 日「非立憲の非」）。

同年 7 月，舆论以英国政党政治为例，对元老会议决定继任首相一事进行批判，由此开始主张将英国政党政治作为具体目标。在英国，如果首相因病辞任，那么同一政党会选出替代者成为首相；日本却是让在宪法上毫无依据的元老执掌政治之牛耳（『報知新聞』1908 年 7 月 6 日）。

可以说，这些对于元老及元老制度的批判最迟在日俄战争前的 1903 年前后就已经出现（参见本书第三章），但在日俄战争之后批判的浪潮更加高涨。这是因为以西园寺公望为总裁的政友会与山县派的桂太郎开始交替执政。人们开始期待，如果有另一个政党，就可以像英国那样形成两党制。另外，当时的元老已经是七十岁左右的高龄者，且不说对于大局的判断，单是对于日常实务的理解都已逐渐不足。

元老减少对政治的干预

其后，元老们有的出于一步步实现理想带来的满足感（伊藤博文），有的因为发现勉强干预政治会动摇年老的自己的权力正当性（山县有朋等人），开始减少对政治的干预，即使在继任首相推荐等事务上也是如此。如此一来，对于元老的批判略有减弱。在这种情况下，传媒界又转而鼓吹另外一种论调：元老们业已老去，因此，虽然只在特殊时期向他们进行咨询并非坏事，但他们不应该在平时干预政治，以免晚节不保。例如，"现今元老渐渐老去，内阁赖之生存的时代也将终结，（桂太郎）可以公开组成政党，以此为继，实属良策"（『東京朝日新聞』

1909 年 1 月 17 日「桂卿と新政党」）；"吾人以我国有维新之功臣伊藤公、山县公及以下诸公为荣。天下大事由公等议定（山县等元老执行），绝非不可之事，然平时已无需公等助言与指示"（『東京朝日新聞』1909 年 5 月 8 日「元老の晚節」）。

在桂园时代①的继任首相推荐和组阁人选方面，元老逐渐减少了干预，这与国民对于元老权力的正当性的疑问越来越大有关，从当时媒体的论调可见一斑。因此，桂太郎更加意欲离开山县有朋，增强自立性，试图以伊藤博文为目标创造新的政治局面。

明治天皇驾崩的冲击

1912 年（明治四十五年）7 月，明治天皇在病床上嘱咐嘉仁皇太子（其后的大正天皇）将国家大事托付给桂太郎。嘉仁皇太子虽然当时已年近三十三岁，但他自幼大病缠身，发育与教育水平都有所滞后。即使教育水平滞后，但正如西园寺公望回忆中的"十分聪明之人"那样，嘉仁皇太子从少年时期开始就充分具备判断能力［1938年（昭和十三年）5 月 15 日西园寺公望对原田熊雄说的

---

① 指桂太郎与西园寺公望交替执政的时期。

话，出自原田熊雄述『西園寺公と政局』六卷，321～322頁]。

可是，嘉仁皇太子几乎没有接受过如何成为大日本帝国天皇的政治教育，而这一帝国刚刚赢得了甲午中日战争和日俄战争，扩大了自己的殖民地和势力范围。明治天皇在临死时对此感到十分不安，希望桂太郎支持新天皇（大正天皇），弥补他的缺点，将他教育成能够独当一面的天皇。

听闻此事的山县有朋想让桂太郎就任内大臣兼侍从长，以便将其限制在宫中，切断他与政党的关系。那时的桂太郎则因明治天皇的过世而失去冷静，未能整理好自己的情绪。山县有朋还在因桂太郎的崛起而不快的其他元老间活动，终于在 1912 年（大正元年）8 月 13 日让桂太郎就任了内大臣兼侍从长（山本四郎『大正政変の基礎的研究』，98～101頁）。三条实美在太政大臣的职位被废除后曾就任内大臣，内大臣是一个地位很高的职位，但也被认为是官员从政治前线引退后才出任的职位。到了 8 月底，从各方面来看，桂太郎的进宫都将是永久性的。

其间，在桂太郎就任内大臣的当天，山县有朋、松方正义、井上馨三位元老以及大山岩等人一同接到了大正天皇的诏敕："朕多盼卿之匡辅，卿宜体会朕意，辅佐朕之基业。"考虑到大正天皇并无政治经验，在应对谁下达此诏书的问题上，实际上他恐怕是在与山县有朋等元老，以及明治天皇驾崩后继续担任宫相的渡边千秋（山县派官僚）商量后才做了决定。

正如上文所述，大山岩因为明治天皇的意愿而被排除在元老集团之外，而此后山县有朋等元老将其纳入元老集团，增加了参与元老会议的人数。但桂太郎并没有成为元老集团的正式成员。因为桂太郎答应担任内大臣兼侍从长，作为交换条件，山县有朋等人让桂太郎与元老一样接到了天皇的诏敕，但他们并不想让桂太郎成为元老。正如下文将写到的，这一点将在四个月后西园寺公望内阁倒台一事中体现得更加明确。

到了同年 8 月，陆相上原勇作要求增设两个师团。日本没能从日俄战争的疲惫中恢复，西园寺公望内阁在制订次年预算计划之际为财源不足而烦恼。日本国内舆论强烈反对增设师团，首相西园寺公望、内相原敬等人拒绝增设师团的方针在 11 月中旬以后被进一步巩固了。

可谓陆军长老的元老山县有朋感到强硬推进增设两个师团之事比较危险，于是与内阁约定留下余地以备将来增设，打算以此谋求内阁与陆军之间的妥协。然而，山县有朋因患感冒而迟了一步返回东京，陆相上原勇作在大将桂太郎的煽动下在 11 月 30 日的阁议上强烈主张于次年着手增设两个师团，遭到了内阁的拒绝。

陆军与西园寺公望内阁的对立公开化，即便是山县有朋也无法居中调停了。在此之前，山县有朋和桂太郎都在西园寺公望内阁和陆军之间对两方的要求进行协调，避免引起政变。然而这一次，桂太郎怀有野心。他想避开山县有朋和媒体的耳目，秘密推翻内阁，辞去内大臣兼侍从长一职，由此成为首相，回归政治前线（山本四郎『大正政変の基礎的研究』，小林道彦『大正政変』）。

结果就是，12 月 2 日，上原勇作辞去陆相一职，陆军没有推荐继任者。12 月 5 日，西园寺公望内阁集体辞职。

不管山县有朋的真意为何，舆论的怒气都指向了陆军和"长州阀"（山县派官僚）背后的元老山县有朋元帅。以"打破阀族、拥护宪政"为口号的护宪运动如火如荼，并且得到了众多新闻媒体的支持，在 12 月下旬以东京、名古屋和大阪为中心，蔓延到了各地方城市。

桂太郎参加元老会议

其间，西园寺公望内阁提交辞呈后，首先是山县有朋、松方正义、井上馨和大山岩接到了"御召状"（『東京朝日新聞』1912 年 12 月 6 日）。正如上文已经提到的，大山岩虽在 1898 年（明治三十一年）就被承认为元老了，但在日俄战争之前的一段时间，以及日俄战争后的约七年间，一直没有获得元老的待遇，且这恐怕是明治天皇的意思（伊藤之雄「元老制度再考」，26～29 页）。不过，明治天皇驾崩后，相对于新天皇而言，元老的力量有所增强，因此根据元老间的合意大山岩再度成为元老中的一员。元老们考虑到舆论对山县有朋的批判，为了强化自己的地位，于是让日俄战争中的英雄大山岩加入进来了。

在四位元老受召之后，桂太郎以"元老的资格"参加了于 1912 年（大正元年）12 月 6 日为选定继任首相而召开的第一次元老会议（『東京朝日新聞』1912 年 12 月 7 日，『東京日日新聞』1912 年 12 月 7 日），由此直到第三次桂太郎内阁组成为止，桂太郎都参加了元老会议。[3] 桂太郎之所以得以列席元老会议，是因为即便加上大山岩，势力衰退的元老们仍然没有自信能够应对护宪运动，与原敬、西园寺公望和政友会对峙，并整顿时局。

然而，应该注意的是，虽然桂太郎出席了元老会议，但他与山县有朋、松方正义、井上馨和大山岩被召集的过程是不一样的。其后在 12 月 11 日第六次元老会议召开之前，大正天皇向山县有朋、大山岩、井上馨和桂太郎（松方正义因病无法觐见）下达了"优诏"（天皇特别嘉奖的敕语），召集他们进宫，希望下一届内阁能尽快组建（『東京朝日新聞』1912 年 12 月 12 日）。这成为桂太郎能够参与继任首相推荐的一大公开依据；但应该留意的是，

元　老

在这时，桂太郎并非已经成为元老，而仅仅是以"元老的资格"出席会议。

不认为自己已经成为元老的桂太郎

就在同一时期的 1912 年（大正元年）12 月 18 日，西园寺公望对桂太郎说"所谓君（桂太郎）与山本（权兵卫，萨摩出身，曾担任海相的海军长老）等人他日虽无可能成为元老"，可见他在这个时间点将桂太郎与山本权兵卫等同视之，认为他们二人都还不是元老。对此，桂太郎在对话中也并没有主张自己已经成了元老。即使桂太郎以"元老的资格"出席元老会议，但无论是桂太郎本人还是熟知元老制度的西园寺公望都不认为桂太郎已成为元老。[4]

然而，如同上文已经论述的，为了推荐第二次西园寺公望内阁之后的继任首相，四位元老召开了元老会议，桂太郎也参加了，但在藩阀官僚受到的批判之声高涨的背景下，山县有朋及其他三位元老难以决定首相候补人选。元老松方正义、前海相山本权兵卫等人的名字都曾在候选之列，但人选一直未定。结果在第十一次会议召开之时，桂太郎毛遂自荐，山县有朋等元老故而不得不推荐桂太郎成为继任首相。

　　因为大正天皇没有政治经验，所以相对于天皇，元老的政治权力有所增加，看起来似乎元老制度得以复活；但从大山岩加入元老行列这一点来看，元老制度的衰退难以遏制。更重要的是，国民们已经看出山县有朋等元老的行动缺乏公共性，其权力没有正当性，这加速了元老制度的衰退。

第六章

第一次护宪运动引发的危机

山县有朋的应对

大正政变：受到动摇的元老制度

1912 年（大正元年）12 月，在元老山县有朋的影响下，陆军推翻第二次西园寺公望内阁，且元老会议推荐山县有朋的心腹桂太郎为继任首相，第三次桂太郎内阁诞生，这使舆论的批判之声越来越大。让我们来看看在批判元老涉政没有宪法依据的声音急速高涨的情况下，第一次元老制度存亡危机的发生过程。

首先，从第二次西园寺公望内阁被推翻的数日前开始，对元老干涉政治并无宪法依据的批判之声再度出现。批评者认为，任凭宪法中找不到任何相关规定的"元老这种阶级"去随意干涉政务会搅乱日本宪法政治。其中对陆军有很大影响力的元老山县有朋被认为"因受陆军当局者的请求而返回东京，并试图利用其元老势力干涉政局"，因而受到了更为严厉的批判（『東京朝日新聞』1912 年 12 月 1 日、4 日）。

　　西园寺公望内阁被推翻后，元老会议开始选定继任首相。此时，否定元老存在的评论异常激烈，例如有"所谓元老之人出现在当下政局之中"，"如果元老不隐退，日本的政界就不可能有光明之时"（『東京朝日新聞』1912 年 12 月 10 日「喜劇か悲劇か」），元老的目的就是与政局大势背道而驰的（同上，1912 年 12 月 11 日「新内閣組織」），等等。此外，还有论述称：当前，元老们联合起来，一致率先轻视宪法、愚弄民众，在政府之上建立特殊政府以"遮蔽圣天子之明"，这样的举动是史无前例的（『東京朝日新聞』，1912 年 12 月 18 日「元老の跋扈」）；元老的存在有损天皇与国民的关系。而在这些元老当中，山县有朋总是被认为负有最大责任（同上，1912 年 12 月 15 日「山県卿の責任」）。

　　对于新闻媒体界对元老的这些批判，尤其是他们对山县有朋的批判，山县有朋本人是充分接受的。这与下一节阐述的山县有朋为维持元老制度而采取的应对措施有关联。

另一方面，山县有朋看到桂太郎发表新党计划并企图亲自担任领袖，最终看透了桂太郎。直至 1913 年（大正二年）2 月上旬，连众议院第一大党政友会也有所涉入的护宪运动变得更加激烈，首相桂太郎策划于 2 月 9 日让大正天皇向政友会总裁西园寺公望下达诏令，令其解决当下护宪运动造成的骚乱，以使天皇安心。但是，西园寺公望作为总裁并不能说服政友会会员，因此引发了"违抗皇令"的问题，以致发展到 2 月 10 日数万群众包围议会的局面。首相桂太郎因担心内乱，于 2 月 11 日辞职。第三次桂太朗内阁自组阁起仅仅维持了五十三天。

以维持元老制度为目标的山县有朋

厌恶政党的元老山县有朋强忍被桂太郎背叛的怒火，无论如何都要避免让政党内阁就此得逞，避免让护宪运动进一步高涨。山县有朋并不认为政党内阁有统治能力。无论怎样，首先应维持元老制度，恢复秩序。

桂太郎内阁在 1913 年（大正二年）2 月 11 日提交辞呈后，山县有朋提出如下建议："西园寺公望也应该被邀请加入元老会议。"以下重要史料也表明，比起被称为元老资格依据的诏书，成为元老的条件中更重要的是山县有朋等有实力的元老的意愿和其他元老的意见。

　　我（山县有朋）如此说道："侯爵西园寺公望以前有幸受到了天皇的优待，此时被召唤加入元老会议是理所当然的。"（山县有朋「大正政变記」，山本四郎『大正政変の基礎的研究』，651 頁）（现代语译文）

　　就这样，西园寺公望与山县有朋、松方正义、井上馨、大山岩等一同被天皇召见，进宫参加元老会议。但是，井上馨因生病，松方正义因在镰仓，均无法进宫，最终是山县有朋、大山岩、西园寺公望三人就继任首相的选定进行了商谈。

　　在此危急关头，山县有朋对现实情况做了最准确的判断，主导着事态发展，因此，年老力衰的井上馨、松方正义是否能进宫参与商谈并不是那么重要。山县有朋决定通过西园寺公望的加入，间接反映众议院第一大党政友会的意向，以渡过危机。

　　山县有朋把西园寺公望作为元老召集起来的原因是，大正天皇在刚登基时给西园寺公望下过元老诏书，因此天皇应该诏请西园寺公望加入此次元老会议。其实，这个逻辑本身就很牵强。

　　首先，山县有朋、松方正义、井上馨、大山岩、桂太郎于 1912 年 8 月 13 日接到了"辅佐朕之基业"的诏书（参见第五章），而西园寺公望在辞任首相后的 1912 年 12 月 21 日仅仅接到了与此措辞不同的如下诏书：

元　老

> 我（大正天皇）登基（事实上的即位）尚且不久，而你（西园寺公望）曾长年侍奉于明治天皇左右，听其诏令，所以我希望你今后也能帮助我。希望你能按照我的意愿，尽力协助我。（现代语译文）

山县有朋等人接到的诏书明确地要求他们辅佐天皇的工作；而西园寺公望接到的这份诏书只是提到希望其能依照天皇之意尽力协助政务，并没有明确发出辅佐天皇之令。因此，对这份诏书做如下理解更为恰当：希望西园寺公望作为政友会总裁，率领其手下的党派人士一般性地协助天皇处理政务。

在大正天皇下达这份诏书时，掌握诏书下发主导权的是在伊藤博文去世后，加强了对皇宫控制的山县有朋或内大臣桂太郎。桂太郎虽然于 12 月 21 日出任首相，并辞任内大臣一职，但可以操控同日下发的诏书的进度。不管怎样，从诏书中并不能看出让西园寺公望参加元老会议的意思。

其次，山县有朋让西园寺公望参加元老会议的理由是，西园寺公望接到了诏书。这反映山县有朋等元老企图把辅佐大政的诏书作为元老资格的法律根据，以使元老制度正当化，因为在大正政变的过程中，护宪运动派开始严厉批判元老无法律根据。

桂太郎未被视为元老

然而，元老们的逻辑并非始终如一。桂太郎虽然接到了"元勋优待"和"辅佐朕之基业"的诏书，但在第三次桂太郎内阁递交辞呈后，他仅仅接到了山县有朋的如下非正式询问，故不得不退出元老之列。

> "决定继任首相的人选的权力当然属于天皇，但你有供天皇参考的推荐人选吗？"桂太郎对此回应道："虽没有经过细致的考虑，但能看出近来男爵加藤高明确实是一位有用之才。元老们向天皇推荐此人如何？"我（山县有朋）认为在当时的形势下这是无法实行的，而且桂太郎也不可能不知道这点，因此只用了一句"这样啊"来回答桂太郎。[1]（山县有朋「大正政変記」，650頁）（现代语译文）

由此看来，桂太郎并未被视为元老。而且，从意欲强化元老的正当性的角度来说，把在第一次护宪运动中遭受攻击、日本内阁史上就任时间最短的桂太郎列为元老，对山县有朋毫无益处。

在毫无政治经验的大正天皇的统治下，元老尤其是山

元　老

县有朋开始掌握元老资格的决定权。从这个意义上来看，即使桂太郎在八个月后没有因病去世，今后他也基本不可能再被邀请参加元老会议，并成为正式的元老。换言之，虽然有一部分研究者将桂太郎归入元老之列，但实际上他并不是，也几乎没有成为元老的可能性。

正如上文所述，为了渡过危机，元老山县有朋把政友会总裁西园寺公望纳入元老会议，以强化元老的正当性。为落实此想法，山县有朋的第一步是在元老会议上劝说西园寺公望再次组阁。但是，西园寺公望以身体状况不佳为由拒绝了。实际上，从第一次西园寺公望内阁时期的1907 年（明治四十年）前后起，西园寺公望的身体状况就不佳，在第二次西园寺公望内阁时期与当时掌控政友会的内相原敬的关系极度恶化（伊藤之雄 『元老西園寺公望』）。如果进行第三次组阁的话，原敬必然会是主要阁僚，所以西园寺公望发自内心地不想再次组阁。

除此之外的实权者，同时也没有成为护宪运动攻击对象的，只有海军和萨摩的实力派人物山本权兵卫。西园寺公望推荐山本权兵卫，包括山县有朋在内的元老均表示赞成。山本权兵卫在接受元老们的询问时，表现了组阁的意愿，但就自己在众议院没有执政党的支持一事表达了担忧。原敬接触过山本权兵卫，听到此消息后便开始为了使政友会支持山本权兵卫内阁而奔走。就这样，在 2 月 20

日，第一次山本权兵卫内阁在把政友会当作执政党的基础上成立，山县有朋等元老暂时摆脱了危机。

另外，山县有朋邀请西园寺公望加入元老会议，这对山县有朋等元老来说是双刃剑。西园寺公望在 2 月 11 日的元老会议上提出：在英国是多数党当政，将来日本也引入这种方式如何？从日本的国情来看，这样的制度怎么样？元老们对此答道"不能参考英国式政治"，表达了反对之意（伊藤之雄「山県系官僚閥と天皇·元老·宮中」，127 页）。就这样，虽然西园寺公望没有像其他元老那样积极支持元老制度的存续，但是山县有朋等元老为了维持元老制度，依然希望西园寺公望参与元老会议。

内相原敬、首相山本权兵卫、伏见宫贞爱把元老山县有朋逼入困境

在山本权兵卫接受组阁之时，元老山县有朋认为，从摆脱当前危机的意义上来说，通过自己的判断邀请西园寺公望参加元老会议是正确的。他大概还很满足于此事吧！

但是，山本权兵卫内阁的十人阁僚成员中，包括内相原敬在内有六人是政友会会员，非会员的成员只有首相山本权兵卫、外相牧野伸显（萨摩，大久保利通的次子）和陆相、海相四人。陆相、海相必须是现役大将、中将

（武官），而外相原本就一贯不由政党成员担任。由此看来，山本权兵卫内阁实际上近乎政党内阁。

首相山本权兵卫和内相原敬合作推进了打击山县有朋派官僚的改革政策（山本四郎『山本内閣の基礎的研究』）。

首先，在1913年（大正二年）6月13日的陆海军官制改革中，他们将陆相、海相的任用资格从现役大将、中将，扩大到预备役、后备役（退伍军人）大将、中将。结果，即使是不受山县有朋欢迎的被定为预备役、后备役的陆军将官也能成为陆相，且预备役和后备役军人也能加入政党。

因此，当身体不好的陆相木越安纲辞任后，首相山本权兵卫无视陆相由山县有朋等人推荐的惯例，一人独断地将中将楠濑幸彦（土佐出身）任命为继任陆相。而此前，作为惯例固定下来的一种权力，即作为继任首相接受天皇询问的人可以向天皇推荐阁僚候选人，得以在陆相的人事任免上顺利推行。

此外，山本权兵卫内阁还实行了文官任用令的改革，将可以自由任用的高层官员的范围从次官扩大到各省的敕任参事官（敕令于8月1日公布）。

这些改革的目的是削弱山县有朋派对陆军的控制，从而加强政党对陆军、官僚的掌控，所以，这直接打击了元

老山县有朋。同时，在元老势力逐渐衰退的情况下，考虑
到山县有朋是元老制度支持者的中心人物，这些改革也是
进一步削弱元老制度本身的举措。

山本权兵卫内阁之所以能进行这样的改革，是因为桂
太郎为了成为首相而辞去内大臣职务之后，伏见宫贞爱亲
王（陆军大将）出仕内大臣府（内大臣职位空缺）辅佐
大正天皇，起到了推波助澜的作用。伏见宫贞爱居于皇族
首位，虽已五十四岁，但对辅弼新天皇非常积极。另外，
他和首相山本权兵卫、内相原敬两人结识于赴欧途中，关
系很好。

与此同时，伏见宫贞爱希望西园寺公望不要辞任政友
会总裁，而是继山本权兵卫内阁之后组建第三次西园寺公
望内阁，并向西园寺公望和首相山本权兵卫表明了此想法
（『原敬日记』1913 年 7 月 26 日）。从这个举动也可看出，
伏见宫贞爱和山本权兵卫关系很好。所谓的西园寺公望辞
任政友会总裁的问题，正如前文已阐述过的那样，与以下
事件有关：第三次桂太郎内阁末期，在桂太郎的策划之
下，天皇向政友会总裁西园寺公望下达敕诏，要求其撤回
对内阁的不信任案；而西园寺公望当时尽管暂时说服了政
友会，但并没有撤回不信任案。

虽然西园寺公望因不愿组阁，而自愿承担政友会不遵
从天皇敕诏的责任，辞去了总裁一职，但此处更值得注意

的是伏见宫贞爱在继任首相问题上无视元老存在的态度。

伏见宫贞爱之所以能采取这样的姿态，是因为他、首相山本权兵卫、内相原敬三人都与大正天皇建立了极其良好的关系（伊藤之雄「山県系官僚閥と天皇・元老・宮中」，128 頁）。而且，与原敬等人一样，大正天皇对英国式政党政治怀有好感。这从天皇的以下举动也可看出：天皇喜欢《世界一周乐曲》（「世界一週唱歌」），在其还是皇太子的 1909 年（明治四十二年）11 月，他和御医一起，在儿子裕仁亲王（之后的昭和天皇）、雍仁亲王（之后的秩父宫）、宣仁亲王（之后的高松宫）等人面前唱过这首歌。歌里的"让船只靠近船坞，一上岸便是伦敦市，映在夕阳里的议事堂，就是立宪政治的写照"（「テームスドックに船寄せて、上がれば忽ちロンドン市、入日に映る議事堂は、立憲政治の世の鏡」），是对英国立宪政治和工商立国等制度的赞美（『昭和天皇実録』1909 年11 月 6 日，Dickinson、Fredric・R『大正天皇』）。

正如山县有朋向高桥是清（前藏相）诉说的"陛下（大正天皇）从皇太子时代起就不喜欢本人了"所反映的那样，他已觉察到自己与天皇的关系不太好了（『原敬日記』1916 年 10 月 11 日）。

1914 年（大正三年）3 月，尽管山本权兵卫内阁因海军购买军舰的渎职事件——西门子事件受到谴责，伏见宫贞爱还是与首相山本权兵卫讨论着"元老有什么作用"
(『原敬日记』1914 年 3 月 14 日)。他们想要废除元老制
度，或者使元老制度成为一种形式，直至其自然消亡。就
这样，在山本权兵卫内阁的统治下，山县有朋及其他元老
被逼上绝路，但只要山本权兵卫内阁方面没有大的失误，
他们就根本无法进行反击。

西门子事件的影响

西门子事件在 1914 年（大正三年）1 月下旬被揭
露[2]，它为元老山县有朋攻击海军中的实权者山本权兵卫
率领的内阁带来了意想不到的机会。虽然通过政友会的力
量预算在众议院被通过了，但是，山县有朋派官僚握有主
导权的贵族院大幅削减了海军的造舰补充费用。最终，拥
有对等权限的两院对预算均没有妥协，以致 1914 年年度
预算不成立。次日，也就是 3 月 24 日，山本权兵卫内阁
集体辞职。

山本权兵卫虽然想推举内相原敬为继任首相人选，但
在当时的情况下这基本上不可能了。大正天皇为了下一届
内阁的组建，召集了山县有朋、松方正义、井上馨、大山
岩、西园寺公望五人。

担任摄政角色的伏见宫贞爱亲王建议天皇咨询元老

（『原敬日記』1914 年 3 月 24 日）。此次召集元老以及元老的具体人选大概都是由伏见宫贞爱亲王向天皇建言的吧。西园寺公望与其他四位元老被一起召见，这是伏见宫贞爱的意思，憧憬英国式政党政治的大正天皇也应该赞成这一选择。

山县有朋的反击

山县有朋认为只要能够召开元老会议，自己就能掌握主导权，所以，他的首要目标是召开元老会议。3 月 26 日，首次以请求伏见宫贞爱列席的形式，山县有朋、松方正义、大山岩三人召开了元老会议。井上馨虽迟到，但参加了会议。西园寺公望在京都郊外田中村（现京都市左京区田中）的"清风庄"静养，他以违反大正天皇的敕令，没能阻止政友会会员批判桂太郎内阁这一"违抗皇令"的问题为由，没有参加会议。他无论如何都想辞去政友会总裁一职。

元老会议首先推举了贵族院议长德川家达，其次是山县有朋派官僚、枢密顾问官清浦奎吾（前法相、农商相），但两人都没能组阁。最终，经过七次元老会议和一次元老与大隈重信的会谈，大隈重信获得了推举。4 月 16 日，以立宪同志会（桂太郎新党）等为后盾的第二次大隈重信内阁成立。

当时的权威报纸《东京朝日新闻》《东京日日新闻》《万朝报》等的论调的共同点是，应该让与山本权兵卫内阁的执政党政友会构成对立的，且与最有实力的政党关系深厚的实力派人物手握政权，并确立以众议院为基础的政权交替规则，向英式政党政治靠拢。此外，就连对元老制度和山县有朋派阀批判最严厉的报纸《东京朝日新闻》，也把元老们被召见这一事件本身，视为不得已而为之的行动（伊藤之雄「山県系官僚閥と天皇・元老・宮中」）。

山县有朋主导了元老会议。在会议上被推荐为继任首相的候选人中，清浦奎吾和大隈重信是由山县有朋提出的。"陆军""长州阀"（山县有朋派阀）在第一次护宪运动中于一年前就遭到了攻击。虽然因为西门子事件，攻击对象转移至"海军""萨摩阀"，但就算是政治上老练的山县有朋，也无法确定自己一派的清浦奎吾成功组阁的可能性有多大。清浦奎吾曾在山县有朋手下担任法相（法务大臣），与陆相桂太郎是对等的存在。山县有朋在元老会议中提名清浦奎吾为首相候选人，大概是因为他认为这样做不仅能使清浦奎吾有面子，还能培育山县有朋派阀全体人员对自己的忠心吧。

山县有朋在一定程度上是怀着灵活而坚定的理想参加此次元老会议的。从元老制度的层面来说，他企图使大正政变过程中连存在依据都被质疑的这一制度存续下去。此外，他的目的还在于：①稳定政局，成立能够增设两个师团的内阁；②使萨（摩）长（州）达成和解（因为在山县有朋派构成的贵族院的主导下，萨摩出身的山本权兵卫内阁被推翻了）；③削减政友会势力，这对山县有朋来说很重要，因为政友会势力曾把山县有朋和陆军、山县有朋派阀以及元老逼至绝境。

山县有朋起用大隈重信的大胆设想，从维持元老制度的意义上来说，暂时取得了成功。就连《东京朝日新闻》也对元老会议的推荐表达了赞同。报纸中这样描述道：如果元老会议向天皇推荐大隈重信，那么也是可以的；虽然像加藤高明（同志会）、犬养毅（国民党）、尾崎行雄（中正会）等统率一党一派的人物是万众期待的继任首相人选，但这些政党没有实力与政友会正面斗争，所以暂时由大隈重信担任首相是可取的。这家报纸也期待，大隈重信作为首相，能尽量把多数贵族院议员、众议院议员网罗进来，逐步实现建立英国式政党内阁的理想（『東京朝日新聞』1914 年 4 月 12 日「大隈伯奏薦」〔社評〕）。就这样，山县有朋等元老摆脱了第一次元老制度存亡危机。

山县有朋向大正天皇展示元老权力的优势

在元老会议推荐大隈重信为继任首相之前，继任首相

怎么也确定不下来,在此种情况下,大正天皇于 1914 年
(大正三年) 4 月 9 日向山县有朋提出了组阁的建议。对
此,山县有朋不仅表示拒绝,而且建议天皇不要劝说在先
前政变的善后处置中被询问过的元老之外的人担任继任首
相。大正天皇对山县有朋回答道 "绝对不会做这样的事
情" (伊藤隆編 『大正初期山県有朋談話筆記・政変思出
草』,54 頁)。

正如前文论述过的那样,明治天皇在召开元老会议之
前,以自己的判断瞄准特定人物,并询问其是否愿意担任
继任首相,或者是询问特定元老的想法。确实,明治天皇
虽会询问特定元老的意见,但从未脱离元老会议流程劝说
特定人物成为继任首相。

但是,明治天皇在内阁垮台或行至末路时的善后处理
中,发挥着自己独特的裁夺作用。若考虑到这些,以及
1914 年山县有朋提醒大正天皇时继任首相的候选人一般
由前首相推荐,由元老选定倒是例外,那么,在元老会议
行至末路的情况下,即使大正天皇就继任首相进行独自裁
断,也并不一定是破例之事。

而且,大正天皇只是建议元老成员山县有朋成为继任
首相,这一行动并没有超出明治天皇以来的天皇的言行范
围。对于大正天皇的建议,山县有朋回答道 "坚决不能
对元老以外的人说这种话",这可以说是非常失礼的行为

了。即使山县有朋满怀诚意、竭尽全力地收拾混乱的政局，但在元老制度面临存亡危机的情况下，他也表露出了焦躁不安的情绪。

大正天皇理应责备山县有朋的失礼发言，或者至少会采取强力的反驳之策，比如可以说："因当下局势危险，元老们又迟迟没有回应朕的咨询，所以朕才如此说，并且决定由谁担任首相最终也是朕的专权。"对英国式政党政治怀有好感的大正天皇实际上不打算行使专权，但这样的发言就能显露出天皇并不畏惧山县有朋，还能使天皇形成对元老的影响力。但是，这一强硬的发言也有可能导致山县有朋等元老谢绝回应天皇的咨询，若出现这样的情况天皇则需要有很好的应对能力。

然而，大正天皇根本没有接受过政治教育，也没有相关经验。想要他和老练的元老山县有朋针锋相对，并希望他采取强行压制的行动，可以说是不可能的事情。

在这次4月9日大正天皇和山县有朋的交锋之中，以山县有朋为中心的元老和大正天皇间的势力关系几乎确定下来了。

内阁主导参加第一次世界大战是特例吗

在大隈重信内阁中，作为同志会幕后领导的大隈重信担任首相兼内相，同志会领袖加藤高明担任外相，大浦兼武（原来是山县有朋派内务官僚，加入了同志会，曾任农商相）担任农商相（之后任内相）、若槻礼次郎（同志会，原大藏官僚、前藏相）担任藏相。同志党的重要地位得以稳固，九名阁僚成员中有六名是该政党成员。第二次大隈重信内阁与第一次山本权兵卫内阁一样，政党内阁色彩比较浓厚。

在组阁之前，《东京朝日新闻》发表题为《咨询机关是必要的（元老不必要）》（「諮問機関は必要（元老は不可）」）的社评文章，论述了要把已经不符合时势的元老从政界驱逐出去。但是，日本不像英国那般拥有发展良好的两大政党，关于下一届内阁成员的选定也没有固定的先例，因此文章提议将相对精通政务的贵、众两院议长以及枢密院议长当作选定新内阁时的咨询对象。

同样有实力的报纸《东京日日新闻》和《万朝报》没有特别提出替代元老的机构设置，也许他们看出了，一旦形成众议院中有实力的对立政党的党首交替组阁的惯例，元老会议选定首相就会成为一种形式，这样一来就没有必要设立新的机构了（伊藤之雄「山県系官僚閥と天皇・元老・宫中」，131、148 頁）。

要取消元老吗？事实上，伊藤博文考虑过取消元老。伊藤博文一方面想通过扩充并强化枢密院这一宪法机构来

元　老

吸收元老，另一方面又并未在实际层面上干涉元老，而是在一旁观看桂太郎和西园寺公望之间反复的政权交替。

首相大隈重信和外相加藤高明意识到了这种对元老的批判，以及急于实现英国式政党政治的氛围，所以他们企图使政治运营不再受元老们的影响。大隈重信虽然内心充满了重返政界的野心，且在他即将从政界引退之时，因为有幸得到山县有朋等元老的推荐，才最终得以成为首相；然而，比起私人的恩义，他更重视实现英国式政党政治这一公共价值。

大隈重信内阁成立三个半月后，在欧洲，德国、奥匈帝国（同盟国）和英国、法国、俄国（协约国）之间爆发了第一次世界大战。山县有朋等元老和大隈重信内阁认为这是为日本在东方确立特权的"天佑之机"。

8月7日至8日，大隈重信内阁彻夜举行内阁会议，并决定由外相加藤高明主导，站在日本的盟国英国一方参加对德之战。之后，根据首相大隈重信的要求，元老会议同意了内阁会议的决定，并在御前会议上正式决定参战。8月23日日本向德国宣战。

正如前文已论述的那样，甲午中日战争的开战是由内阁会议决定的，当时并没有召开元老会议。但是，在伊藤博文内阁成立之时受到天皇询问的伊藤博文、山县有朋、黑田清隆三人当中，首相伊藤博文、黑田清隆（通信大臣）参加了内阁会议，而当时大将山县有朋（枢密院议长）和伊藤博文的合作关系非常好。

在就庚子事变出兵一事上也没有召开元老会议，决定是由元老伊藤博文和山县有朋内阁做出的。首相山县有朋、西乡从道（内相）、松方正义（藏相）这三位元老是山县有朋内阁的成员，而黑田清隆、井上馨、大山岩这三位不是阁僚。

在日俄战争之际，元老和首相桂太郎、外相小村寿太郎等主要阁僚召开会议，以便就日俄交涉和开战进行商议，并得到了内阁会议的认可。此后，在大的外交决策方面元老会议不再召开，甚至在继任首相推举一事上征询元老意见的做法也遭到了质疑，元老的权威日益消减。

若从以上事例和元老会议的衰落来考虑，大隈重信内阁通过内阁会议决定开战，并得到元老的同意，这并不稀奇。但是，山县有朋对此非常愤慨。对元老制度的存续深感危机的山县有朋，一定是主观地把日俄战争当作典型事例来处置了吧。

山县有朋对主持开战的外相加藤高明严厉批评道："加藤眼中终究只有他自己一人，完全无视国家的存在。"（望月小太郎写给井上馨的书信，1914年8月19日，「井上馨文书」）

山县有朋作为元老的力量虽然减弱了，但他继续掌控

元　老

着陆相和参谋总长等陆军主要人事安排，维持着对陆军的控制。（如前文所述，山本权兵卫内阁的陆相楠濑幸彦的任命是例外。）（伊藤之雄『山県有朋』）一旦外相加藤高明与山县有朋的关系变得异常恶劣，在必要时就很难向山县有朋寻求外交上的协助，会导致陆军无法得到有效统管。加藤高明虽然强力声称"外交（归属外务省）一元化"，但还是应该对开战决策的惯例进行调查，以寻找获得山县有朋等元老认同的方法。

第七章

元老制度的存亡之战

山县有朋和大隈重信的攻防战

大隈重信的挑战

大隈重信于 1914 年（大正三年）4 月就任首相以后，把"对华二十一条要求"等外交问题基本上交给了外相加藤高明（奈良冈聪智『对華二十一ヵ条要求とは何だったのか』，第四、五章）。但是，对于整个内阁，他设定了自己的目标，且为了实现这一目标，他十分注意与元老中的实力派人物山县有朋的关系。

首相大隈重信的真正目的是通过获得山县有朋等元老的支持来维持内阁，同时使同志会成为众议院的第一大党，并让该党党首加藤高明掌有政权以实现英国式政党内阁，从而进一步削弱元老的力量。

　　元老山县有朋并不知道在大隈重信内阁末期才暴露出的这个目标。对于在山本权兵卫内阁时期把自己、陆军和元老逼到绝境的政友会，山县有朋还没有平息愤怒（参见『大正初期山县有朋談話筆記・政変思出草』，107～108頁，『原敬日記』1915 年 8 月 4 日等记载的山县有朋对政友会的反感与防范），以致看不透大隈重信内阁。

　　山县有朋和大隈重信这两位老练的政治家都使尽了政治手腕。究竟哪一方能更多地实现自己的期望，成为内政上隐藏的核心争论点。

　　首先，在 1914 年 10 月，首相大隈重信在内阁会议上通过了陆军增设两个师团的决议，这也是山县有朋所希望的。山县有朋本打算说服众议院第一大党的总裁原敬不要在议会上反对增设两个师团，但最终并未成功。

　　12 月 25 日因政友会的反对，增设两个师团的要求在众议院被否决。议会解散后，总选举于第二年即 1915 年 3 月 25 日举行。进入 1915 年后，经济发展前景变得明朗，首相大隈重信的人气在选举期间相当高。为了应对总选举，他对知事等内务官僚进行了人事调动，为使同志会派系占据有利地位而采取了相应措施，最终选举结果是同志会等执政党取得压倒性胜利，占据了议席的 54.9%。

　　大隈重信内阁在总选举后的特别议会上，通过了包括增设两个师团在内的追加预算方案。元老山县有朋实现了压制政友会和增设两个师团的目标。

元老未参与"对华二十一条要求"的制定

在此期间，1914 年（大正三年）11 月日本军占领了中国山东的德国租借地青岛。然而，维持在日俄战争中从中国满洲和内蒙古地区获得的利益，是日本外交多年来的重大课题，因为如果不维持，就最早必须于 1923 年将权益归还中国。

外相加藤高明想解决这一问题，于是企图攻占青岛，从德国手中夺取山东，并将其权益归还中国，以作为将来延长在满洲和内蒙古地区的权益期限的交换条件。但是，希望进一步扩大日本在中国的势力和权利的集团，尤其是陆军，提出了各种各样的要求，而加藤高明对此无法拒绝，于是制订了把这些要求全部纳入的方案。这就是"对华二十一条要求"（奈良冈聰智『対華二十一ヵ条要求とは何だったのか』，第四章），其中包含了中国中央政府必须雇用有实力的日本人作为政治、财政及军事顾问等的第五号要求（此条是根据加藤高明的意愿而写成的）。

山县有朋担心第一次世界大战后白色人种联合起来侵入东方，于是希望改善日中关系，加强日俄关系。因此，

元 老

他反对在对中国的要求中加入如第五号要求那样的内容。而加藤高明的自尊心太强，在"外交一元化"的宣言面前，无法向山县有朋屈服并说明实情，请求山县有朋压制陆军的要求。

实际上，大隈重信也称不上"外国通"。日俄战争结束后，大隈重信在日本会见了众多外国人，对中长期国际关系的变化以及世界各地区和国家的文明做出了观点出众的论述。然而，他远离政权近十六年，对现实外交已经不够敏锐，而且他虽说在幕府末期学习了荷兰语和英语，但没有赴欧经验，若没有翻译，甚至都无法用英语直接和外国人沟通。他的英语阅读能力也不稳定，在个别政策上，他关于列强和中国反应的预测究竟有几分可靠性，人们不得而知。大隈重信似乎也没有充分感知第五号要求的危险性。

1915 年 1 月，大隈重信内阁向袁世凯政权提出了"对华二十一条要求"。除第五号要求外，其他内容还包括将德国在山东的权益转让给日本，把日俄战争中日本从俄国手中获得的旅顺、大连的租借权的期限延长为九十九年等条款。5 月 9 日，袁世凯政权屈从于日本，承认了除第五号要求以外的其他条款。结果，中国的反日情绪异常高涨。此外，由于袁世凯政权将第五号要求的内容泄露给欧美列强，美国开始指责日本，与日本保持同盟关系的英国也开始警戒。在欧美列强看来，除第五号要求之外的条款内容在帝国主义时代是很常见的，只要没有第五号要求，即使中国发出批判之声，美国也不会发表强烈的谴责，英国也应该能平静地接受。

1月日本开始进行关于"对华二十一条要求"的交涉之后，山县有朋曾向外相加藤高明表示必须偶尔向元老报告相关情况，但加藤高明并没有遵照执行。

从"对华二十一条要求"的前后进展可以看出，元老对外交协商过程没有任何影响力。不过，虽然在理解日中合作的重要性和第五号要求的危险性这两点上，元老山县有朋的外交观值得肯定，但除此之外，其外交论基本脱离现实。换言之，山县有朋等元老和外相加藤高明、首相大隈重信均没有足够的能力去预测第一次世界大战后的局势，从而构建日本外交的框架，并推进日本国内的改革。

相比之下，同一时期的政友会总裁原敬很肯定且正确地预测到，大战结束后美国将开始崛起，列强之间的经济竞争将会变得更加激烈。他希望与中国解决所谓的"满蒙权益问题"，从而巩固与中国的关系。当大隈重信内阁提出的"对华二十一条要求"的真相在签订条约后暴露出来时，原敬强烈地进行了批判。他虽能预测一战后的局势，但因为大隈重信内阁和山县有朋等元老之间不可思议的妥协与合作而被排挤，以致他无法发挥影响力（伊藤之雄『原敬』下卷，第26、28章）。

元　老

两种元老论和山县有朋

历经"对华二十一条要求"的问题之后，日本新闻界就元老和元老会议出现了两种论调。

一种是像《东京朝日新闻》一样，完全否定元老和元老会议的存在，并希望它们消亡。

例如，对于大隈重信内阁在"对华二十一条要求"谈判上的失败，《东京朝日新闻》在主张追究大隈重信内阁责任的同时，还批评道"对无责任感的元老的牵制感到很遗憾"［1915年（大正四年）5月10日「対支要求落着」（不完美的和平）］。这完全是对山县有朋等元老的冤枉。而且，除了对元老的批判，要求废除元老会议的主张也再次登场（1915年5月14日「元老会議を廃せ」〔再刊〕）。另外，该报还主张，在继任首相推荐问题上，大隈重信内阁就算是垮台了也没关系，但首相大隈重信必须趁机推荐反对党首领原敬为继任首相［1915年8月1日「内閣総辞職」（下一届内阁怎么办），1915年8月5日「原君を推薦せよ」］。此举试图剥夺元老推荐继任首相的职能，企图灭亡元老制度。

另一种是如《读卖新闻》那样的立场，即认为鉴于大隈重信内阁在"对华二十一条要求"事件上的失败，元老和元老会议对于日本来说还是必要的。

例如，《读卖新闻》认为元老在"一定程度上抑制了内阁的狂暴"，这可谓对元老的好评（1915 年 6 月 26 日「三たび元老諸公に望む」）。此外，该报论述道，因为当局者所主持的外交不能让人放心，所以当时即使出现内阁更替这样的问题，元老也不必过分担忧（1915 年 7 月 9 日「元老対内閣態度」）。这一观点又与之后的主张有所关联，认为一旦首相大隈重信内奏辞职，元老就"应该一心一意地考虑国家大计，选定杰出人选，接受天皇咨询"（1916 年 8 月 9 日「政局に関する元老諸公の任務」），肯定元老推荐继任首相人选的做法。从出现《读卖新闻》这样的论调来看，当时对元老的整体评价稍微有所提高。

后来，1915 年 9 月 1 日，元老井上馨去世了。这样一来，就只剩下了山县有朋、松方正义、大山岩三位元老。山县有朋就井上馨之死向亲信寺内正毅（前陆相，朝鲜总督）写信道，自己的好友原本仅存井上馨一人了，现在他突然去世，国家的未来很是令人担忧（山县有朋写给寺内正毅的书信，1915 年 9 月 20 日，「寺内正毅文書」）。

井上馨虽然作为元老逐步成为一种可有可无的存在，但在"对华二十一条要求"的事宜上，山县有朋与其进行了商议。在元老之中，山县有朋失去了能商谈的对象，这使心怀元老责任感的他深感不安。

把大隈重信纳入元老集团的设想

山县有朋在 1916 年（大正五年）1 月末，设想把大隈重信纳入元老之列。这是希望通过给予大隈重信元老的地位，使大隈重信采取不偏向立宪同志会的行动（季武嘉也『大正期の政治構造』，197 页）。进入 2 月后，山县有朋患上了大病，生死未卜。从他暂时康复的 3 月下旬至 4 月上旬，山县有朋和首相大隈重信开始了关于大隈重信内阁后继人选的商谈。大隈重信向山县有朋明确表示，要把同志会领袖加藤高明作为接班人。而山县有朋明确地否定了加藤高明，并主张寺内正毅或平田东助（前内相）是合适的人选。这两个人都是山县有朋派官僚，其中种子人选是寺内正毅。一般认为，这是山县有朋知道了出现在新闻界的两种关于元老和元老会议的观点后采取的行动。

6 月 26 日，大隈重信向大正天皇表明了辞意，并推荐寺内正毅和加藤高明两人为继任首相人选。这是效仿十八年前第一次大隈重信内阁组建之时，大隈重信和板垣退助（后成为内相）两人受令组阁的先例。如果寺内正毅和加藤高明的立场对等，那么统率众议院第一大党同志会的加藤高明会成为首相，或者成为其他主要阁僚并掌握主导权。这大概就是大隈重信的目标吧。

接受大隈重信的内奏后，天皇就继任首相一事咨询了山县有朋的意见。于是，从 7 月至 8 月上旬，在山县有朋的建议下，大隈重信和寺内正毅举行了三次会议。寺内正毅主张成立不偏向一党一派的举国一致的内阁，大隈重信则考虑成立寺内正毅和加藤高明的联合政府内阁，双方都没有妥协。接着，8 月 11 日，山县有朋和大隈重信举行了会面，但并没有取得进展。

元老山县有朋虽然接受了天皇关于大隈重信上奏一事的咨询，并做了回应，但并不是作为元老在发挥作用。大隈重信不是元老，却以首相的身份与山县有朋站在对等的立场进行交涉。在大隈重信内阁末期，除山县有朋以外的元老的力量开始衰退，山县有朋的存在感也随之变得微乎其微。

增补西园寺公望为元老

如前文所述，西园寺公望参加了山本权兵卫内阁成立之时的元老会议。1914 年（大正三年）3 月山本权兵卫内阁提交辞呈后，西园寺公望因元老会议被要求进宫，但由于他想辞去政友会总裁一职，不愿离开当时居住的京都，最终谢绝了进宫的邀请。

虽然西园寺公望也未参加之后大隈重信内阁主持的元老会议，但在 1915 年 8 月 8 日元老兼内大臣大山岩的备忘录中，西园寺公望被认为是元老成员之一。当时，大山岩是召集元老的负责人（大山巖自筆「元老召集其他に関する覚書」1915 年 8 月 8 日，「大山巖文書」）。

西园寺公望在出席山本权兵卫内阁成立之时的元老会议后，在京都市郊的别墅"清风庄"静养了三年。"清风庄"位于京都帝国大学附近，西园寺公望对中国文学和东洋史感兴趣，在这里他可以和内藤湖南（虎次郎）等日本最高水平的京都帝国大学教授交流，也可以从历史的角度思考同时期中国的前景。

在静养期间的 1914 年 6 月，西园寺公望把政友会总裁一职交给原敬，两人经商量决定将来由西园寺公望作为元老负责宫中事务，原敬则负责公开的政治事务（『原敬日記』1914 年 6 月 11 日）。总之，西园寺公望还是希望以元老的身份履职。

1916 年 3 月末 4 月初，西园寺公望进宫参见大正天皇。关于继任首相，他表示现阶段加藤高明不是合适的人选，原敬才是，朝鲜总督寺内正毅等人也很优秀（『原敬日記』1916 年 4 月 3 日）。像这样，西园寺公望开始表示希望作为元老活跃于政界的意愿，如果忽视他推荐原敬为继任首相这一情况，这对于元老山县有朋来说是个非常好的征兆。

如前文所述，从 7 月至 8 月上旬，山县有朋在与大隈重信和寺内正毅商谈下一届内阁的同时，也为与大隈重信无法达成协议的情况做了充足准备。7 月 13 日，山县有朋会见了西园寺公望，两人就推荐寺内正毅为继任首相达成了一致意见。7 月 18 日，西园寺公望与原敬等政友会干部约定支持寺内正毅。

8 月 3 日，山县有朋在位于东京市的别墅"椿山庄"中，邀请大山岩、松方正义、西园寺公望召开了关于下一届内阁的会议。这虽然不是因天皇咨询而召开的正式会议，但在会上西园寺公望和山县有朋等三位元老就继任首相人选进行了讨论，因此可以说西园寺公望被再次视为元老。最后，山县有朋和大隈重信围绕继任首相人选问题的商谈没有取得任何进展。

另一方面，首相大隈重信于 9 月 26 日进宫再次内奏辞意，并推荐加藤高明为继任首相。第二天，大隈重信拜访了元老兼内大臣大山岩，向他说明自己内奏辞职并推荐加藤高明的情况，要求他不要召开元老会议，直接下令让加藤高明组阁。

大隈重信认为，自己统率着 1915 年总选举中获得众议院过半数议席的政党，因此相比未经宪法认可的元老，

元 老

由自己向天皇推荐继任首相人选应该更具正当性。

具有影响力的报纸之一《东京朝日新闻》（1916 年 7 月 15 日）曾表示，如果大隈重信内阁集体辞职，首相大隈重信应该奏请推荐合适的继任人选。另外，因政友会在 8 月明确了支持山县有朋等元老的态度，该报于 9 月上旬发布一篇题为《宪法主义的逆转》（「憲法主義の逆転」）的社评，开始攻击政友会，指责其相比大隈重信是非立宪性、官僚性的存在（『東京朝日新聞』1916 年 9 月 6 日）。

借着这种舆论氛围，大隈重信企图废除元老制度。之前大隈重信向大正天皇表示"先帝（明治天皇）是先帝，现在陛下应该遵从自己的想法"，以讨大正天皇的欢心（『原敬日記』1916 年 4 月 4 日）。就这样，元老制度出现了第二次存亡危机。

对于大隈重信希望不召开元老会议就直接命令加藤高明组阁的请求，内大臣大山岩表示拒绝。山县有朋非常愤慨，说自己被大隈重信欺骗了一年半，并向西园寺公望表示不能让加藤高明担任首相。山县有朋的想法是如果大隈重信不提交辞呈，就迫使其辞职，然后推举寺内正毅为继任首相。西园寺公望识破了这一想法，预测自己也会被召集加入元老会议（『原敬日記』1916 年 9 月 29 日）。

西园寺公望已经在 8 月参加了讨论下一届内阁的非正式元老会议，并表现了想成为元老的意愿。考虑到大正天皇几乎没有什么政治权力，要成为元老，就要得到以山县有朋为中心的元老们的认可，且本人也须同意参加元老会议。西园寺公望在当时已经具备了这些要素。

此外，除元老外，内大臣（内大臣大山岩也是元老）同样是天皇政治上的重要顾问。以统管宫内省这一官僚组织为主要工作的宫相也参与了天皇政治上的商谈。非山县有朋派、保持中立立场的宫相波多野敬直也向天皇建议，在继任首相人选一事上不要急于做决定（『原敬日记』1916 年 9 月 29 日）。换言之，内大臣和宫相都支持山县有朋主张召开元老会议的方针，可以说山县有朋获得了天皇的宫中亲信们的支持。

大隈重信的失败

相比首相大隈重信积极为继任首相人选一事奔走，山县有朋在确认松方正义、大山岩两位元老与自己持相同想法之后，才于 1916 年（大正五年）9 月 30 日拜见大正天皇。山县有朋向天皇说明了大隈重信辞职问题的经过，并确认自己得到了天皇的支持。

10 月 1 日，山县有朋会见了大隈重信。山县有朋自信地说，如果大隈重信提交辞呈，天皇应该会就继任人选咨询元老。此外，关于加藤高明，山县有朋表示，如果寺

元　老

内正毅与加藤高明讨论继任首相，那么加藤高明只要同意
寺内正毅就任，就能二选一——要么自然而然地进入内
阁，要么在内阁之外给予援助。这一方面是在强势地表示
要成立寺内正毅内阁的态度，另一方面反映了山县有朋希
望得到大隈重信、加藤高明以及同志会的协作。在这次会
见中，山县有朋还探听到了大隈重信将于 10 月 4 日正式
提交辞呈。

10 月 4 日，首相大隈重信按原计划提交了辞呈。在
这份辞呈中，他推荐加藤高明为继任首相人选，这一点
在以往首相的辞呈中是没有的。而且，他采取了由内阁
公开的破例行动。大隈重信企图通过赢得舆论支持来约
束山县有朋等元老的行为，无论如何也要推荐加藤高明
为继任首相。

天皇立即召见元老山县有朋，向其咨询了关于之后应
如何处置的意见。山县有朋回答道，考虑到第一次世界大
战中的情况，让一党一派的首领接任首相是不合适的，自
己需要与其他元老深入探讨后再回复。山县有朋在与大山
岩、松方正义会晤并召集西园寺公望后，召开了由四位元
老参与的会议，然后向天皇进行了禀报。四位元老一致推
荐寺内正毅，寺内正毅最终得令组阁（『大正初期山県有
朋談話筆記・政変思出草』，130～139 页）。这象征了大
隈重信的失败。

像这样，围绕元老制度的存废，最有实力的政治家们将大正天皇牵连在内，开展了权力斗争。在此期间，掌握主导权的山县有朋通过将政友会前总裁西园寺公望纳入元老之列，间接取得了众议院第二大党的支持，以此形式为元老制度赋予了正当性，从而保住了元老制度。此外，山县有朋既与大隈重信、加藤高明、同志会一派保持关系，又与原敬、政友会一派保持关系，还使两派相互竞争，最终给自己留下掌握主导权的余地。

大隈重信企图以个人力量与天皇达成合作，但最终失败了。虽然大隈重信提出的英国式政党政治的理念曾赢得大正天皇的共鸣，但天皇由于缺乏政治经验，因此如已阐述的那样于1915年遭受山县有朋威压，并于之后不得不与山县有朋和元老们就一切事项进行商谈，在精神上很受折磨。而且，在大隈重信提交辞呈之际，元老兼内大臣大山岩、保持中立立场的宫相波多野敬直也支持召开元老会议，天皇的宫中亲信们因山县有朋的策略而紧紧地凝聚到了一起。

"对华二十一条要求"的影响

此外，如前文所述，大隈重信内阁在"对华二十一条要求"事件上失败后，新闻舆论就不再一味支持大隈重信并批判元老了。

元　老

《读卖新闻》进行了如下论述：大隈重信内阁中的执政党表示，既然首相推荐了继任人选，那么天皇就应该立即向该人选下达组建内阁的敕令，而不需要召开元老会议。但有人认为在这种情况下天皇不咨询元老是极为理所当然的，这是绝不能置之不理的"傲慢之言"。大隈重信是"视功名为生命的人"，是不顾"国家治理方略"的人，不能被大隈重信的言行所迷惑（1916 年 9 月 30 日「元老会議に関して」、1916 年 10 月 2 日「大隈侯の出所進退　隈公の功名心」）。像这样，《读卖新闻》肯定地表示，元老推荐继任首相人选是在天皇大权之下进行咨询的结果；相反，大隈重信主张通过首相的推荐而非召开元老会议来决定继任首相，这是从个人"功名"的角度提出的策略。该报否定了后一种行为。

与此相反，《东京朝日新闻》支持首相大隈重信推荐在众议院占据过半数议席的政党的领袖加藤高明担任继任首相，批评了元老排斥这一做法并推荐寺内正毅为继任首相的行为。此外，该报批判道：元老作为日本宪法和法律均未认可的"不负责任的组织"，竟无视"宪法上重要机构"的合理操作，这难道这不是一种蔑视法律的行为吗［1916 年 10 月 6 日「元老会議の責任」（奏请推荐寺内正毅伯爵），1916 年 10 月 9 日「新内閣と諸政党」（元老的性质）］？

但这并不是对全体元老和元老会议的批判。《东京朝日新闻》还指出，联合执政党尚未成立，就连同志会内部也不断出现纠纷，以致推荐加藤高明为继任首相的难度很大。此外，该报认为在给寺内正毅的组阁敕令被下达之后，元老在日本政界的势力很强大，同时其责任也极其重大，因而没有全面批判元老［1916 年 10 月 4 日「大隈侯の誠意」（尚无定论），1916 年 10 月 6 日「元老会議の責任」（奏请推荐寺内正毅伯爵）］。

相比山县有朋准备周密的举动，大隈重信以统管着众议院第一大党的正当性为后盾，仅凭一部分新闻舆论的支持就开始行动了。在准备递交辞呈之时，他就已没有多大胜算了。就这样，山县有朋等元老摆脱了元老制度的第二次存亡危机。

另一方面，成为元老的西园寺公望在此后的 1922 年（大正十一年）仍厌恶曾提出"对华二十一条要求"的加藤高明所采取的外交策略，不希望他成为下届首相。大约在半年前，西园寺公望要么私下上奏大正天皇，声称原敬适合担任继任首相，而加藤高明不合适，要么表现出想成为元老的意愿，这是因为他认为改变日本的外交策略比什么都重要。

作为政友会前总裁，以在日本展开英国式政党政治为理想的西园寺公望成为元老成员之一，这正是在按照山县有朋的计划为元老会议赋予正当性。由此，西园寺公望一反自己长期以来秉持的理念，支持并强化了元老制度。西园寺公望决定在日本政党尚未成熟的情况下，以元老的身份尽力促进政党政治的发展。

下达给大隈重信的"诏书"

在推荐寺内正毅为继任首相的 1916 年（大正五年）10 月 4 日的元老会议上，内大臣大山岩提出天皇给大隈重信下达"诏书"的想法，但西园寺公望发言表示不赞成，松方正义也坚决反对，山县有朋则什么都没说（『原敬日記』1916 年 10 月 7 日）。

之后，大隈重信在辞职时接受了首相"离任官阶待遇"的诏书。此诏书表示，即使离任了，大隈重信在仪式等方面也同样享受在任首相的待遇。这对于他来说是一种荣誉。也许山县有朋为了安抚失败的大隈重信，事先向内大臣大山岩表明了会给大隈重信下达特别诏书的想法，但因未能得到西园寺公望、松方正义的同意，于是让天皇下达"离任官阶待遇"的诏书作为替代。

后来，10 月 9 日的元老会议上，给大隈重信下达"诏书"（御沙汰书）的草案被提出。该诏书与 1912 年 12 月辞任首相后的西园寺公望接到的诏书类似，因此，西园寺公望和松方正义担心大隈重信会泄露元老会议的内容，反对诏书草案。虽然山县有朋认为草案没问题，但还是在修订后才于当日下达以下"诏书"（『原敬日记』1916 年 10 月 11 日）。

> 你早前为国家鞠躬尽瘁，参与明治维新，辅弼明治天皇，后又继续辅佐朕。现在，许可你辞任首相，希望你辞任后静养身体，注意营养，照顾自己，今后仍然按照朕的旨意尽职尽力。（现代语译文）

象征元老资格的诏书

原敬很关注这份诏书，他在日记中写道，这是一份要大隈重信"注意饮食、保重身体"的诏书，"与以前那种带有评价、针对元老的优待诏书不同"（『原敬日记』1916 年 10 月 9 日）。

据《东京日日新闻》报道，"某前大臣"向该报记者说过"不能把优待等同于视其为元老"。在这份诏书中，天皇承认大隈重信为国事操劳尽力，要他今后注意身体健康，但这只不过是一种安慰。这如果是"元老的特别诏书"，就会与侯爵西园寺公望的优待诏书相同，但"谁都

元　老

可以看出这与元老的诏书不同。总之，大正元年前后天皇给各元老下达了优待诏书，从那时起元老这一称呼的意思就比较明确了"。

　　然而，宫相波多野敬直认为，这份诏书即使被称为"御沙汰"，也与被称为"敕书"的诏书没有什么实质上的不同；下达给大隈重信的诏书的意思是，天皇认可其参与"大政维新"、为国事竭尽全力的功绩，大隈重信即使辞职了，也仍然应注意养生、保持健康，遵照天皇的旨意行事，这里的"'仍然'一词最为意味深长"。换言之，可以推测，天皇的想法是大隈重信即使辞职了，也要继续"辅佐朕"，因此，大隈重信也和西园寺公望等人一样"应该会受到元老之优待"[1]（『東京日日新聞』1916 年 10 月 11 日，『東京朝日新聞』1916 年 10 月 11 日也有此类论述）。

　　在大隈重信辞任首相及其后的过程中，值得关注的是，接受特定诏书是成为元老的条件，也是新闻舆论一定会谈论的事情。这是因为随着元老的高龄化，其政治实力有所减弱，与此同时政党兴起，导致没有法律依据的元老的正当性受到质疑。山县有朋等元老先发言表示，要将诏书和元老资格联系起来，然后通过新闻舆论，将此事从周围的实力派人物迅速向一般大众传播。

对元老正当性的批判声尚未高涨

针对元老试图通过诏书确保自身正当性的行动，10月10日以立宪同志会为中心，中正会、公友俱乐部等前大隈重信内阁执政党联合起来，以加藤高明为总裁创立了宪政会（奈良冈聪智『加藤高明と政党政治』，第四章）。接着，前同志会派于10月12日在东京召集了东京的报纸、通讯社，各地方报社的有关人士，以及宪政会众议院议员约两百人，召开了"全国排阀记者大会"。该会指责称"元老干涉政治，恣意妄为"，这已成为影响宪政的弊病，并形成了相关决议（『東京日日新聞』1916年10月13日）。

之后，尾崎行雄（第二次大隈重信内阁的法相）发表了"在宪法上如同幽灵的元老会议"（「憲法上幽霊に等しき元老会議」）的演说，并再次批判元老是没有法律依据的（『大阪朝日新聞』1916年12月16日）。

针对元老的这些批判，虽说旨在获得一般国民的拥护，但毫无新意，与日俄战争前夕出现的批判内容相同。对于山县有朋等元老提倡的接到诏书后成为元老这一规则，它们并没有造成严重的打击。

吉野作造（东京帝国大学法学教授）于1916年年初

发表在《中央公论》上的著名论文《论宪政本意及其贯彻之途径》（「憲政の本義を説いて其有終の美を済すの途を論ず」），从新的观点出发批判了元老制度，并主张民本主义。吉野作造说，一些好发议论的人看出了广泛听取人民的意愿是对君主大权的限制。然而，元老接受天皇咨询并推荐继任首相，这也是对君主大权的一种明确的限制。既然如此，那么征询大多数人意见的民本主义相对更好。

不管怎样，山县有朋派官僚出身的寺内正毅已被推荐为继任首相，因此，在大隈重信内阁辞职的过程中，元老没有宪法依据这件事再次被当作问题提出来，但在两个月后相关议论就平息下来了。

是否将大隈重信视为元老

除了将元老身份与接受特定诏书联系起来的举动之外，值得关注的还有，山县有朋为了增强元老的正当性，一直想将大隈重信纳入元老之列。

在前文已提及的 1916 年（大正五年）10 月 4 日的元老会议上，主张应给大隈重信下达"诏书"这一举动的幕后人物中一定有山县有朋。因为如果这样的事情没有让山县有朋事先知道，山县有朋就一定会反对。在五天之后的元老会议上，山县有朋主张下达给大隈重信的诏书可以与西园寺公望接到的诏书内容一致，这也印证了上述推测。

但是，当时"诏书"的内容没有得到西园寺公望和松方正义的同意。将大隈重信纳入元老之列的事必须取得其他元老的同意，最终下达的诏书只好与西园寺公望的诏书内容不同（「御沙汰書」）。

关于将大隈重信纳入元老之列，除了松方正义、西园寺公望两位元老外，元老兼内大臣大山岩和新内阁首相寺内正毅也持反对态度。此外，与伊藤博文一起制定宪法草案，自称宪法卫士，并在宫中拥有一定影响力的枢密院顾问官伊东巳代治也表示反对。但是，12月大隈重信也和其他元老一起被召唤陪膳，宫相波多野敬直向报社记者表示这是大隈重信已成为元老的证据（『原敬日记』1916年10月10日、11日，12月20日）。此事大概也是出于山县有朋的意思吧。

在那之后，1918年7月15日，为讨论出兵西伯利亚的问题，大隈重信首次被召集参加由首相寺内正毅召集的非正式元老会议（小林龙夫编『翠雨荘日記』，134~135页）。

但是，大隈重信曾公开表示，在内阁集体辞职后，除非天皇亲自召集，自己不会参加任何元老会议（『東京日

元　老

日新聞』1916 年 10 月 11 日）。后来，大隈重信也没有出席由首相寺内正毅召集的元老会议，并公开表示"元老是游离于宪法之外的存在，我反对元老随意干涉国政"。大隈重信的这种态度得到了新闻舆论界的好评，舆论认为这打击了寺内正毅内阁企图通过大隈重信拉拢宪政会、牵制政友会的政策（『大阪朝日新聞』1918 年 7 月 16 日、19 日、22 日）。

山县有朋企图把大隈重信纳入元老集团的构想，遭到了西园寺公望、松方正义两位元老的反对，而且大隈重信也不希望以普通的形式成为元老，所以该构想最终没有实现。此外，元老兼内大臣大山岩日益老去，于 1916 年 12 月 10 日逝世。

围绕是否将大隈重信纳入元老集团这一问题，山县有朋的态度和西园寺公望、松方正义两人相反，这是因为他们对元老制度的未来持有不同的想法。

山县有朋想通过把大隈重信纳入元老之列，加强元老会议的正当性，从而使元老会议掌握实权，并维持元老推荐继任首相的体制。一般认为，山县有朋把日俄战争前的元老会议当作一种理想状态。山县有朋也许希望通过大隈重信的加入，使元老会议除控制政友会之外，还能控制宪政会，从而牵制这两大政党[2]。为此，他愿意冒险将大隈重信纳入元老之列。

另一方面，虽然松方正义的想法不明确，但至少西园寺公望认为，在推荐继任首相方面，元老会议可以把根据情况选择众议院第一大党或第二大党的领袖定为一条原则。他在山本权兵卫内阁成立之际的元老会议上的发言，以及将原敬作为首相大隈重信的接班人上奏给天皇的举动，也可以证明其想法。换言之，西园寺公望希望减少元老会议推选继任首相的主体性。因为西园寺公望认为这种形式会赋予元老会议正当性，所以没有必要冒险令大隈重信加入元老会议。

元老制度的衰退趋势减缓

在此，让我们将话题拉回来，阐述一下被元老们推举为大隈重信接班人的寺内正毅与元老、元老制度的关系。

寺内正毅接到天皇要求组阁的旨令，于 1916 年（大正五年）10 月 9 日将山县有朋派官僚以及和自己关系亲近的人任命为阁僚，组建了无政党人士参与的"超然内阁"（无政党内阁）。山县有朋想使宪政会（同志会的后身）协助寺内正毅内阁，但首相寺内正毅厌恶此想法，站在了宪政会的对立面。1917 年 4 月 20 日总选举后的议会势力发生了变化，原敬统领的政友会占据众议院议席的比例上升至 41.7%（159 名议员），成为第一大党，而宪

元　老

政会占据议席的比例减少至 31.8%（121 名议员），沦为第二大党。

值得关注的是，寺内正毅内阁成立后半年左右，元老及元老制度的衰退趋势已经减缓。发生这种变化的原因之一是，山县有朋主导将前政友会总裁西园寺公望纳入元老之列，强化了元老的基础，与此同时元老须通过诏书任命这一形式也正式固定下来。因此，元老权力的正当性得到了极大的增强。

元老作为毫无宪法和法律依据的机构参与政治，这是与宪政的发展背道而驰。自日俄战争以来就有的诸如此类的对元老的批判，虽然在寺内正毅内阁成立后再次出现，但如前文所述，约两个月后它们就平息下来了。

元老势力衰减趋势得以缓和的另一个原因是，从"对华二十一条要求"的失败可看出，有政党背景的第二次大隈重信内阁（同志会等为执政党）的政策并不是很好。此外，同志会（宪政会）和政友会这两大政党都只以打倒对方为主要目标而行动，这是国民们对他们的看法。

一直以来，对元老的存在抱有好感的《读卖新闻》指出，为使不发达的日本立宪政治和政权领导能力不足的内阁的施政不出现混乱，元老发挥了很大作用。再者，因还没有出现像元老那般能在国民间拥有足够权威的人物，所以以后不会再"诞生"新的元老，元老制度终究是会消失的。

　　我认为，到目前为止，元老在日本政界都是非常必要的。如果没有元老制度，日本的政治局面肯定比现在更加混乱，恐怕将与中国政界目前的状况接近……我认为，在今后的政治家中，不会出现像以前的元老那般能让一般国民感受到超凡魅力的人物，因此，今后绝不可能诞生新的元老。［1917 年 2 月 27 日「元老論」（二）］（现代语译文）

　　与此相反，对元老和元老制度的存在持批判态度的《东京朝日新闻》认为：目前的政治困局因元老未让首相大隈重信推荐的加藤高明担任继任首相，转而推举寺内正毅而出现，故对元老制度进行了谴责（1917 年 1 月 20 日「政局の行詰」）。然而，在大隈重信内阁统治下的 1915 年总选举，以及寺内正毅内阁统治下的 1917 年总选举中，执政党均取得了压倒性的胜利，结果必然是执政党占据多数议席，该报因此对日本总选举的职能感到失望。而且，在日本政界，终究要取悦元老并被推举为继任首相才能取胜，事实上元老掌握着政界实权，因此日本最终还是走向了实质性的"寡头政治"，这真是可悲（1917 年 4 月 25

元　老

日「総選挙の教訓」，同年 4 月 28 日进行了同样的论述）。此外，元老的权力得以持续，是因为政友会、宪政会这两大政党相互争斗，该报对两大政党也进行了批判（1917 年 5 月 1 日「政党の同士打」）。

就连《东京朝日新闻》的态度也略有变化。一直以来该报只是单纯地批判元老和元老制度没有宪法依据，应该由反映"民意"的众议院多数党领袖掌控政权，但可以看出其现在也开始对过去的立场产生怀疑。此外，站在两大政党的态度和议会总选举的功能的角度，该报承认了元老的权力并没有被削弱。因此，该报也逐渐认同，只要元老在非常时期能凭丰富的经验判断局势，在充分考虑"民意"的前提下推举继任首相，那么在一定时期内元老的存续是不可避免的。

综上所述，为确保元老权力的正当性，阻止元老势力的衰退，山县有朋等人从大隈重信内阁末期到寺内正毅内阁时期采取的战略取得了符合预期的成功。

第八章

原敬内阁统治下的
首相权力扩张

山县有朋的抵抗与妥协

建立真正的政党内阁的构想

政友会总裁原敬在 1917 年（大正六年）总选举中取得胜利之后，计划在寺内正毅内阁之后组建自己的政友会（政党）内阁，并决定大刀阔斧地进行改革，使日本的外交和内政能应对第一次世界大战后的变化。在第一次世界大战期间逐渐具体化的外交、内政构想当时几乎都开始变得系统化。

一战后，美国很明显已成为世界的中心，因此，日本试图转变方向，开展以美国为中心的与欧美的新型协调外交。在此期间，日本为了发挥对欧美的主导权，哪怕只有一点，也有必要改善因"对华二十一条要求"而恶化的日中关系。原敬预测，一战后列强将会摆脱原来以获得殖民地或扩大势力范围为优先事项的帝国主义外交模式，列强之间的经济竞争应该会变得更加激烈（伊藤之雄『原敬』下卷，第26、28章）。

相比原来获取殖民地、扩张势力圈的目标，原敬更希望在稳定的秩序下通过自由贸易发展日本的经济，因此对一战后的变化完全没有悲观的想法。在大约九个月后的1918年1月，美国总统托马斯·伍德罗·威尔逊针对战后局势发表了十四点和平原则。对于涉及建立一战后国际联盟的威尔逊主义，原敬也颇怀好感。

此外，为了应对战后列强之间的激烈经济竞争，原敬计划完善铁路、港口、公路等交通设施以及通信设施，增加大学、高中、职业学校以及中学等教育机构，完善教育设施。

为了落实原敬的政策，以政友会为后盾的首相和内阁不仅要有掌控普通政府机关的权力，还必须统制陆军、海军及宫中。也就是说，原敬计划建立真正的英国式政党内阁，这当然会削减元老的权力。

原敬和西园寺公望的合作

元老西园寺公望对于以上外交政策和建立英国式政党

内阁之事，与原敬拥有相同的价值观。因此，西园寺公望竭尽全力地帮助原敬成为首相，并支持成为首相的原敬为控制宫中而采取行动。

那么，原敬是如何夺取政权，并削减元老的权力的呢？当时，井上馨已于1915年（大正四年）9月、大山岩已于1916年12月去世，因此只剩下山县有朋、松方正义、西园寺公望三位元老。山县有朋和首相寺内正毅的关系不太好，在1917年夏天，寺内正毅以生病为由向山县有朋表露了辞意。不出意外的话，接下来要诞生的应该是原敬的政友会内阁了。当时元老松方正义虽担任内大臣，但其年事已高，几乎没有发言权。前政友会总裁西园寺公望则会协助原敬成立内阁。因此，要想成立原敬内阁，关键是取得山县有朋的同意，毕竟他当时是最有实力的元老，且掌控着陆军、枢密院和贵族院。厌恶政党的山县有朋不阻止原敬内阁的成立是非常必要的。

为了干扰1917年爆发的俄国革命，以及出于对西伯利亚资源等的觊觎，当时陆军计划出兵西伯利亚，却遭到了原敬的反对。但是，当初对出兵持慎重态度的山县有朋因考虑到会与美国共同出兵，于1918年7月同意了此事，所以原敬也很不情愿地同意了。原敬的战略是，先执掌政权，施行政策，之后再从西伯利亚撤军（伊藤之雄『原敬』下卷）。

元　老

　　此外，1918 年 7 月 15 日，首相寺内正毅在宫中召集山县有朋、西园寺公望、松方正义等元老开会，讨论出兵西伯利亚一事。大隈重信虽然接到了通知，但没有参加。这也许是因为他害怕因参加会议而被宣扬成政府的支持者吧（荒船俊太郎「寺内正毅内閣期の大隈重信」[1]）。

　　出于第一次世界大战带来的经济繁荣和向西伯利亚出兵的缘故，米价在那时暴涨，生活困难的下层人民开始袭击米店等，发起了抢米风潮，从 1918 年 7 月上旬起，该风潮蔓延到了全国各地。抢米风潮在 8 月下旬平息下来，但寺内正毅内阁的前途被此断送了。当时原敬通过亲信劝诫寺内正毅在保留"名誉"的前提下辞职，否则将追究其责任。

　　9 月 21 日，首相寺内正毅提交了辞呈。几天前，元老西园寺公望和原敬就组建内阁一事进行商谈，并达成一致意见，即西园寺公望即使接到组阁的旨令也不能应允，应由原敬执掌政权。寺内正毅提交辞呈后，当日进宫的西园寺公望就突然接到大正天皇签发的类似备忘录的文件，要求他组建内阁。这是不想成立政党内阁的元老山县有朋的最后挣扎。

　　9 月 25 日，西园寺公望谢绝了天皇的组阁旨令。之所以耗时四天才拒绝，是因为他要取得山县有朋的同意。因当场就被天皇问到继任首相人选，西园寺公望推荐了原敬。出宫后，他得到了松方正义的理解，也向山县有朋说明了情况。就这样，成立原敬内阁的大势已经基本确定。

原敬从西园寺公望那里听闻了以上事情的原委，并与西园寺公望讨论了阁僚候选人。就这样，9 月 27 日，原敬接受组阁的旨令，开始正式组阁。原敬内阁于 9 月 29 日成立。除陆相、海相和外相之外，其余阁僚都是政友会会员。这是真正的政党内阁。

虽然程度不同，但所有报纸都对原敬内阁的成立表示欢迎，几乎没有报纸批判推举原敬为继任首相的元老。元老权力的正当性，通过由元老推荐受国民认可的人物为首相候选人，而得到了最大程度的证实。在当时，只要政党没有问题，众议院第一大党或第二大党的领袖就会被选为首相，这已成为一项原则。

拉拢山县有朋

原敬组阁一个半月后的 1918 年（大正七年）11 月 11 日，同盟国一方战斗到最后的德国投降，第一次世界大战结束了。巴黎和会召开，原敬为了给参会的全权委员增添分量，请求西园寺公望成为全权委员中的一员，并得到了他的同意。原敬和西园寺公望从接令组阁的过程开始就一直保持着合作关系。

元　老

关于从西伯利亚撤兵，因在组阁之际有约 7 万兵力被派遣，超出原敬预想，所以他决定联合山县有朋派陆相田中义一，先撤走约一半的兵力，使越冬兵力减少到一半。这是因为首相原敬以自己在预算和军事方面的充足知识使陆相田中义一认识到，为了实现陆军所期望的兵器现代化，不能为出兵西伯利亚使用过多经费。此外，桂太郎和寺内正毅的后辈田中义一怀有将来成为首相的野心。从寺内正毅内阁的例子也可以很明显地看出，当时要想成为首相，就必须取得大政党（政友会）的支持。原敬看穿了田中义一的野心，这也促使他向田中义一寻求合作。

此外，原敬还拉拢了年事已高却是陆军中最大实权者的山县有朋元帅。这是因为在原敬内阁统治下，普选运动在 1919 年、1920 年的城市中很活跃，且从第一次世界大战开始工人运动频发。两人以此为契机达成了合作。

山县有朋心里非常恐惧，害怕日本普选运动逐步升级，发展至 1917 年爆发的俄国革命那种情况。过了一段时间，也就是在 1920 年秋天原敬会见山县有朋之时，原敬与山县有朋都说到了普选的危险性。

然而原敬是当时的领导人中能最冷静地处理普选问题的人。原敬于 1919 年修改选举法，将城市中有选举

权的人从 18 万人增至 28 万余人（增长为原来的约 1.6
倍），农村中有选举权的人从 128 万人增至 286 万人（约
2 倍）。

对于反对立刻实行普选的原因，原敬只提到了迫于普
选运动的压力而实施普选不太好。但原敬应该是在因迫于
普选运动的压力而急于实施的普选中，感受到了以下危机
的吧。

如果当时实行男性普选，有选举权的人就会增加约十
倍。这样一来，候选人从前的势力将起不到任何作用，大
概他们会因此深感危险吧。原敬担心候选人会为了当选而
采取贿选等腐败行为，政党权力的正当性很有可能完全丧
失。原敬为了终有一天会到来的普选做好准备，阶段性地
推进选举法的修改，以求尽可能减小由此带来的变动
（伊藤之雄『原敬』下卷，第 29、30 章）。

就这样，首相原敬统领的政友会在 1920 年 5 月的
总选举中取得压倒性胜利，暂时稳定了普选运动的局
面。此外，在此之前，神户川崎造船所的争议及八幡制
铁所（现在的新日铁）的争议等较大的争议也通过内务
省、警察的力量解决了。对比山县有朋派寺内正毅内阁
统治时期的抢米风潮难以平定的情况后，元老山县有朋
终于认可原敬的才能，将其视为政治家，给予了他高度
评价。

元 老

使参谋本部妥协的首相原敬

因此，就从西伯利亚撤兵的问题，以首相原敬和陆相田中义一为中心的内阁确定了方针，并由陆相于1920年（大正九年）6月向参谋本部发出通牒。面对这种决定方式，参谋本部最终还是妥协了。按理说，撤兵是与作战相关的重要事项，根据当时的法令解释，撤兵必须由陆相和参谋总长进行协商后才会实施。虽然此次撤兵方针的决定与实施过程改变了现有法令解释中的惯例，但参谋本部方面不得不妥协，这是因为山县有朋支持原敬内阁的存续。

参谋本部接到内阁和陆相决定的撤兵计划之后，如果强烈反对这种操作方式，且不好好执行的话，首相原敬和陆相田中义一就会提交辞呈。这样一来，在应对普选运动和工人运动方面政府就会失去最值得依赖的原敬内阁，而且还会找不到可靠的首相候选人，这将成为使最有实力的元老山县有朋最苦恼的事情。

没有持续掌控陆军主要人事安排的山县有朋的支持，参谋本部就无法与首相原敬、陆相田中义一进行正面交锋。如果参谋本部进行反抗，原敬和田中义一不仅会提交辞呈，之后还会让山县有朋居间调停，并以同意留任作为交换条件，与山县有朋达成缩减参谋本部规模的计划。或许正是因为察觉到了这种情况，参谋本部才对原敬内阁采取了顺从的态度（伊藤之雄『原敬』下卷，第32章）。

首相原敬在宫中的权限扩大

大正天皇在皇太子时期曾希望赴欧学习，但由于明治天皇的反对，未能实现愿望。但是，宫中有让皇太子和皇族体验海外生活以增长见闻的氛围。这反映了国家为实现近代化而派遣各界优秀人才赴欧美学习的现象。

皇太子裕仁亲王（后来的昭和天皇）年满十八岁，于1919年（大正八年）5月7日完成了成年仪式。11月6日，首相原敬和元老山县有朋（枢密院议长）举行了会见，一致认为皇太子应该更多地接触政治、发展人脉并逐步适应，应该在结婚前游历欧美。但是，贞明皇后考虑到大正天皇正在生病，以及欧美有恐怖袭击等危险，反对皇太子游访欧美。因此，以元老山县有朋为中心，首相原敬、元老兼内大臣松方正义以及西园寺公望一致出力，并借助宫相中村雄次郎等人的力量说服宫中的相关人士，从而推进皇太子游访欧美一事。就这样，1921年1月16日，元老兼内大臣松方正义上奏天皇，获得其对皇太子历访欧美的御准。

元 老

但是，1920 年 12 月，被内定为皇太子妃的久迩宫良子女王有色觉异常遗传因子的问题浮出表面，且闹得越来越大。元老们一致请求久迩宫良子拒绝内定婚约，但遭到了久迩宫良子的反抗。在此期间，右翼（国粹主义）活动家的动向日趋激烈，因此，主张拒绝内定婚约的中心人物——元老山县有朋被逼入困境。

最终，1921 年 2 月 10 日，因宫相中村雄次郎的过失，宫内省向各大报社发布公告称内定婚约已完成，宫相中村雄次郎和次官石原建三（均属山县有朋派）引咎辞职。内大臣松方正义也于同月 18 日递交了辞呈。因此，山县有朋不得不于 2 月 21 日向天皇提交信件，申请辞去枢密院议长以及其他所有官职和恩赐，并继续在小田原的主宅"古稀庵"中接受上一年 12 月以来的禁闭处罚。

在此期间，从 1921 年 2 月 10 日前后开始，右翼势力把皇太子的出国也当作山县有朋的阴谋而进行了阻止。针对此种状况，首相原敬与山县有朋等人联手力争实现皇太子的出国之旅，在议会上通过了预算，并于 3 月 3 日使皇太子平安地从横滨港向英国出发。在此过程中，首相原敬掌握着皇太子赴欧问题的主导权，而这原本是应在元老尤其是山县有朋的指导下由宫相处理的宫中问题（伊藤之雄「原内閣と立憲君主制」，第四章 1）。

元老山县有朋依靠首相原敬

但是，在皇太子妃的选定问题上，山县有朋和松方正义两位元老因主张毁弃久迩宫良子女王的内定婚约而引咎辞职，申请辞去官职和恩赐，首相原敬等人将此理解为两位元老想辞去包括元老地位在内的一切职务，这样一来元老就只剩下了西园寺公望一人。本书之后也会阐述，这是元老制度的第三次存亡危机。

首相原敬要想让山县有朋就此下台并不是件难事。但是，原敬认为如果利用右翼运动做这样的事情，就会助长右翼运动的气焰，日本的社会秩序有可能会就此崩溃。这种想法与他对普选运动不抱有好感的原因是相同的。而且，原敬之所以能够统制陆军，是因为他与陆相田中义一联手，得到了元老山县有朋的支持，压制了参谋本部。

因此，在1921年（大正十年）3月15日，原敬向新上任的宫相牧野伸显表示，天皇不应该同意山县有朋和松方正义的辞职申请。此外，原敬还私下向山县有朋本人传达了会一直支持他的态度。

山县有朋依据自己对原敬的观察，认为原敬促成了裕仁皇太子的英国之旅，在议会中取得了漂亮成绩，因此对原敬更加有了好感。3月末，山县有朋甚至向深受其信赖的私人秘书松本刚吉说道："无论是（原敬的）人格，还是其处事方式，确实都很出色。"

此后，首相原敬与宫相牧野伸显商量，力争让天皇退回两位元老的辞呈，甚至于 5 月 18 日让天皇下达优诏（天皇特别嘉奖的敕令）来挽留山县有朋和松方正义。原敬可谓主导了政局。

之后，陆相田中义一因病辞职，在选定继任陆相等问题上，首相原敬进一步发挥了其对陆军的控制力。此外，在海军方面，原敬也通过支持政党内阁的海相加藤友三郎，将海军置于内阁的控制之下。而且，原敬还在裕仁皇太子赴欧期间的方针方面发挥了影响力，并基本掌控了由元老山县有朋和其手下的宫相所管辖的宫中事务。

1921 年（大正十年）4 月以后，大正天皇因病无法处理政务，于是原敬就设立摄政①的问题联合了新上任的宫相牧野伸显，同时取得了元老西园寺公望、山县有朋和内大臣松方正义的理解，然后开始推进此事。关于这个问题，元老兼内大臣松方正义和山县有朋于 1920 年 6 月中旬讨论过，但没有取得具体的进展。

最终，从 1921 年 9 月 29 日到 10 月 5 日，宫相牧野伸显得到了包括居皇族首位的伏见宫贞爱亲王在内的九家

① 指君主制下代替君主处理政务的行为，也指该种官职。

皇族的理解。以此为后盾，内大臣松方正义于 11 日拜访皇后，请求于 11 月陆军大演习结束之后尽快设立摄政，得到了皇后的同意（*伊藤之雄「原内閣と立憲君主制」，第四章 2*）。

换言之，首相原敬利用个体政治家的力量，最终掌控了元老山县有朋影响下的陆军和宫中。这的确是真正的政党内阁的开始。就这样，首相原敬通过把政敌元老山县有朋变成自己的支持者，并维持元老西园寺公望对自己的好感，使元老的影响力史无前例地得以减小（*伊藤之雄『原敬』下卷，第 32 章*）。另一方面，原敬使面临存亡危机的元老制度得以存续，并使其协助自己与政友会的政党内阁维持秩序。

大隈重信的新"元老"形式

在此，为了把话题集中在大隈重信身上，我们往前回溯一些时间。如前文所述，在寺内正毅内阁成立后，元老山县有朋曾想把大隈重信纳入元老之列，但由于元老松方正义和西园寺公望的反对，该想法没有落实，大隈重信也没有表现出想成为元老的意愿。

当预测到寺内正毅内阁即将垮台之时，从应该由众议院多数党党首掌握政权的立场出发，出现了两种观点。一

元　老

种认为应该让原敬成为继任首相（『東京朝日新聞』1918年〔大正七年〕9月10日「原内閣たらざる可らず」），另一种意见则认为西园寺公望是最合适的人选（『読売新聞』1918年9月15日「元老と内閣」）。当寺内正毅内阁的辞职只是时间问题之后，大隈重信分别于1918年9月19日、20日被召见两次，并两次进宫。

9月19日进宫接受天皇的询问之时，大隈重信向天皇禀报了当时的世界形势。之后，他以朝廷需要有识之士为由，提出加藤高明（宪政会总裁）是继任首相的合适人选，但他向天皇表示，自己需要更仔细地考虑一下，两三天之内再进宫回复，于是离开皇宫。大隈重信把此事告诉宫相波多野敬直之后，波多野敬直向他表示，花费两三天的时间也许会让天皇很为难，所以还是尽快回复为好，而且其他元老可能会推荐西园寺公望。大隈重信回复说"如果是这样，我明天就进宫禀报"，于是离开了。9月20日他再次进宫，向天皇推荐了西园寺公望（『原敬日記』1918年9月20日、23日）。

除大隈重信外，元老们都互相有所联系，西园寺公望打算推荐原敬，但山县有朋和松方正义推荐了西园寺公望。像这样，大隈重信以孤立于元老集团之外的形式推荐继任首相，并没有发挥实质性的影响力（『原敬日記』1918年9月20日、22日、23日、25日）。

　　大隈重信被召见是山县有朋的主意，在 9 月 19 日那天，原敬认为大隈重信也"享有元老待遇"（『原敬日記』1918 年 9 月 19 日、22 日），故推断大隈重信有可能成为元老。

　　此外，原敬发现，大隈重信把 19 日、20 日两次进宫一事向报纸记者们宣扬成"因受到天皇的极度信任而再度进宫"（『原敬日記』1918 年 9 月 20 日）。

　　宪政会（大隈重信）派报纸有如下报道。在 9 月 19 日上午的拜见中，大隈重信花费五小时向天皇上奏，从世界形势说到日本的"宪法政治"，表示为应对这个极度动荡的时代，需要"支持立宪的优秀人才"。但是，因谈及的话题与天皇询问的本意相异，所以大隈重信被要求于 20 日再次进宫答复，为此西园寺公望的召见只能往后推迟一天，改为 21 日。大隈重信于 20 日上午进宫，向天皇进行了"详细"的禀报。他表示，虽然从"理论"上来说加藤高明是继任首相的合适人选，但实际政治并不能只按"理论"来实施，如果其他元老从举国一致的必要性出发推荐西园寺公望，那么作为"权宜之计"，可以推荐西园寺公望为继任人选［『報知新聞』1918 年 9 月 20 日、21 日夕刊（20 日傍晚发行）］。大隈重信利用自己被天皇召见并询问继任首相人选一事，宣扬自己的存在，认为自己是与之前的元老并存的新"元老"。

元　老

　　大隈重信之所以积极参与寺内正毅内阁之后的继任首相人选推荐，大概就是出于这个目的吧。

　　另一方面，山县有朋希望通过让大隈重信参与继任首相人选推荐，增强元老权力的正当性。

大隈重信和三位元老的意图

　　如前文所述，西园寺公望率先与原敬达成协议，不接受继任首相的任命敕诏，谢绝就任首相之职。于是，1918年（大正七年）9月26日，继任首相人选推荐程序再启，元老山县有朋、松方正义、西园寺公望都推荐原敬，大隈重信推荐加藤高明，最终原敬被下达了组阁的敕命（『報知新聞』1918年9月27日）。以政友会为后盾的原敬内阁成立。

　　在此过程中，因大隈重信被召入宫中，回复天皇关于继任首相人选的咨询，所以在报纸中可以看到把大隈重信像山县有朋和松方正义等人一样视作元老的表述。然而，数日后报纸又发现山县有朋、松方正义接到的诏书中的词句和大隈重信、西园寺公望的有区别，故把山县有朋、松方正义称作元老，而把大隈重信、西园寺公望称作"准元老"（『東京朝日新聞』1918年9月21日「憲政の進步を害する者」，9月26日「我儘なる挙国一致論」）。

但是，除山县有朋以外的其他两位元老并不认可大隈重信是元老成员；大隈重信是有可能成为元老的人，因此并不能说他已成为元老。此外，当时对于元老山县有朋的非正式权力和行动的批判特别强烈，对于元老制度存在的质疑也持续不断地出现，因此大隈重信此时也并不想立即成为普通的元老。

此后，在原敬内阁的统治下，大隈重信拜谒东宫御所①，于 1920 年 5 月 6 日花费约一小时的时间拜访裕仁皇太子，又于次月 14 日向皇太子禀报美国的情况及其他事项，时间长达一小时以上（『昭和天皇実録』1920 年 5 月 6 日、6 月 14 日）。大隈重信的这些行为，可谓类元老的行动。

但是，同年 6 月 11 日，继在松方正义宅府开会之后，山县有朋、松方正义、西园寺公望三位元老再度聚集在西园寺公望的宅府进行了"密谈"，但没有邀请大隈重信 [『報知新聞』1920 年 6 月 12 日夕刊（11 日傍晚发行）]。此次"密谈"的内容不详，但从当时的时局以及三位元老齐聚的盛大场面来看，讨论久迩宫良子女王的色觉异常遗传问题的可能性很大。大隈重信并没有得到三位元老的充分信任，一旦讨论的是重大且

---

① 日本皇太子居住的殿舍。

具体的问题，他就会被排除在外。

接着，同年 9 月 24 日，大隈重信与松方正义、西园寺公望几乎在同一时间进宫问候天皇然后又离开（大隈重信上午 9 时 50 分从乾门进宫，11 时 50 分从坂下门离宫，松方正义当天上午 10 时 15 分从坂下门进宫，11 时 55 分从坂下门离宫，西园寺公望当天上午 10 时 20 分从坂下门进宫，11 时 50 分从坂下门离宫）。《读卖新闻》将此表述为一起"进宫的三位元老"（『読売新聞』1920 年 9 月 25 日）。

当时的宫相是山县有朋派官僚中村雄次郎，元老山县有朋一如既往地想维持元老权力的正当性，防止元老的根基被削弱，故想把大隈重信纳入元老之列。如前文所述，山县有朋想让久迩宫良子女王拒绝让她成为皇太子妃的内定婚约，为此也需要让大隈重信成为元老成员之一。此外，前一年（1919 年）的 7 月 3 日山县有朋拜访了大隈重信，5 日大隈重信拜访了山县有朋。正如《论日本对改造世界的立场》（『報知新聞』1919 年 7 月 5 日「世界改造に対する日本の立場を論究」）一文中描述的那样，这倒不如说是山县有朋主动寻求接近大隈重信，而大隈重信对此做了回应。

但是，一切并不能如元老山县有朋所愿。如前文所述，在此后发生的皇太子妃内定婚约废除问题、皇太子赴欧问题、摄政设立问题等涉及宫中关系的最重要问题上，大隈重信都不能参加山县有朋、松方正义、西园寺公望三位元老的会谈，不能参与实质性的讨论。大隈重信历来没有成为"旧式"元老的意愿是造成以上情况的原因之一，但相比此原因，更大的原因是元老松方正义、西园寺公望以及首相原敬都不喜欢大隈重信的参与。

面对元老制度存废问题的大隈重信
与原敬、山县有朋

如前文所述，山县有朋等元老在迫使久迩宫良子女王拒绝内定婚约一事上失败后，山县有朋、松方正义向天皇申请引咎辞职，辞去包括惯例式的元老地位在内的官职等。这样留下来的元老就只有西园寺公望一人。这不仅是两人的引退，也是关乎元老制度本身之存亡的第三次危机。

关于此问题，1921 年（大正十年）2 月中旬，《东京朝日新闻》以《某消息通谈》（「某消息通談」）为题刊载了一篇报道，认为山县有朋、松方正义、西园寺公望三位元老的引退是理所当然的（1921 年 2 月 14 日），暗中催促三位元老引退。此外，《读卖新闻》也表示，元老特别是主要责任人山县有朋应该尽早引退（1921 年

元　老

2 月 16 日「元老謹慎の急務」）。

　　与此同时，有报道称，大隈重信于 2 月 18 日在叶山拜谒了天皇，又于 20 日在东宫御所问候了裕仁皇太子。这些都是大隈重信自己申请的（『報知新聞』1921 年 2 月 19 日、20 日，『読売新聞』1921 年 2 月 19 日）。像这样，大隈重信开始到处宣扬新"元老"的形象。

　　而且，拜见天皇和皇太子后，大隈重信对元老发出批判，称山县有朋、松方正义和西园寺公望年纪太大，已难以回应国民的要求，本来，国民对元老的信任之意或重视元老的举动就是一种错误倾向（『読売新聞』1921 年 2 月 19 日）。此外，在接下来的 2 月 19 日，大隈重信又发出质疑，称：宫相中村雄次郎一个人引咎辞职，但山县有朋和松方正义安然无恙，这是怎么回事？《报知新闻》要求明确此事的真相和责任所在（『報知新聞』1921 年 2 月 20 日），并要求山县有朋和松方正义引退。大隈重信试图加剧元老制度的第三次存亡危机。

　　大隈重信一定企图在山县有朋、松方正义两位元老引退之后，推翻一直以来的元老制度，以新"元老"的身份成为天皇的顾问，抑制站在同等地位上的西园寺公望，逐步使宪政会总裁加藤高明掌控政权。这样一来，日本就能建立大隈重信主导下的英国式政党政治，加速推进政治、外交和宫中的改革了。

但是，首相原敬化解了元老制度的第三次存亡危机，维护了元老制度。原敬得到了元老西园寺公望的支持，说服了宫相牧野伸显，并促使天皇于 5 月 18 日下发优诏挽留山县有朋和松方正义（伊藤之雄『原敬』下卷）。就这样，山县有朋、松方正义之后仍以元老的身份活跃于政界。对大隈重信来说，这完全出乎意料。

首相原敬为什么要像这样保卫可称为宿敌的元老山县有朋的地位和政治生命呢？原因之一是，在久迩宫良子女王的婚约问题和皇太子的赴欧问题上，右翼运动家对宫内省和内阁施加了很大的压力；原敬为了表现不屈服于这种压力的姿态，便恢复了山县有朋的权力。换言之，原敬不想因右翼运动的压力导致社会秩序出现混乱或发生崩溃。

另一个原因是，原敬想维持陆军的秩序。根据《大日本帝国宪法》的规定，"天皇统帅陆、海军"（第十一条），统帅权独立于政府辖制之外，陆、海军直属天皇。因此，如果得不到内部实权者的协助而仅靠内阁，就很有可能难以统制陆军。原敬应该是希望陆军的最高实权者元老山县有朋能发挥作用，维持陆军的当前秩序，如前文所述的那样在此期间修改现有法令和组织，建立新的组织。西园寺公望也有和原敬相同的想法，计划支持山县有朋、松方正义恢复实权。[2]

元 老

大隈重信表露想成为元老的意愿

　　首相原敬虽然成功恢复了山县有朋的权力，但由于久迩宫良子女王的婚约问题，不仅是元老山县有朋，元老制度的整体权威也无法避免地受到了严重伤害。此处列举其中一个事例：1921 年（大正十年）6 月 2 日，就连《读卖新闻》也批评首相原敬不该阻止山县有朋、松方正义两位元老的辞职，并论述道"迄今为止推翻日本内阁的，要么是元老，要么是国民。元老的力量是我们所否认的"，而多数国民的力量可以打破这种"虚伪宪政之常规"，他们即使多少会有一些"不按常规出牌"，但也想看到立宪性质更强的内阁出现［1921 年 6 月 2 日「所謂憲政の常道」（政权的合理更替）］。

　　在这样的情况下，6 月 13 日上午，山县有朋前去拜访大隈重信，但不巧的是大隈重信不在家。但是，下午大隈重信回访了山县有朋，他们就当时的时局问题等进行了会谈［『報知新聞』1921 年 6 月 14 日夕刊（13 日傍晚发行），『東京朝日新聞』1921 年 6 月 15 日夕刊（14 日傍晚发行），「元老会議開かれん」（谈侯爵大隈重信）］。山县有朋知道大隈重信想让自己引退，但为了维护元老制度，他打算修复与大隈重信的关系。

虽然大隈重信的行为令人不快，但在山县有朋看来还是有与之合作的余地。首先，大隈重信不提倡普选。其次，关于久迩宫良子女王被内定为皇太子妃的婚约问题，当时希望内定婚约继续履行，并为之积极奔走的松平康国（早稻田大学教授）的手记透露，久迩宫良子一方的押川方义拜访了大隈重信，但是里面并没有大隈重信采取行动的迹象，如进宫请求继续推行内定婚约（刘田徹「宫中某重大事件に関する基礎的史料の研究」）。

6月13日，即与山县有朋进行会谈的次日，大隈重信做出如下论断：为了探讨原敬内阁统治下的"官纪风纪腐败"等时局问题，应该会召开元老会议。

今天其实出现了大英雄，他们无论如何都要为国家的前途带来一些光明。山县有朋也比去年我们见面时健康了许多。为了国家的前途，必须要召开元老会议。不过，陛下此时在巡游，本月或下月上旬将从沼津御用宅府回来，下个月下旬又将去日光行宫。期待在有空闲的时候再召开元老会议。[『東京朝日新聞』1921年6月15日夕刊（14日傍晚发行）]

从以上文字可以看出，既然元老山县有朋、松方正义的引退已被阻止，大隈重信也有意成为元老成员之一。此

元 老

外，还可以看出，所谓的给国家前途带来光明的"大英雄"，就是大隈重信和山县有朋，尤其是大隈重信；大隈重信自己也这么认为。

最终，大隈重信所说的元老会议没有召开。也许这是因为松方正义和西园寺公望都反对。

但是，宪政会派（大隈重信派）的报纸反映了大隈重信决定成为元老的心情。在大隈重信 9 月至 10 月下旬病情恶化的情况下，该报把大隈重信当作一名元老并做了如下论述。

　　侯爵大隈重信每一天都不曾轻视国民，国民也不能一日无侯爵大隈重信。大隈重信既是大正天皇的元老，也是国民的侯爵大隈重信。作为政治家，像他这样得到国民爱戴的人，自古以来屈指可数，可以说他与英国的格莱斯顿（前首相、自由党首领）相近。[『報知新聞』1921 年 10 月 23 日夕刊（22 日傍晚发行）]（现代语译文）

也许大隈重信自己对新元老的定位也是亲近国民、广受欢迎的形象吧。[3]

第九章

如何渡过危机

山县有朋去世后的西园寺公望

大隈重信未能成为元老

宪政会派报纸把大隈重信当作元老报道的两周后，因首相原敬遇刺，山县有朋生病，西园寺公望和松方正义在取得山县有朋的同意后，作为主导者推荐藏相高桥是清为继任首相，高桥是清内阁因此成立。大隈重信虽然从疾病中逐渐康复，但不仅没有接到天皇关于继任首相的咨询，就连元老们也没有邀请他参与商议。这是因为山县有朋生病，西园寺公望和松方正义两位元老掌握了主导权。

关于把大隈重信排挤在外，推选高桥是清为继任首相这一事，宪政会派（大隈重信派）报纸做出了如下批评。

元　老

　　把天皇陛下的元老大隈重信排挤在外，使其得不到辅佐君主的机会，这究竟是怎么回事？陛下认可侯爵大隈重信的元老身份，平时也对其特别关照，侯爵大隈重信想利用这样的机会表述自己的想法，这与其他三位元老不是一样吗？但是，其他三位元老擅自左右政局变动，夺取侯爵大隈重信表达意见的机会，这是随心所欲的行为，与陛下的意愿背道而驰。[『報知新聞』1921 年（大正十年）11 月 13 日夕刊（12 日傍晚发行）「元老等の私議」]（现代语译文）

　　从宪政会派报纸的批评，即其他三位元老排挤大正天皇认可的元老大隈重信是自私专断的行为，可以看出，今后元老若被认为没有推荐合适的人选为继任首相，丧失了作为元老的正当性，元老制度就很有可能被动摇，甚至发生崩溃。

摄政下发的"诏书"的意思

　　如前文所述，1921 年（大正十年）11 月 25 日皇太子裕仁亲王摄政。26 日，摄政裕仁允许内大臣松方正义侯爵、西园寺公望公爵拜见，并下达了以下"诏书"。

予如今摄政，之前天皇赐予卿等诏书，现在希望
卿等按照这些诏书的旨意，辅佐予。

公爵山县有朋、侯爵大隈重信都被授予了同样的
"诏书"（『昭和天皇実録』1921 年 11 月 26 日），但两人
因病无法进宫。

这份"诏书"的意思是，裕仁皇太子开始摄政，希
望四位根据大正天皇所赐予的各类诏书，成为皇太子的
"辅政者"。之所以使用"赐予卿等诏书"这一说法，是
因为一直以来如元老、宫中以及政界中枢所讨论的那样，
大隈重信接到的诏书与其他元老的不一样。另一方面，大
隈重信这次被摄政授予的"诏书"与山县有朋、松方正
义、西园寺公望的一样，这使想成为元老的他及其追随者
的自尊心得到了满足，也抑制了第二大党宪政会和大隈重
信等人对设立摄政的批判。

不可思议的是，除《东京日日新闻》（1921 年 11 月
27 日）以外，其他任何报纸都没有刊登以上诏书。而且，
即使是《东京日日新闻》，也仅仅对 11 月 26 日下午的
"朝拜仪式"进行了报道，即"松方正义、西园寺公望两
位元老以及首相高桥是清"最先拜谒摄政，摄政赐予
"两位元老""特别珍贵的诏书，对公爵山县有朋和侯爵
大隈重信也赐予了同样的诏书，并进行了宣旨"。从没有

元 老

刊登"诏书"内容这一情况来考虑，可判断与宫中关系紧密的《东京日日新闻》的记者从相关人员那里只得到了下达"诏书"这一消息，然后进行了独家报道，宫内省似乎并没有公布"赐予诏书"的消息。这也许是因为不想因这份"诏书"而让大隈重信已成为元老的误解进一步扩散吧。

此外，鉴于几乎掌握宫中实权的首相原敬遇刺，元老山县有朋生病，推进下达"诏书"的中心人物应该是内大臣松方正义和西园寺公望两位元老，以及宫相牧野伸显。经过与两位元老的各种形式的会见之后，在下达诏书前牧野伸显在日记中写道"松方正义与西园寺公望两位元老聚集到一起，就 11 月 25 日的会议以及善后事宜逐一进行说明，并完全达成一致"（『牧野伸顕日記』1921 年 11 月 24 日），从此处也可推断推进诏书下达的中心人物。[1]

之后，曾公开宣称要活到一百二十五岁的大隈重信于1922 年 1 月 10 日病故，享年八十三岁。如前文所述，山县有朋曾想将大隈重信纳入元老之列，大隈重信也曾在原敬内阁成立之际为推荐继任首相一事而进宫，而且还曾被当作元老报道，他自己也做过类似元老的举动。但是，因没有得到元老松方正义、西园寺公望的赞同，最终他没能成为元老就离开了人世。

山县有朋之死与两位元老

前文曾提及，在大隈重信病逝约两个月前的 1921 年（大正十年）11 月 4 日，首相原敬在东京车站被暗杀。11 月 8 日，元老山县有朋大力劝说西园寺公望组阁，但西园寺公望没有答应。结果于 11 月 10 日，西园寺公望向元老松方正义提议推荐藏相高桥是清为继任首相，得到了松方正义的同意。11 月 11 日，山县有朋也因这是另外两位元老商量之后的决定，而表示无异议，同意推荐高桥是清。山县有朋虽然私下里讨厌高桥是清，但不得不认可这位政友会首领。就这样，三位元老达成了共识，即如果政友会不行至末路陷入垮台的困境，且政友会首领高桥是清没有特别的问题，就将推荐高桥是清为继任首相。

山县有朋从原敬遇刺的前一天开始发烧，身体状况非常糟糕。之后，由于原敬之死的打击，其病情反反复复。变得消极的山县有朋想把自己信赖的私人秘书松本刚吉托付给西园寺公望。在山县有朋的命令下，松本刚吉于 1922 年 1 月 19 日来到位于静冈县兴津的西园寺公望的别墅"坐渔庄"，得到了西园寺公望的赏识。2 月 1 日，山县有朋就像熟睡一般死去[2]，与大隈重信一样享年八十三岁。

元 老

山县有朋去世后，元老就只剩下松方正义和西园寺公望两人，其中松方正义因高龄已无法成为可依靠之人，西园寺公望虽比松方正义年轻十四岁，但也已七十二岁，这在"人生仅仅五十年"的时代已是高龄。然而，西园寺公望当元老的时间才五年左右，只参与了寺内正毅、原敬、高桥是清三届内阁的诞生。

此外，大正天皇连形式上的政务也已完全不能处理。前一年 11 月裕仁皇太子虽开始摄政，但年仅二十岁的他还未习惯推荐继任首相人选的流程等。因此，元老的作用依然非常重要。

山县有朋自 1885 年（明治十八年）内阁制度创立以来，作为极具实力的藩阀官僚之一，后又作为元老之一，参与首相的选定长达三十五年以上。这位最有实力的元老的去世不仅有可能引发元老制度的第四次危机，恐怕还有可能导致大日本帝国的危机。

预料到这些的山县有朋打算把私人秘书松本刚吉推荐给西园寺公望，希望其至少可以帮助西园寺公望收集信息。

舆论暂时认可元老

在山县有朋去世约三个月后的 1922 年（大正十一

年）4 月末，以政友会为执政党的高桥是清内阁因内部分歧而陷入了困境。对此，《东京朝日新闻》原则上对元老制度持批判态度，认为在政权交替之际必须由元老推荐继任首相人选是"极其违背立宪性质的事情"。但是该报之后又表示，当前的现实是没有元老的参与就无法进行政权交替，"即使内阁发生更迭，最终也是元老西园寺公望前往东京，召开元老会议，按照预定的计划来办理"，以元老西园寺公望为中心的政权交替是不可避免的既定事实（1922 年 4 月 25 日）。

该报认为，原则上应该由众议院多数党首领掌管政权，因此该报一直以来都对元老和元老制度持否定态度。该报之所以用"暂时"这一限定词来主张以元老西园寺公望为中心的政权交替是不可避免的，是因为政友会、宪政会失去了国民的信任。它因此转而希望西园寺公望"高瞻远瞩地观察时势"，制定人心所向的大政方针（1922 年 4 月 25 日）。[3]

元老制度的第四次危机

然而，在山县有朋去世约四个月后的 1922 年（大正十一年）6 月 6 日，也就是高桥是清内阁因内讧提交辞呈后，发生了与《东京朝日新闻》4 月末时的预想不同的情

元　老

况。这是因为西园寺公望碰巧在 6 月 5 日生病了。宫相牧野伸显建议摄政裕仁咨询元老的意见，摄政欣然接受。6月 6 日牧野伸显与松方正义商议，两人都同意推荐海相加藤友三郎为继任首相。此外，松方正义在接到摄政的咨询之时，向摄政表示自己将在与枢密院议长清浦奎吾和大将山本权兵卫（萨摩，海军中的老前辈）商量之后再做答复。

在此次推荐继任首相的过程中，宫相牧野伸显想通过元老松方正义做的事情是，在元老健在的情况下，使山本权兵卫和清浦奎吾作为元老见习者，参加继任首相人选推荐的协商会议。这是扩大天皇（摄政）咨询范围的举动。

继任首相人选在 9 日前按照松方正义、牧野伸显的计划确定了，12 日，稳健派海军大将加藤友三郎（前海相）主导的内阁（政友会是准执政党）成立了。当时，山县有朋希望平田东助（原山县有朋派官僚、前内相）成为下一任内大臣，在久迩宫良子女王的皇太子妃问题上，平田东助作为内大臣府的御用人员参加了元老会议，但完全没能参与关于继任首相人选问题的讨论。同是萨摩出身的宫相牧野伸显和元老松方正义主导了此次的事态发展，西园寺公望和平田东助对此表示不满（伊藤之雄『昭和天皇と立憲君主制の崩壊』，42～43 页、46～47 页）。原本宫相是宫内省的负责人，虽然是重要职位，但之前从未积极参与继任首相人选的推荐，因此牧野伸显的参与是前所未有的。终于，元老制度的第四次存亡危机出现了。

由于高龄和病弱，松方正义想辞去内大臣一职，因此在之后的 9 月 18 日，平田东助被任命为内大臣。第二天，宫相牧野伸显以对等的立场与内大臣平田东助见面，请求其协助。平田东助当时七十三岁，不仅比六十岁的牧野伸显年长，而且曾是山县有朋派的法制局长官，处于第二次山县有朋内阁的核心位置。另外，从成为阁僚的时间来看，平田东助是 1901 年（明治三十四年）6 月（农商相），早于牧野伸显的 1906 年 3 月（文相）。尽管如此，宫相牧野伸显仍以强势的态度会见了内大臣平田东助。这是因为牧野伸显掌控着宫内省，非常自信。

如元老西园寺公望所预见的，如果宫相牧野伸显超越宫相的权限，试图利用元老松方正义来轻易地扩大天皇的咨询范围，特别是以萨摩派的身份奔走，就会使元老丧失推荐继任首相的正当性，导致元老制度陷入危机。

但平田东助也是经验丰富且实力雄厚的原山县有朋派政治家。在其就任内大臣三个月左右之际，加藤友三郎内阁和枢密院在"中日邮政协定"（关于撤除中国国内存在的日本邮局的协定）问题上产生分歧，平田东助出面调解，甚至利用摄政皇太子的"诏书"解决问题，帮助了加藤友三郎内阁（三谷太一郎「大正期の枢密院」，松田好史『内大臣の研究』，60～62 頁）。这是以元老西园寺公望和政友会首领横田千之助支持加藤友三郎内阁为前提采取的行动（伊藤之雄『大正デモクラシーと政党政治』，127～128 頁）。就这样，西园寺公望和内大臣平田东助加强合作，让宫相牧野伸显产生一种被孤立的感觉。

元老西园寺公望主导的继任首相推荐方式

最终，宫相牧野伸显感觉到了元老西园寺公望的戒备，为了在宫中不被孤立，他觉得很有必要改善与西园寺公望的关系。1923 年（大正十二年）8 月，首相加藤友三郎的病情恶化之后，在萨摩派之间，试图推荐同派长老山本权兵卫为继任首相的运动不断发酵，但宫相牧野伸显为避免被牵扯其中，行动非常谨慎。这次，相比西园寺公望，松方正义的身体状况更差。

8 月 17 日，牧野伸显拜访西园寺公望，向其传达了山本权兵卫有意向接手政权以及各方实力派人士对山本权兵卫抱有强烈期待等消息，西园寺公望听后十分高兴。在当天的商谈中，西园寺公望和牧野伸显还决定这次不和元老以外的人进行商量（松方正义知情）就直接回应咨询，确定了摄政咨询时的应对方式。

成熟老练的元老西园寺公望利用元老松方正义身体状况不太理想的情况，与宫相牧野伸显商量继任首相人选的推荐方式，并最终确定只有元老才能参与推荐。就这样，西园寺公望阻止了宫相牧野伸显和松方正义共同推进的关于继任首相推荐事宜的构想，即扩大天皇（及摄政）的咨询范围，使清浦奎吾和山本权兵卫也接受咨询，并将他们视作未来的元老。此外，西园寺公望还拒绝了宫相牧野伸显提出的继任首相的实质性人选和元老制度的修改方案。

西园寺公望反对元老以外的人随意增加元老的数量或修改元老制度。因此，他拒绝轻易把咨询范围扩大到清浦奎吾和山本权兵卫并逐步将两人纳入元老之列，也拒绝宫相牧野伸显的干涉。特别是在山县有朋死后，西园寺公望表现出了作为元老的强烈责任感。

两天前，即8月15日，内大臣平田东助接到摄政关于内阁更迭之际的善后处理的咨询，打算答复摄政可采用咨询元老的方式决定怎样进行善后处理。此事通过西园寺公望的私人秘书松本刚吉，于16日或18日传达给了西园寺公望。

在这样的情况下，8月24日首相加藤友三郎去世后，25日摄政就善后处理问题咨询内大臣平田东助的意见，平田东助答复"应该咨询元老松方正义和西园寺公望"。随后，两位元老接到咨询，8月27日山本权兵卫被推荐为继任首相，并于 9 月 2 日成立了第二次山本权兵卫内阁。西园寺公望接受了平田东助关于内阁更迭之际摄政就善后处理问题咨询内大臣这一建议。

咨询内大臣的意义

关于摄政咨询内大臣，应将其看作可向内大臣咨询继任首相人选，还是看作为防备今后元老发生不测的情况而进行的预演（也就是趁元老健在之时进行的形式上的咨询）？这两者的意义完全不同。如前文所述的事情经过，当时，以元老为首的内大臣和其他宫中核心人物也并不认为内大臣接受了实质性的咨询（伊藤之雄『昭和天皇と立憲君主制の崩壊』，43 ~ 44 頁）。[4]

山本权兵卫内阁因针对摄政裕仁皇太子的狙击事件——虎门事件①，于 1923 年（大正十二年）12 月 27 日递交了辞呈。效仿推荐前一届继任首相的方式，摄政裕仁向内大臣平田东助咨询善后措施，平田东助表示要咨询松方正义、西园寺公望两位元老。接着，他向元老们传达了摄政的咨询。

西园寺公望和推荐山本权兵卫之时一样，选择了原山

---

① 指暗杀摄政的裕仁亲王未遂事件。

县有朋派官僚——枢密院议长清浦奎吾，作为计划于1924年举行的总选举的执行内阁首相。正如前文所述，这是因为1920年5月举行的总选举规定，即使议会没有解散，首相也须在就任一年内举行总选举。松方正义也同意推荐清浦奎吾。1924年1月7日，清浦奎吾内阁成立了。

但是，国民不理解两位元老的意图，将清浦奎吾内阁批判为官僚内阁，发起了第二次护宪运动。不出所料，5月10日的总选举结果是对抗当届内阁的三大护宪派取得压倒性胜利（宪政会151票、政友会105票、革新俱乐部30票），从政友会分裂出去成为执政党的政友本党仅获得了109票。这时，元老松方正义因重病处于意识模糊的状态，实际上只有西园寺公望一个元老了。

这里有两个问题。其一是如果把政权交给选举获胜的三大护宪派的话，是只推荐第一大党宪政会的首领加藤高明（前外相）为继任首相，还是同时推荐作为三大护宪派之一的实力派政党政友会的总裁高桥是清（前首相）呢？同时给两个人下令让其组阁的先例是，约二十六年前第一次大隈重信内阁（隈板内阁）成立时大隈重信和板垣退助的共同组阁。

其二是，在首次出现的元老实际上只剩一位的情况下，是让西园寺公望一人作为顾问，还是采用让内大臣和枢密

元　老

院议长等其他人也接受咨询的多个顾问的形式？这是一次
关乎重大选择的奉答。仅由西园寺公望一人接受询问能否
确保继任首相人选的正当性，是一个值得考虑的问题。

　　6月7日，首相清浦奎吾提出辞职后，摄政就善后处
理问题咨询内大臣平田东助的意见，平田东助表示要咨询
元老。两位元老接到了咨询，但据说松方正义以生病为由
拒绝了。第二天（8日），西园寺公望通过敕使推荐了加
藤高明一人，而松方正义因重病建议同时咨询内大臣平田
东助。

　　从以上过程中也可以确定，如前文所述，只要元老健
在，最初对内大臣平田东助的咨询就没有实质性的意义，
而只是一种形式而已。

　　于是，基于西园寺公望的奉答，6月9日摄政还咨询
了内大臣平田东助的意见。平田东助和西园寺公望一样推
荐了加藤高明（「加藤内閣成立の顛末」『松本剛吉政治
日誌』，319～320頁）。就这样，6月9日摄政下令让加
藤高明组阁，11日以三大护宪派为执政党的第一次加藤
高明内阁成立。元老制度暂时摆脱了山县有朋死后出现的
第四次存亡危机。

第十章

首相推荐新方式

掌权者西园寺公望

西园寺公望不增补元老的原因

1924 年（大正十三年）7 月 2 日，元老松方正义去世，享年八十九岁。于是，元老就只剩下七十四岁的西园寺公望一人。本质上如何暂且不论，至少在形式上此前从来没有由一名元老推荐继任首相的情况。在大正天皇因病设立摄政的情况下，元老权力的正当性能否得到保障？关乎元老存亡的不安定因素依然存在。

但是，如前一章所述，在元老的中心人物山县有朋去世的 1922 年 2 月之后的约两年半时间里，西园寺公望作为元老掌控着宫中，并确立了以宫中为中心的权力中枢，

元 老

确保了自己推荐继任首相人选等政治方面的权威。

在这里有两个大问题。其一是，当时日本的政党还不够成熟，比起追求整体的公共利益，他们更倾向于追求推进自己选举区内的公共事业等地方利益。此外，由众议院（下院）实力最强的领袖组阁这一英国式惯例并没有充分确立下来。为了确立这一惯例，西园寺公望利用自己作为元老所拥有的权力，尽可能地通过促进政党健康发展的方针来选定下一任首相。

另一个问题是，当前元老只剩下一人，如果不增补新的元老，那么万一年事已高的西园寺公望有什么不测，就不会再有人向摄政裕仁皇太子推荐继任首相了。即使有人能作为顾问回应摄政（天皇）的咨询，能促进政党政治健康发展的元老将仍然缺位。

也有研究者表示，西园寺公望因为反对元老制度，故没有补充新的元老。这一观点的依据是，第一次山本权兵卫内阁成立时，西园寺公望曾发言表示将来可以废除元老制度，由众议院多数党首领掌控政权（第六章）。不过，这是对西园寺公望关于未来理想的表述的肤浅解读。西园寺公望是老练的政治家，在看清现实后才会行动，此观点可以说没能理解这一点。

前文已经表明，且从后文将要谈到的西园寺公望的言行中也可以看出，西园寺公望没有增补元老的原因是，没有和他具有相同价值观（对于"元老应该是怎样一种存在"的看法）的合适人选。西园寺公望没有增补元老只是一种结果，他并非以此为目的。

在松方正义去世的 1924 年 7 月，像西园寺公望一样历任过首相、阁僚的实力派人物，只有山本权兵卫（萨摩出身，两次任首相，在三届内阁中任海相达七年以上）。山本权兵卫在第一次组阁时与原敬、政友会合作，开展了抑制山县有朋派阀特别是陆军的改革，对政党政治的发展怀有好感。然而，在第二次组阁后执掌政权的他没有与萨摩派拥护山本权兵卫内阁的运动保持距离。西园寺公望和内大臣平田东助反对将具有浓厚萨摩派色彩的山本权兵卫纳入未来的元老之列。

原敬如果还在世，无疑会成为一名元老。

此外，三大护宪派在选举中取得胜利后，西园寺公望推荐三大派系中获得众议院最多议席的宪政会首领加藤高明担任首相。这是因为西园寺公望知道加藤高明对于"对华二十一条要求"的态度发生了转变。西园寺公望曾经认为"对华二十一条要求"有很大的问题，而加藤高明强辩其是合理的。加藤高明以英国式政党政治为理想，这在内政方面当然没有问题；但问题是加藤高明当时不够成熟，他在认识到第二次大隈重信内阁时期的外交政策失败后，却依然强辩它是成功的。加藤高明在远离政治中心且历经近九年的磨炼之后，终于克服了不成熟的问题。西园寺公望对此表示赞赏。加藤高明内阁任用币原喜重郎担任外相，开展了以美国为中心的欧美协调外交。这是首相原敬制定的方针。

20 世纪 30 年代后半期，西园寺公望把加藤高明与木户孝允、大久保利通、伊藤博文等人一起评价为"了不起的人物"（『陶庵公清話』，98 頁）。从此评价中也可以推测，如果加藤高明顺利且圆满地完成首相任期，西园寺公望就会将加藤高明纳入元老之列。

牧野伸显担任内大臣

让我们现在回到实际的历史发展中。1924 年（大正十三年）12 月 15 日，内大臣平田东助因生病向西园寺公望和宫相牧野伸显提出了辞职申请。本来元老就只剩下了西园寺公望一人，若再无内大臣，西园寺公望万一发生不测，推荐继任首相的惯例就可能无法延续，宪法制度的巨大危机也可能由此引发。

在后一年的 1 月中旬至 2 月中旬，西园寺公望多次与宫相牧野伸显商谈继任内大臣的问题，决定将牧野伸显定为内大臣。卧病在床的内大臣平田东助也认为除牧野伸显外无其他更好的人选。牧野伸显的继任宫相被确定为当时的枢密院副议长一木喜德郎（前内相）。最终摄政裕仁皇太子宣布了此结果，3 月 30 日，牧野伸显和一木喜德郎被分别任命为内大臣和宫相。

牧野伸显在担任宫相的四年多的时间内，把宫内次官等人纳入麾下，掌控了宫内省；此外，他获得了西园寺公望的支持，成为内大臣，不仅得到了名誉，还得到了包括继续掌控宫内省在内的宫中的实权。

西园寺公望担心牧野伸显采取萨摩派式的行动，对于给予牧野伸显这样的实权也曾有几分犹豫。但是，高龄的西园寺公望为了履行其作为仅存的元老的责任，很有必要在位于气候宜人的静冈县兴津的宅府"坐渔庄"生活，与其他政治家保持适当的距离，仅在必要时前往东京，从而保持健康。除牧野伸显之外，西园寺公望没有发现能代替自己监督宫中日常、教育摄政裕仁皇太子的人才（伊藤之雄『元老西園寺公望』）。

不管怎样，虽说身居摄政职，裕仁皇太子才二十三岁，十分年轻，对于内相、宫相这类重要职位的人事安排毫无发言权，元老西园寺公望才是决定相关人选的中心人物。这里值得关注的是，元老西园寺公望作为唯一的元老，掌握了内相、宫相这类宫中要职的人事决定权。[1]

此后，西园寺公望接受首相加藤高明的委托，于 1925 年 3 月说服贵族院中的实权者在议会上为通过普选法案提供支持（松尾尊允『普通選挙制度成立史の研究』

Ⅲ部 第四章，奈良岡聰智『加藤高明と政党政治』，第六章，松本刚吉「老公更に人物を月且す」「松本剛吉文書」）。

没有迹象表明西园寺公望对首相原敬的普选渐进论提出了异议。从前者对后者的评价来看，西园寺公望原本并非普选论者。但是，看到国民在 1924 年总选举中对普选的期待值异常高涨的情况，西园寺公望认为不得不在此次议会上通过普选法案。

作为元老西园寺公望的"预备后继者"的
内大臣牧野伸显

之后，因三大护宪派内阁中的政友会和宪政会的对立，1925 年（大正十四年）7 月 31 日首相加藤高明提交辞呈。西园寺公望和内大臣牧野伸显支持加藤高明组建宪政会自己的内阁。

摄政向内大臣牧野伸显咨询善后处理意见，牧野伸显答复称需要参考元老的意见。这种咨询沿袭了第二次山本权兵卫内阁成立时形成的惯用方式，那时内大臣平田东助接受了摄政裕仁皇太子的咨询。

西园寺公望接到关于继任首相的咨询后，向牧野伸显寻求意见。两人一致同意再次推荐加藤高明为继任首相人选。牧野伸显向摄政禀报了西园寺公望的意见。西园寺公望寻求牧野伸显意见的原因，并不是将其作为地位平等的商议对象，而是元老只剩下自己一人，想为了有所参考，但最终做决定的还是元老西园寺公望一人。

然而，就西园寺公望的答复，摄政裕仁皇太子又重新咨询了牧野伸显的意见，于是，牧野伸显回答称自己与西园寺公望意见相同。就元老的答复咨询内大臣的意见是前所未有之举。摄政裕仁皇太子在后来成为天皇之后也一直沿用这种咨询方式，由此可见，二十四岁的摄政裕仁皇太子出于责任感在非公开的情况下开创了新的惯例。

以上偶发事件之所以出现，是因为为了使摄政裕仁皇太子提前了解政治，牧野伸显从就任内大臣起就开始有意识地上奏当时的政治流程。于是，牧野伸显和摄政的关系逐渐变成政治上的师徒关系。因此，摄政对元老和内大臣一直以来的权力没有进行深刻的思考，很随意地询问了牧野伸显的意见（伊藤之雄『元老西園寺公望』）。

本来，牧野伸显应该委婉地规劝摄政，就继任首相人选问题回应摄政咨询应该是元老的责任；但牧野伸显出于支持摄政的责任感，回答称自己的想法和西园寺公望一样。不过，牧野伸显虽有责任感，想增强自己在继任首相推荐方面的参与度，但没有取代元老的野心。

摄政针对元老的答复咨询内大臣牧野伸显意见的偶

然事件虽然发生了，但最终摄政再次下令让加藤高明组阁，8 月 2 日只以宪政会为后盾的第二次加藤高明内阁成立。

加藤高明在第二次内阁成立半年后的 1926 年 1 月 28 日，由于在议会中过度劳累，突然病故了。这次关于继任首相人选推荐的咨询与前一年的咨询方式相同。但是，内大臣牧野伸显在会见西园寺公望的私人秘书中川小十郎时，针对继任首相人选提前表达了自己的意见。此外，召见元老西园寺公望的敕使侍从长入江为守为了慎重起见，询问了牧野伸显的意见，因此牧野伸显把曾向中川小十郎传达的想法同样告诉了入江为守。牧野伸显从回到东京的中川小十郎和入江为守口中了解到，西园寺公望有同样的想法，且他事先知道了牧野伸显的意见，因此放心了。

1 月 29 日，元老推荐同属宪政会的若槻礼次郎（前内相）为合适人选后，摄政裕仁皇太子便召见牧野伸显，向其表明了西园寺公望的想法，并询问了牧野伸显的意见。牧野伸显表示自己有同样的想法（伊藤隆、広瀬順晧編『牧野伸顕日記』1926 年 1 月 28、29 日）。于是，若槻礼次郎于 1 月 30 日第一次组建内阁。

摄政这次在得到西园寺公望的回复后，又咨询了内大臣牧野伸显的意见。而且，牧野伸显按照中川小十郎和敕使侍从长入江为守的要求，事先向西园寺公望表达了自己对继任首相人选的想法。但是，如在下一节中描述的那样，元老和内大臣的权力有很大差距，并不能说在继任首相人选问题上内大臣牧野伸显也接受了实质性的咨询。

西园寺公望一人改变继任首相推荐方式

1926 年（大正十五年）10 月 28 日，在内大臣牧野伸显拜访元老西园寺公望时，西园寺公望说，前几日自己向摄政禀报了政权更迭之际的应对方法。

该方法就是"今后在政权更迭之际，就继任首相推荐问题咨询元老的同时，也咨询内大臣"。此外，在西园寺公望去世后，便主要咨询内大臣，如果内大臣为了有所参考想与其他人商量或向别人征求意见，就在取得敕许后与目标人物进行商谈。在西园寺公望上奏的时候，摄政裕仁皇太子没有发表任何意见。11 月 4 日，西园寺公望将以上上奏内容也告诉了宫相一木喜德郎，以便他提供参考意见，牧野伸显当时也在场（『牧野伸显日记』1926 年10 月 28 日、11 月 3 日）。

西园寺公望上奏的内容以及牧野伸显和摄政对此内容的反应等，反映了与元老制度相关的各种有深意的问题。

第一，元老西园寺公望根本没有与内大臣牧野伸显商量，就突然上奏摄政。虽未正式公开，但通过摄政、元老

元　老

西园寺公望、内大臣牧野伸显以及可提供参考意见的宫相一木喜德郎都认可的形式，继任首相推荐的新方式确定了。在元老和内大臣间，元老拥有压倒性的权力。考虑到这一现实情况，可以说即使推荐方式发生变化，实际上推荐的权力还是由西园寺公望一人掌握。关于此事，年轻的摄政连发言的权力都没有。

第二，尽管如此，听闻这些的牧野伸显仍表示"听到刚才这样的内部消息，唯感自己责任重大而才能不及，内心充满惶恐"（『牧野伸顕日記』1926 年 10 月 28 日）。这是因为牧野伸显感到自己在继任首相推荐方面的责任更加重大了。

这意味着，为了应对元老发生不测的情况，在形式上咨询内大臣的惯常做法，此次变成元老西园寺公望同意向内大臣进行实质性的咨询并上奏摄政，全新的亮点出现了。此外，主要就西园寺公望去世后的推荐方式咨询内大臣，这一点也是新要素。当时出现这样的情况，是因为加藤高明于 1 月病故后，西园寺公望没有找到能够成为元老的人才，于是放弃增补新的元老。

然而，元老西园寺公望和内大臣牧野伸显的权力差距依然非常明显。如下文将叙述的，对于天皇的咨询，虽然元老西园寺公望在考虑内大臣牧野伸显意见的基础上，向天皇推荐继任首相，但这并不是以两个人的名义，而是以元老西园寺公望的名义回应咨询。换言之，继任首相仍是由西园寺公望一个人的决断来确定的。[2]

昭和天皇统治下的第一次政权更迭

1926 年（大正十五年）12 月 25 日，大正天皇驾崩，享年四十七岁。当天，二十五岁的摄政裕仁皇太子登基（事实上的即位）。他的父亲晚年时因病弱存在感很弱，而年轻健康的裕仁皇太子在赴欧留学后就备受国民期待。此外，他生来就一本正经，经内大臣牧野伸显教导后，对政治的责任感和对权力的欲望变得非常强烈。

昭和天皇登基后的第一次政权更迭发生在 1927 年（昭和二年）4 月 17 日，发生原因是若槻礼次郎内阁未能平息金融恐慌。当天，预测到若槻礼次郎内阁可能会垮台后，内大臣牧野伸显、宫相一木喜德郎、侍从长珍田舍己、侍从次长河井弥八进行商议，就组阁统一了意见。

天皇向内大臣牧野伸显进行咨询，牧野伸显表示要咨询元老西园寺公望。因西园寺公望此时住在京都的"清风庄"，故天皇任命侍从次长河井弥八为敕使，派其前往京都。敕使向西园寺公望传达了天皇的咨询，以及内大臣牧野伸显想推荐政友会总裁田中义一（前陆相）的意向（这是牧野伸显、一木喜德郎、珍田舍己、河井弥八的共同想法）。以众议院第一大党宪政会作为执政党的内阁因陷入困境而解散，于是有了由率领众议院第二大党的政友会总裁田中义一组阁的提议。

该提议本身的内容就是促进政党内阁发展的妥善之策。敕使将内大臣牧野伸显的意见正式传达给西园寺公望是一个新举动。前一年 10 月，西园寺公望上奏摄政裕仁皇太子后确定了继任首相推荐的新方式，而此次就是在使用这种新方式。新方式的要旨是应向内大臣进行实质性的咨询，牧野伸显将之付诸实践。

西园寺公望表示推举田中义一为继任首相的提案与自己的想法一致，立即同意了，并于 4 月 19 日作为元老正式推荐了田中义一。接着，天皇召见内大臣牧野伸显，就西园寺公望的答复咨询其意见，牧野伸显表示自己将在离宫与宫相一木喜德郎商议后，再同一木喜德郎一起拜见天皇并回应咨询。[3] 之后，田中义一接到天皇要求自己组阁的敕命，于 4 月 20 日以政友会为执政党组阁（伊藤之雄『昭和天皇と立憲君主制の崩壊』）。

元老正当性的确立及西园寺公望的课题

推荐继任首相的新方式开始顺利推行。如前文所述，从日俄战争前开始，新闻舆论出现了质疑元老的正当性的争论，之后争论也持续存在。但是，发展到由元老西园寺公望一人推荐继任首相的时候，这样的争论早已不存在了。这是因为西园寺公望对元老制度的运用得到了较高的评价。就这样，山县有朋死后不久出现的第四次元老制度存亡危机最终得以化解。此外，即使西园寺公望发生意外，继任首相的推荐也不会被耽误。

遗留下来的问题是，对几乎没有接受作为天皇应该接受的政治训练的年轻的裕仁，当时已七十七岁高龄的元老西园寺公望该如何进行引导？西园寺公望将此重任基本上交给了内大臣牧野伸显。

在政治生活方式方面，西园寺公望的偶像应该是山县有朋。日俄战争后，六十九岁的山县有朋开始在小田原建造宅邸"古稀庵"，并在七十五岁左右开始在"古稀庵"越待越久。西门子事件后，他让元老大山岩担任内大臣，负责宫中的日常工作，而他自己在关注自身健康状况的同时，履行着作为元老中的最高实权者的职责。西园寺公望此时的年龄已超过了当时的山县有朋。平时西园寺公望把宫中的事务交给牧野伸显，自己则在位于兴津的"坐渔庄"生活，关注重要的信息，以更好应对政权更迭。也许，西园寺公望的目标就是，在注意身体健康的同时完成元老的任务，直至政党政治稳定下来，元老不再必不可少。

第十一章

昭和天皇的青春
年少与理想

西园寺公望的不安与苦恼

对年少的天皇的批判

牧野伸显虽然是诚实而有实力的政治家，但未曾经历明治维新和新国家体制的建立过程中的种种混乱。此外，他虽然有担任外相、文相和农商相的经历，但没有作为首相负责国家整体事务的经历。尽管他在担任四年宫相后成为内大臣（天皇近侍），但是在辅佐年少的天皇一事上还是稍显经验不足。

这一点在田中义一组阁的四个月后开始显现。田中义一内阁主要以众议院的第二大党为后盾，因此以能影响到大选结果的内务省的次官、局长、知事等为中心，在组阁后的五十多天里对五十六名人员进行了人事调动。虽说田中义一内阁的人事变动着实很大，但考虑到第一次加藤高明内阁的情况，波及几十人的人事变动也并非没有先例。

昭和天皇却将此看得很重，1927 年（昭和二年）6 月 15 日，他向内大臣牧野伸显征求意见，询问是否应该对首相田中义一予以警告。自明治天皇时代以来，这是前所未有的事情。牧野伸显想出一个良策奏报天皇，即让元老西园寺公望于无意中从内大臣（即他自己）口中得知天皇十分担心内阁，然后借元老西园寺公望之口来向田中义一发出警告。

牧野伸显拜访了西园寺公望，并得到了"同意照办"的承诺。但西园寺公望并没有直接警告田中义一，只是向他传达了天皇的担心，并让他直接询问牧野伸显具体情况。可以说，西园寺公望并不想让自己和天皇干涉这样的事情。

首相田中义一从牧野伸显那里详细了解了天皇的担忧，并决定在 8 月 18 日向天皇说明人事调动的合理性。结果却是，牧野伸显在 29 日直接向首相田中义一表达了天皇的警告意思，导致 30 日首相田中义一向天皇谢罪。

即使发生了此事，它也不能说明作为政治调停者的昭和天皇已经具备在必要情况下施加影响的权威。在这年的

元老

秋天，枢密院副议长平沼骐一郎（前法相、检事总长）等右翼人士，以及与其亲近的有势力的官僚纷纷开始议论天皇。

例如，近年来天皇"亲政"的影响力逐渐"式微"；或者天皇的意志不够坚强，比不上秩父宫（比天皇小一岁的弟弟）等（「倉富勇三郎日記」1927 年 10 月 12 日、11 月 15 日）。

就在昭和天皇苦于难以提高自己的权威的时候，本应该对天皇权威进行补足的元老西园寺公望也在第二年即 1928 年 1 月末病情加重。到了秋天，每天几乎有一大半时间他都无法起身。这一年还爆出了与西园寺公望的第三任"妻子"（情人）花子有关的丑闻，即这位比西园寺公望小四十五岁的女中头①怀上了别人的孩子。虽然花子最终被扫地出门，但是"坐渔庄"的风波不易散去。再加上接下来将要讲到的对皇姑屯事件的处理问题，西园寺公望罕见地表现出消极的态度，任凭牧野伸显处理事务的倾向日益明显。大概是自身的病情加上"坐渔庄"事件的打击让西园寺公望心灰意冷了吧（伊藤之雄『元老西园寺公望公望』）。

---

① "女中"指负责家务的女性帮佣，或日式传统旅店和料理店内接待客人、负责杂务的女性店员。"女中头"即女中内级别最高的负责人。此处指在西园寺公望家中服侍他的奥村花子。

对皇姑屯事件的应对

在西园寺公望忍受疾病之痛，每天有大半时间几乎卧床不起的期间，1928 年（昭和三年）6 月 4 日，驻扎在满洲的关东军（为确保日本在南满洲的势力而驻扎的部队）中的河本大作大佐等人，引爆了满洲军阀张作霖乘坐的火车，杀害了张作霖。河本大作等人计划占领满洲，在关东军负责警备的南满洲铁路沿线制造了火车爆炸事件，并试图嫁祸于与张作霖对立的国民革命军（由蒋介石统领）的间谍。

但是，真相很快大白，并传遍当地。西园寺公望也在事件发生的一两个月后较早地得知了真相，并暗中向首相田中义一表明应该坚决处罚河本大作等人的态度。12 月 24 日，首相田中义一拜谒天皇，似乎向天皇陈述了肇事者为日本陆军，且表示如果证据确凿，自己就会在军法会议上做出处罚。

但是，陆军首脑反对公布真相。1929 年 3 月 27 日，陆相白川义则就事件进行了上奏。最终结果是，虽然经调查河本大作的罪行已明了，但是揭露事件的真相对日本来说极其不利，陆军方面因而希望不要将真相公之于众，而只是以军纪规范河本大作的行为（永井和『青年君主昭

元 老

和天皇と元老西园寺』)。

对此结果,内大臣牧野伸显和昭和天皇只能选择接受。这是因为如果天皇不认可陆军上下的一致决定的话,陆相就很有可能会辞职。如此一来,内阁便会垮台,对于权威不高的年少的天皇来说,如果没有人愿意接任陆相的话,就无法组建新的内阁。最终天皇不得不屈服于陆军的决议,可以说这也在意料之中。由于此次未能成功压制陆军,本来就对首相田中义一没有什么好感的内大臣牧野伸显和昭和天皇,对更改最初方针的田中义一的反感更增一层。

首相田中义一向内大臣牧野伸显申请于 6 月 27 日向天皇奏报事件的最终处分情况。因此 6 月 25 日,牧野伸显按照与天皇的约定,再次与侍从长铃木贯太郎和宫相一木喜德郎进行协商,以确认天皇对首相田中义一追究责任的方针。

到了 27 日这一天,西园寺公望向牧野伸显提出反对意见,因为天皇问责首相一事自明治天皇以来未曾有先例,有可能导致首相辞职。西园寺公望指出,在尚未进行充分讨论且没有十足把握时打破先例是极其轻率的行为,而且风险极大。这一判断也是正确的。

但是西园寺公望并没有采取积极主动的措施来阻止天皇的问责行为。事实上,正如前文所述,也许因为前一年的重病加上家中丑事的后遗症，西园寺公望显得心有余而力不足。

内大臣牧野伸显没有听取元老西园寺公望的忠告。也许他因为与昭和天皇有相同的想法，并且得到了侍从长铃木贯太郎和宫相一木喜德郎的支持，而变得过度自信，于是没有慎重考虑元老的判断。另外，西园寺公望并未积极展开行动，未曾寻求拜谒天皇的机会，没有表明反对问责的态度，从而导致天皇和牧野伸显等误以为西园寺公望改变了想法，与他们保持一致立场，这或许是主要原因吧。

6 月 27 日，首相田中义一拜见天皇，按照计划，天皇对田中义一进行了问责。次日，首相田中义一通过侍从长铃木贯太郎请求再次拜见天皇，却遭到了拒绝（伊藤之雄『昭和天皇と立憲君主制の崩壊』）。

由此，7 月 2 日首相田中义一提交辞呈。当天天皇垂问了元老西园寺公望和内大臣牧野伸显。二人在宫中会面，一致认为众议院第二大党民政党的总裁浜口雄幸是合适的首相人选。最终西园寺公望推荐浜口雄幸为继任首相。天皇召见了牧野伸显，询问他关于继任首相的意见，牧野伸显表示除浜口雄幸之外应该无合适人选，天皇对此很满意，下令让浜口雄幸组建内阁，由此浜口雄幸内阁当日宣告成立（『牧野伸顕日記』1929 年 7 月 2 日）。

由以上可以看出，元老西园寺公望一人的决断引发了

1926 年 10 月的继任首相推荐形式的改变，但在这之后继任
首相的推荐仍然是以元老西园寺公望的名义进行的。仅从
形式上也可以看出，相对于内大臣，元老西园寺公望在权
力上具有明显优势。但是，如果高龄多病的西园寺公望不
主动行事的话，年少的天皇常常就会受到内大臣牧野伸显
等人的影响，从而做出与西园寺公望的意志相背离的决策。

史无前例的倒阁善后政策

在此期间，1929 年（昭和四年）6 月 29 日，铁道大
臣小川平吉拜访西园寺公望位于东京市（今东京都）骏
河台的府邸。小川平吉与右翼势力渊源较深，是田中义一
内阁时期以副总理级别自居的政治大佬。他强烈批判天皇
的问责，以及天皇背后的内大臣牧野伸显，西园寺公望对
此十分赞同，同时也批判牧野伸显欺骗了自己，引发了田
中义一内阁的倒台。西园寺公望还十分气愤，认为牧野伸
显不仅没有劝谏天皇，而且在最后时刻无视自己的忠告，
盲目地为这种史无前例的倒阁行为奔走。

另外，比西园寺公望的个人感情更为重要的是，一旦
天皇的背后有内大臣牧野伸显的身影存在，当小川平吉甚
至开始批判天皇的正当性的事态发生时，元老西园寺公望
的处理方式就有了十分重要的意义。西园寺公望首先陈述

了事实，以确保元老的正当性，同时表明元老的谏言（辅佐）对树立年少的天皇的正当性来说是必不可少的。此时西园寺公望应该是想着根据事态的发展再考虑如何对待牧野伸显吧。

到最后阶段，牧野伸显深陷于正义感与对田中义一的厌恶，最终导致军方、右翼及保守派都开始怀疑其存在的正当性。但是，西园寺公望感到自己的身体状况不容乐观，因此在这个问题上他事实上也没有采取积极的行动。由于健康问题的困扰，西园寺公望最终既无法积极地保护牧野伸显，也无法抛弃他。

在最后阶段，西园寺公望正确地凭直觉判断出天皇问责首相的危险性。在此之后，军人、右翼势力以及政友会等保守派认为，个人意志不强的昭和天皇是因为内大臣牧野伸显等宫中亲信的"阴谋"，才发起对首相田中义一的问责，并且这种认识在他们之间不断地扩散。而从长期来看，这为想要树立起在统筹全局的基础上做出公平决策的天皇形象的裕仁，带来了非常不好的影响（伊藤之雄『昭和天皇と立憲君主制の崩壊』，116～120 页）。

个人在历史长河中的作为

尽管如此，西园寺公望的终极理想是众议院的两大政

元　老

党轮流执政，元老、内大臣、天皇在中间几乎没有发挥的空间。这种英国式政体的实现是否已经不远？

两大政党轮流执政的体制要获得正当性，就必须建立一种信赖关系，那就是在总选举中获得多数席位的政党基本上能正确反映国民的意志，多数党取得政权后要为全体国民的利益（公共性）服务。在实施男性普选后，具有选举权利的人数迅速增长至原来的四倍，与原敬内阁及其之前的情况有所不同。各政党因此惶恐不安，为了拉选票，在选区内大肆建设铁路和修整道路等，忙于实施扩大地方利益的政策。同时，20世纪20年代经济不景气的情况日益加重，地方民营铁路的经营状况也持续恶化，政党政治家介入其中让国家以非正常的高价买入铁路，并以各种形式从民营铁路经营者手中收取贿赂，这种不正之风盛行于各地。政权更迭后，这一点被反对党指责，成为铁道渎职事件，政友会和民政党（宪政会）都参与其中（伊藤之雄「原敬と選挙区盛岡市・岩手県」，481～482、488～489頁，『昭和天皇と立憲君主制の崩壊』，151～158頁）。

这样的丑闻被媒体报道后，国民就再也无法建立对政党政治和政权更迭的正当性的认识了。同时，铁道渎职事件的具体情况也通过司法界和右翼代表人物枢密院副议长平沼骐一郎，传到了枢密顾问官那里，又进一步传到军部、右翼势力耳中。

雪上加霜的是，田中义一内阁、浜口雄幸内阁及其后的政党内阁都没能使日本从世界经济危机（昭和恐慌）中走出来。由此，他们的权力的正当性也一度命悬一线。

政友会的田中义一内阁提出集体辞职时，元老西园寺公望推荐了民政党总裁浜口雄幸为继任首相，民众十分欢迎没有渎职、利益集团勾结等丑闻的浜口雄幸。另外，虽然在大正初期和中期，民主主义思想已广泛传播，但没有人对元老西园寺公望的存在和元老制度提出质疑。

西园寺公望虽然也满足于自己作为元老具有的正当性，但是开始感到仅凭一己之力来确保年少的天皇的权力正当性具有难度；改变政党的体制就更不用说了，对西园寺公望来说这是他力所不逮之事。为了把政党体制改造成英国式政党政治的形式，在保持与国际协调的同时谋求日本的发展，他自己到底能做些什么呢？这不禁让人感慨个人在滚滚历史长河中的局限性。尽管如此，为了浜口雄幸内阁的成功组建，为了尽可能地回报国民的期待，西园寺公望在幕后默默地支持着浜口雄幸内阁。

未能阻止《伦敦海军条约》签订期间的
上奏被拒事件

为了使国内经济走出不景气的困境，浜口雄幸组阁后的新政的支柱政策是：解禁黄金出口，稳定外汇市场，扩大出口。同时，他也致力于国际关系的协调和军备的减缩。

由于在八年前的华盛顿会议上，美、英、法、意、日已经缔结了关于战舰、航空母舰等海军主力舰的限制军备条约，因此抑制美国和英国之间辅助舰（重巡洋舰等排水量一万吨以下的军舰）的舰队军备竞争的呼声渐涨。从1930年（昭和五年）1月21日起，由美国、英国、日本、法国和意大利参加的限制海军军备会议在伦敦召开。

会上，美国、英国和日本之间勉强达成了一致意见，日本海军的要求，即辅助舰整体数量为美英的七成，基本得到了保证。在大型巡洋舰方面，日本把美国当作最大的假想敌，但是日本海军只能拥有美国巡洋舰数量的62%。对此，海军强烈要求在大型巡洋舰方面也拥有美国数量七成的保有量。

昭和天皇和元老西园寺公望都希望限制军备会议能顺利进行。伦敦的日本全权代表请示是否同意条约的内容，海军军令部（作战部署部门，相当于陆军的参谋本部）表示强烈反对。西园寺公望对此非常担心，并于3月21日派自己十分信任的私人秘书原田熊雄向首相浜口雄幸传达意见：自己希望能就《伦敦海军条约》达成一致意见。

但是，西园寺公望并没有离开兴津的"坐渔庄"。他并没有通过亲自前往东京的骏河台官邸来推动《伦敦海军条约》的签订。这一是因为三月天气尚寒，西园寺公望对自己的身体状况没有信心；二是因为他想要在继任首相的推选和宫中的人事调整中，保证元老作为"公正"调停者的权力正当性。

首相浜口雄幸和内阁都赞成缔结条约。海军方面，主流人物冈田启介大将（前海相）和海军部干部都同意条约方案。因为如果真的开展军舰竞赛，在经济方面日本就将无法赶上美国。

然而，军令部长加藤宽治（大将）等军令部的干部认为国防将危，即使谈判破裂也是不得已的事情，因此强烈反对条约。海战英雄、日本海军的象征东乡平八郎元帅之前一直站在海军部主流意见的那边，这次却突然与加藤宽治所代表的军令部为伍。由此，加藤宽治和军令部方面没有接受首相浜口雄幸和大将冈田启介等人的劝说。海军秩序本来以萨摩派为主保持着团结一致，在此刻却土崩瓦解（平松良太「ロンドン海軍軍縮問題と日本海軍」）。

3月27日，昭和天皇为了推动条约的缔结，暗中鼓动首相浜口雄幸。性格刚毅的浜口雄幸在第二天的内阁会议上，预告自己将在4月1日的内阁会议上给出同意条约的回复。

元 老

3月31日，因不是阁僚成员而无法参加内阁会议的军令部长加藤宽治想要奏报天皇表示反对，侍从长铃木贯太郎（前军令部长，支持条约缔结）答复说，天皇政务繁忙，无暇接见。于是，加藤宽治在当天及第二天都未能拜谒天皇。

4月2日上午，加藤宽治终于见到了天皇。由于1日的内阁会议已经通过了对条约的肯定回复，而且回复于下午被秘密奏报天皇后，立即又通过电报被发往伦敦，当天的晚报都报道了这一情况。由此，即使加藤宽治成功见到了天皇，再提出反对意见也无济于事了。

问题在于，军令部长加藤宽治在3月31日到4月1日之所以未能拜谒天皇，并不是因为天皇真的政务繁忙，这只不过是拒绝加藤宽治的上奏的借口。虽然做出判断的是侍从长铃木贯太郎，但他一定得到了昭和天皇的默许。

之后天皇和铃木贯太郎的关系也保持了良好状态。如果铃木贯太郎是在天皇不知情的情况下回绝上奏的话，可以说有性格洁癖的天皇就不可能不责问铃木贯太郎。同时，在加藤宽治上奏的同一天，宫内省人员拜谒天皇时看到天皇似乎心不在焉，他们甚至怀疑天皇身体抱恙。拒绝军令部长的上奏也是自明治天皇以来未曾发生的事情，昭和天皇应该十分担心此事可能会引发的后果（伊藤之雄『昭和天皇と立憲君主制の崩壊』）。

到 4 月下旬为止，上奏被拒的流言虽然与相关具体人员已经掌握的信息略有出入，但传遍了政界，海军、陆军的中枢部门，以及右翼势力。另外，到了 6 月中旬，通过东京的新闻报道，此事也流传到了一部分普通民众的耳中。连西园寺公望也不知情的事，即来阻止上奏的是侍从长铃木贯太郎，终于在 8 月传到了政界中枢和右翼势力耳中（「仓富勇三郎日记」1930 年 8 月 1 日）。

一人元老制的问题

侍从长铃木贯太郎阻止军令部长加藤宽治上奏的事件发生在 1930（昭和五年）年 3 月 31 日。那么在 4 月 1 日及上奏之前，元老西园寺公望在做什么呢？

西园寺公望当时正在兴津的"坐渔庄"，他从 3 月 26 日半夜（27 日清早）开始发烧，体温一度达到 39 度。他可能是被感冒的孙子传染了。西园寺公望得的是肺炎，30 日他一度病危。虽然 4 月 3 日情况开始有所好转，但他直到 6 月 15 日才完全恢复（伊藤之雄『元老西园寺公望公望』）。

如果侍从长铃木贯太郎事先咨询西园寺公望是否应该阻止上奏的话，西园寺公望就应该会阻止这种史无前例的做法，以免引发危机吧。昭和天皇因牧野伸显等的谏言而

元　老

问责了首相田中义一，对这一过程及其后果之严重性，西园寺公望应该是最为清楚的人了。西园寺公望一定会反对阻挠加藤宽治上奏一事，在加藤宽治上奏后，他应该会建议用圣谕等手段来安抚加藤宽治。

军令部长加藤宽治上奏的事情并不匪夷所思。但是，政党政治顺利走上正常轨道，主张签订条约的大将冈田启介等海军部主要力量、昭和天皇、海军出身的侍从长铃木贯太郎、内大臣牧野伸显等应该没有预料到这种情况。元老西园寺公望也不例外。关于对军令部长上奏事件的应对，并未发现可证明他们之间事先有过协商的史料。

对军令部长加藤宽治的上奏请愿，侍从长铃木贯太郎至少是在天皇默许之下迅速做出了判断，将责任归于自己。对于担任过海军舰长，后来又升为军令部长的铃木贯太郎来说，在紧急时刻进行决断的勇气是十分必要的，对这一点他深有体会。

考虑到铃木贯太郎和西园寺公望的关系不错，如果西园寺公望在东京骏河台官邸且身体健康的话，铃木贯太郎本来可能会快马加鞭前去与西园寺公望协商。可惜的是，这个时候的西园寺公望人在兴津且重病缠身，新闻媒体也报道了他的病，他的情形可以说是人尽皆知。

原敬和加藤高明去世后，西园寺公望认为再也没人能与自己共商国是并做出高屋建瓴的政治决断了，因此放弃了补充元老成员。他将内大臣作为突发情况下的保障，然后一边调养身体，一边期待政党政治的成熟，这也是西园寺公望在不得已之下做的判断。然而，即使西园寺公望能做出适当的判断，在紧急时刻西园寺公望身处何地、身体状况如何，这些个人因素也限制了元老制度机能的发挥，成了很严重的问题。

此外，如同岩仓具视、大久保利通、木户孝允和伊藤博文等与明治天皇的关系一样，西园寺公望等重臣有必要经常拜见昭和天皇，时常与天皇开诚布公、高谈阔论，在此过程中不断提高天皇的判断力，但这一点对于年迈的西园寺公望来说已是奢求。

正如下文要讲到的，一年半后"九一八"事变爆发，这些问题会再次上演。

西园寺公望辅佐的极限和可能性

1930 年（昭和五年）4 月 22 日，以美国、英国、日本的辅助舰的保有量为主要内容的《伦敦海军条约》正式签订。根据《大日本帝国宪法》，条约签订应当以天皇咨询枢密院后再批准的形式进行。自明治天皇以来，天皇完全按照枢密院奉答行事。因此日本是否批准《伦敦海军条约》，取决于枢密院的审议结果。

元 老

枢密院的议长仓富勇三郎和平沼骐一郎等主要人士本来就反对条约，也知晓军令部长加藤宽治上奏被拒的实情，因此在 7 月下旬枢密院接到条约的咨询命令后，他们在 8 月上旬以浜口雄幸内阁提供的信息不够充分为由拒绝奉答。议长仓富勇三郎提交辞呈并开始讨论要推翻浜口雄幸内阁。

知道这一情况的元老西园寺公望在 8 月中旬，通过自己信赖的私人秘书原田熊雄向首相浜口雄幸传达自己的态度，即如果枢密院做了出格的事，首相有权罢免枢密院议长和副议长，并可以在咨询新任的议长、副议长后再做出奉答，以此来鼓励内阁。

即使枢密院回复不能审议，天皇也会询问元老西园寺公望。因此，只要西园寺公望强硬到底，枢密院方面就几乎毫无胜算。最终，10 月 1 日枢密院全员通过了条约，2 日天皇做出裁决，最终批准了条约。

从这个过程我们可以看出，如果不涉及军事问题且事态能稳步推进，元老西园寺公望还是可以充分发挥其影响力。但是，与因握有陆相、参谋总长等重要职位的人事安排权而能统管陆军的山县有朋相比，文官出身的元老西园寺公望没有这样的力量。他只能通过海军中的主流人物大将（前海相）冈田启介和有当首相野心的陆军实力派人物陆相宇垣一成等人，间接地对海军和陆军施加影响。

由此，若冈田启介和宇垣一成逐渐丧失了对海军、陆军的影响力，或是像之后将要讲到的三月事件那样，宇垣一成背叛了西园寺公望，西园寺公望就会失去有效手段。也就是说，在发生军事相关事件，或者说情势急速发展的情况下，西园寺公望的影响力就显得捉襟见肘了。

围绕主张限制海军军备的《伦敦海军条约》的争议，以反对派的完败而告终，他们对此怀恨在心。1930 年 11 月首相浜口雄幸因为签订条约而遭受枪击并身负重伤，外相币原喜重郎成为首相临时代理，后来又成为临时首相（兼任外相）。但是，1929 年秋天爆发的世界经济危机于 1930 年在日本造成了深远影响，最终引发了昭和金融危机（昭和恐慌），1929 年年末开始的第 59 回议会也陷入混乱。

如何处理三月事件

趁此机会，1931 年（昭和六年）3 月发生了陆军武装政变未遂的"三月事件"。在这次事件中，一部分参谋本部等的中坚精英将校试图通过政变建立宇垣一成内阁，进而用其取代政党政治。他们认为国家不应该由腐败且无能的政党领导。

元　老

宇垣一成虽然知道政变的消息，但没有对外泄露。在最后阶段，宇垣一成拒绝接受原定计划，政变以失败告终。除相关人员外，无人知晓此事。在此之后宇垣一成辞去陆相职位，而让自己的心腹南次郎接任。4 月 27 日，宇垣一成为报告辞职而前往兴津拜访西园寺公望。二人虽然谈了很多，但对于政变只字未提。

在此期间，身受重伤的首相浜口雄幸在 4 月 13 日提交辞呈，若槻礼次郎成了民政党的总裁，于 14 日成立了若槻礼次郎内阁作为前内阁的延续。当时推选继任首相的手续与之前相同。

关于三月事件，西园寺公望只听到了只言片语，8 月上旬他才知道整体情况，这些是其私人秘书原田熊雄从东久迩宫稔彦王（陆军少将、第五旅团长、二战后成为首相）和大佐井上三郎（已故元老井上馨的孙子、井上家的嗣子、陆军部整备局动员课长）那里得到的信息。

关于这次事件，西园寺公望不仅向天皇奏报，也向秩父宫（天皇的弟弟、陆军大尉）、闲院宫载仁亲王（陆军长老、元帅）等有实力的皇族表示应该辞去事件的主谋参谋次长（中将）二宫治重等三人。

但是，当原田熊雄按照西园寺公望的指示，询问大佐井上三郎、木户幸一（内大臣秘书官长、之后的内大臣）、公爵近卫文麿（贵族院副议长、之后的首相）等西园寺公望看好的壮年华族的意见时，他们回复称立即辞去二宫治重会刺激陆军的感情，这不太好。由于他们与青壮年的精英将校接触较多，内大臣牧野伸显和首相若槻礼次郎赞同他们的意见。

西园寺公望收回了裁撤二宫治重等人的方针。同时，西园寺公望和牧野伸显、若槻礼次郎、木户幸一、近卫文麿达成一致意见，决定不向天皇奏报三月事件。宇垣一成背叛了西园寺公望，但西园寺公望因不知陆军的内幕而不能采取强硬的行动。

不向天皇奏报也是因为在这个阶段，天皇仍辨不清善恶，还不具备沉着应对陆军危机所需的强大精神力量。不仅西园寺公望是这么考虑的，连仰慕天皇的内大臣牧野伸显等也是（伊藤之雄「昭和天皇・元老・宮中勢力の情報・ネットワークと政治」5 節）。

三月事件的收场方针与西园寺公望当初的意见有所出入。虽然他遵从了大佐井上三郎和木户幸一、近卫文麿等人的想法，但自从事件发生以来，包括与谁协商、采用哪种具体应对措施等事项，可以说都是由西园寺公望主导的。与西园寺公望相比，内大臣牧野伸显起到的作用较小，从这个层面也可以明显看出元老和内大臣的权力差别。

对"九一八"事变的谏言未被采纳

此后大约一个月，又发生了更为棘手的事件——"九一八"事变。1931 年（昭和六年）9 月 18 日晚上，一部分关东军自导自演了南满洲铁路的爆炸事件，并栽赃于中方，以此为借口开始攻打张学良的东北军，企图吞并被称为满洲的中国东北地区。

当时驻扎中国东北的关东军兵力不足以占领该地区，因此相关精英将校开始密谋调拨驻扎朝鲜的日本军队前去支援。但是，根据明治时代以来的惯例，从日本占领的朝鲜出兵中国满洲必须要经过一系列手续：陆军首先要制订出兵计划，内阁会议通过预算后，由首相将计划上奏天皇，在天皇敕裁的基础上，陆军向天皇提出申请，天皇再下令出兵。

外相币原喜重郎等人怀疑事变是关东军的阴谋，若槻礼次郎内阁没有当即表示会批准增援关东军的经费，前往增援的朝鲜军和日本军的混编军团暂时地停留在了朝鲜和中国的边境线上。但是，21 日下午，混编军团未待天皇下令，竟越过国境线，进入了满洲，归入了关东军司令官的指挥下。

这种非正常事件可以说是陆军蔑视天皇的统帅权的表现。对田中义一首相的问责与拒绝军令部长加藤宽治的上奏，是昭和天皇和内大臣、侍从长等宫中亲信破坏传统的事件。天皇的宫中亲信遭到攻击，军队、右翼、保守派甚至天皇本人都开始质疑天皇权力行使的正当性。这次事件是陆军打破惯例、蔑视天皇统帅权的表现，如果应对得当，天皇反而可以加强对陆军的控制，制造合理处理事变的时机。

事变发生之时，西园寺公望在京都市田中的别墅"清风庄"。21日上午10时，他的私人秘书原田熊雄前来报告了"九一八"事变的具体情况，西园寺公望表示如果天皇向自己询问，自己就赶赴东京。由此可见西园寺公望想要采取善后措施的积极态度。

当天下午，混编军团在未接到天皇命令的情形下，直接越过了国境。下午3时39分左右，东京的参谋本部收到汇报相关情况的电报，身在京都的西园寺公望也在当天晚上得知了这一消息。

西园寺公望命令原田熊雄转告侍从长铃木贯太郎和内大臣牧野伸显，万一若槻礼次郎内阁提出辞职，在事情得到充分解决之前，天皇也绝对不能同意。在西园寺公望看来，若槻礼次郎与性格刚毅的浜口雄幸不同，没有与陆军抗衡且对战到底的毅力。

此外，西园寺公望让原田熊雄传达自己的建议：如果陆相或者参谋总长上奏越境问题，天皇可以表示不可原谅的态度，以还需考虑为由暂时不动，之后再进行必要的处置。

但是，在西园寺公望的叮嘱被传达给天皇和内大臣牧

元　老

野伸显之前，参谋总长金谷范三就于傍晚 5 时 55 分拜见了天皇。当时，天皇好像只是交代了要他尽全力做好事件善后工作等一般事项，没有提及西园寺公望所说的应慎重考虑等拖延对策。牧野伸显在此之前应该已经拜见了天皇，表达了会尽量采取息事宁人的方式来和平解决事件的态度，这一应对得到了天皇的默许。

秘书原田熊雄通过电话把西园寺公望的叮嘱传达给了内大臣秘书官长木户幸一。木户幸一在晚饭后的 7 时 30 分拜访了内大臣牧野伸显，向其传达了西园寺公望的意志。但是由于参谋总长金谷范三早在一个半小时之前就已经拜谒了天皇，可以说西园寺公望的策略没有了用武之地。

这里的问题是，由于问责首相田中义一、拒绝加藤宽治上奏等一系列强硬行动引起了反抗，内大臣牧野伸显开始有所气馁。于是他没意识到这次打破惯例的是陆军，因此是一个反击陆军的好机会，也没能给天皇提供合适的建议。

还有一个问题是，西园寺公望身在京都。他作为元老在紧急情况下的建言没能被及时奏报给天皇。

尽管如此，当天夜里参谋本部得到消息，说若槻礼次郎内阁认为混编军团越境是冒犯天皇统帅权的行为。他们认为 22 日（第二天）的会议上内阁肯定会被追责，感到无比悲观，甚至认为陆相南次郎和参谋总长金谷范三以及参谋次长等人将不得不辞职（『现代史资料』7）。

参谋总部的精英将校是从历来重视惯例和传统的陆军官僚组织中晋升而来的。因此，他们将此次陆军随意打破惯常的行为归责于自身，深刻地进行了反省。

但是，到 22 日早上，首相若槻礼次郎转而开始姑息陆军的行为。若槻礼次郎在内阁会议前拜谒天皇时，由于天皇没有特别提到陆军擅自越境的问题，认为天皇已经默许，于是松了一口气。内阁会议同意了朝鲜军出兵的经费，之后天皇也批准了越境一事。

最终，在冒犯天皇统帅权的前提下进行的擅自越境，以先斩后奏的形式得到许可。21 日下午 7 时 30 分，木户幸一传达给内大臣牧野伸显的元老西园寺公望的建议完全没有派上用场。防止"九一八"事变扩大的最大机会就这样错失了。[1]

由此，在西南战争中胜利收复"西乡王国"之后，太政官制下的"内阁"和近代性质的内阁，即通过元老的协助来统管外交和内政的体制崩塌了。

在推荐继任首相上的绝对权力

在此之后，若槻礼次郎内阁感到无望阻止"九一八"事变影响的扩大，于是民政党和政友会发起"联合内阁"的运动，旨在征求陆军意见。由此，内阁内部的对立升

元 老

级，最终若槻礼次郎内阁于 1931 年（昭和六年）12 月 11 日集体辞职。此次政权更迭与以往相同，也征询了元老和内大臣的意见。

第二天（12 日），西园寺公望从兴津前往东京。此时，西园寺公望已基本下定决心，要把第一大在野党政友会的总裁犬养毅作为政友会独立内阁的首相推荐给天皇。到了东京后，在内大臣牧野伸显的房间里，西园寺公望与牧野伸显、宫相一木喜德郎和侍从长铃木贯太郎就继任首相问题进行了商谈。牧野伸显表示"联合内阁"很好，宫相一木喜德郎虽然有支持牧野伸显的倾向，但由于另外三人都没有对犬养毅提出异议，西园寺公望就以犬养毅作为首相候选人进行了奉答（伊藤之雄『昭和天皇と立憲君主制の崩壊』）。

在此也可以看出，在"九一八"事变发生后的紧急情况下，西园寺公望在与内大臣牧野伸显、宫相一木喜德郎、侍从长铃木贯太郎商谈时采取了灵活的手段，并进行了多方考虑。更重要的是，我们能感受到在推荐继任首相人选一事上，西园寺公望的权力具有绝对优势。一些研究者的"元老与内大臣的协商方式"等表述完全没有体现出这一点。这种具有绝对优势的权力，是靠八十二岁高龄的西园寺公望的老练，以及基于他作为一人元老的强烈责任感的气魄来支撑的。

第十二章

"九一八"事变后进入
军部势力抬头的时代

西园寺公望的灵活应对

对"满洲国"建立一事的应对

1931 年（昭和六年）9 月，关东军发动了"九一八"事变，其真正的目的是占领满洲全境，并在此建立新的国家。首相犬养毅暗地里的方针是，从现实角度应对，尽力在中国方面能接受的最大限度内满足关东军的要求，同时尽量与其他列强保持协调一致。

首相犬养毅试图不改变中国在满洲的主权地位，希望日本与中国在满洲合作建立新的政权。而他说服中国方面的理由则是由此促进日中双方的经济利益。首相犬养毅认为最后一张王牌掌握在天皇手里，所以他在思考如何能获得天皇的支持。因为他深知凭自己政党政治出身的身份，想要让陆军大臣、海军大臣遵循自己的方针，从而统管军部，是很有难度的。

元老西园寺公望也支持首相犬养毅。但是，西园寺公望的私人秘书原田熊雄从近卫文麿（贵族院副议长）那里得知，军部对于犬养毅企图利用天皇的力量来抑制军部一事非常反感。这之后，西园寺公望立刻放弃了借助天皇之力的念头。

这是因为通过此前发生的一系列事件，西园寺公望感到天皇的威信（即权力的正当性）并没有相应地树立起来。在军部、右翼和保守派中，依然有很多人认为天皇被内大臣牧野伸显等人误导了。半路打出天皇名义的做法如果不能达到预期效果，就反而会使天皇的威信进一步受损，统管军部就更无从谈起了。要通过积累天皇对政治问题的正确判断，来逐步恢复天皇的威信。尽管这是一条漫长的道路，但还是十分有必要的。

然而1932年3月1日，关东军宣布"满洲国"建立，这从根本上动摇了首相犬养毅的方针。西园寺公望怀有强烈的危机感，3月5日他离开兴津，留宿在骏河台邸，于7日、8日和9日分别会见了首相犬养毅、海相大角岑生和陆相荒木贞夫，并于14日拜见了天皇，18日才返回兴津。

西园寺公望与首相犬养毅等人交换了不承认"满洲国"的方针，又收集了各方的信息。他们同时也希望给年少的天皇稍微带去一些安心感。

然而，同内大臣牧野伸显与昭和天皇一直以来的亲密关系相比，无论是从拜见次数还是情感上的联系来看，西园寺公望与昭和天皇的关系都稍显疏远。但是情势发展至"九一八"事变前夕，西园寺公望逐渐成为天皇面对各种危机时最信任的人。1931年11月2日，西园寺公望时隔很久再次拜谒天皇，这让天皇十分满意。

到第二次若槻礼次郎内阁成立之时，按照以往的惯例，关于元老西园寺公望推荐继任首相的奏报，天皇都要再度询问内大臣牧野伸显的意见；然而从"九一八"事变后的1931年12月的犬养毅内阁成立开始，天皇已不再寻求内大臣牧野伸显的确认（『牧野伸顕日記』1931年12月12日、13日）。这是因为元老西园寺公望和内大臣牧野伸显事先进行了沟通协商，然后西园寺公望才向天皇奏报。从这一点也可以看出天皇十分信任西园寺公望的判断。

"五一五"事件后的首相推荐

在此之后，陆军强迫犬养毅内阁承认"满洲国"，但是首相犬养毅一直拖延。出于此原因，1932年（昭和七

元　老

年）5 月 15 日，首相犬养毅遭到海军青年将校袭击并被
刺杀，翌日内阁提交辞呈。

关于善后处置方式，天皇的垂询也按照 1926 年的形
式进行。天皇要求当时在兴津"坐渔庄"的西园寺公望
赴京，西园寺公望虽然答复自己将赴京，却一直没有明示
具体时间。到了 5 月 17 日时，陆军拒绝成立政党内阁。

在当时的情况下，摆在西园寺公望面前的是三个选项。

第一个选项是拥立被内定为政友会总裁的铃木喜三郎
（前内相）为首相，成立政友会内阁，或者由政友会和民
政党组建"联合内阁"。然而这样做的话，就会与陆军形
成正面对决。在陆相不出面的情况下，内阁就无法成立，
这种情况很可能引起较大的混乱。如果能再次引发拥护政
党的护宪运动则另当别论，但是近些年来，在政党内阁的
统治下，经济形势日益严峻，民众对政党的信任度不高，
这选择可以说非常没有胜算。

第二个选项是拥立斋藤实（前海相、朝鲜总督）等
支持《伦敦海军条约》的海军稳健派军人为首相，这样
就建立了以政党为基础的举国一致内阁。

第三个选项是拥立右翼的枢密院副议长平沼骐一郎
（前法相、检事总长）为首相，组建寻求政党协助的内
阁。陆军希望组建平沼骐一郎内阁。

西园寺公望从私人秘书原田熊雄等人那里收集了信

息，于 5 月 19 日动身上京。在侍从长铃木贯太郎向他传达天皇所希望的首相应满足的条件时，西园寺公望应该已经下决心要推荐斋藤实了。

20 日，西园寺公望会见了临时首相高桥是清和枢密院议长仓富勇三郎（仓富勇三郎事先提出了会见要求）。之后，他会见了内大臣牧野伸显，牧野伸显提出要多方听取"重臣"的意见，于是从 21 日到 22 日，西园寺公望又精力充沛地与包括军人在内的政界当权者进行了会面。

在这两天中，西园寺公望会见了前首相若槻礼次郎、贵族院副议长近卫文麿（未正式邀请）、前首相山本权兵卫（海军大将、前海相，萨摩派的山之内一次作为其代理人赴会）、前首相清浦奎吾、元帅上原勇作（前陆相）、陆相荒木贞夫、海相大角岑生、元帅东乡平八郎、内大臣牧野伸显等人。要见谁都是由西园寺公望决定的，且西园寺公望单独与他们一一会见。

在一部分军人引发的暗杀首相危机中，西园寺公望采纳了侍从长铃木贯太郎、内大臣牧野伸显等人的意见，更改了自 1926 年以来的继任首相推荐方式。而且，除了牧野伸显提出的人物以外，西园寺公望也自行判断谁堪称"重臣"，并单独与之会见。八十二岁的元老的一举一动，都吸引了来自各方的关注。从这个过程可以再次看出，内大臣没有与元老平起平坐，元老拥有压倒性的实权。

到 5 月 22 日为止，西园寺公望听取了各界实力派人士关于继任首相的意见。翌日也就是 23 日，他前往宫内，与内大臣牧野伸显、宫相一木喜德郎和侍从长铃木贯太郎会面后，拜谒了天皇，向天皇推荐斋藤实为继任首相（『西園寺公と政局』第二卷，287～291 頁）。

当天，斋藤实奉命组阁，26 日斋藤实内阁正式成立。三名政友会人士和两名民政党人士入阁，而官僚派出身的内阁成员相对较多。这样一来，斋藤实内阁以官僚派的举国一致内阁的形式正式组建了。西园寺公望对海军军人出身的斋藤实的嘱托是，希望斋藤实压制陆军的暴行，防止日本在国际上被孤立。

然而，虽然西园寺公望努力体现出"公平性"，但因为他推荐了斋藤实，右翼的平沼骐一郎等人开始怀疑西园寺公望权力的正当性，暗地里表达了强烈的反感（伊藤之雄『昭和天皇伝』）。

良策难觅

虽然斋藤实内阁成立了，但是现状仍然难以改善。1932 年（昭和七年）9 月 15 日，斋藤实内阁屈服于陆军的压力，承认了"满洲国"。在仅仅半月之后的 10 月 1 日，国际联盟调查团完成了关于"九一八"事变事态的调查报告《李顿报告书》，并将之送到了日本。报告书提到，国联不承认"满洲国"，但认可了日本在满洲的利益，建议在保持中国对满洲主权的基础上，日本与中国缔结新的条约，确保在满洲的广泛自治权。

《李顿报告书》的内容与犬养毅内阁所希望的结果吻合，甚至可以说是有利于日本的。尽管如此，日本的主要媒体立即对报告书的内容进行了猛烈的批判，西园寺公望对这些支持"满洲国"、批判报告书的新闻报道感到不快。

政府已经承认了"满洲国"，新闻媒体也十分支持，在这种情况下，元老西园寺公望已经无能为力。人们不深思在国际社会上的孤立对日本来说意味着什么，军队影响下的浮躁舆论在社会上蔓延。在这种状况下，西园寺公望如果此时提出支持《李顿报告书》，应撤回对"满洲国"的承认，他作为元老的正当性就会被质疑，甚至会因此丧失权力。

虽然西园寺公望已经采取如此谨慎的行动，但11月上旬，保守派的枢密院议长仓富勇三郎仍然在与亲信枢密院书记官长二上兵治的密谈中表示，西园寺公望应该退出政治舞台。

同时，天皇也有一些误会。1933年2月4日关东军得到天皇的许可，于2月下旬开始出兵位于中国满洲和河北省中间的热河省，以谋求"满洲国"的稳定为旗号发动了热河战役。这场战役以关东军占领热河省的形式告终，5月31日日方与中方签订了停战协定。

在此期间，1933年2月15日，国际联盟根据《李顿报告书》做出的对日本的劝告案传到日本。日本是国际联盟的常任理事国，包括此前一直谨慎行事的海军在内，都强烈要求在日本被国际联盟除名之前主动退出国际联盟。

西园寺公望虽然心里反对退出国联，但是在日本整体都急于退出国联的情势下也束手无策。西园寺公望没有公开发表反对退出国联的论调。当下他必须先守住元老权威（的正当性），只能寄希望于日本国民能够觉醒，认识到在国际上受到孤立的严重后果，进而对军部施压。

2月20日，内阁会议做出决议：如果国际联盟通过了对日本的劝告案，日本就退出国联。2月24日，国联以42∶1（日本是唯一反对的成员国）的结果通过了对日本的劝告案，3月27日日本宣布退出国联。

1933年不仅是日本，也是整个世界的合作关系开始恶化的转折点。当年6月12日在伦敦召开的世界经济会议到7月27日以失败告终。为了更快从世界经济危机中恢复过来，面对与自己关系密切的国家、地区、殖民地，列强都在强化经济联系，第一次世界大战后形成的氛围，即通过加强世界各国在政治、经济、文化上的联系来携手解决共同面临的问题，急速消解了。

在这种情况下，陆军方面等认为当今世界列强间的斗争如同回到了你死我活的"战国时代"，越来越多的人支持这一主张。与此相对，元老西园寺公望、昭和天皇等主张的应该坚持国际协调合作的观点，在日本国内逐渐被认为是陈腐且不切实际的。由此，认可军部行动的势头越来越强。

继任首相推荐程序的变更

在军部和右翼势力抬头的形势下，西园寺公望谨慎行事，努力维持元老的权威。但是内大臣牧野伸显等宫中侍从的权威受到右翼势力的攻击，从《伦敦海军条约》开始，经过"九一八"事变、"五一五"事件，更是直线下降。其中牧野伸显的儿子"赤化"（因被怀疑是共产主义者而被逮捕）等是一部分原因，但最大的原因还是右翼势力认为昭和天皇因为受到了牧野伸显的教唆，才未能积极支持军部的行动。而通过西园寺公望不同意更换牧野伸显等事情，可以间接看出西园寺公望属于支持牧野伸显的一派（伊藤之雄『昭和天皇と立憲君主制の崩壊』，201～206、271～275、361～366页）。

如前所述，1926年（大正十五年）推荐继任首相的程序虽然已经变更了（未正式公开），但实际决定权仍然掌握在西园寺公望手中。"五一五"事件之后，推荐继任首相时，在广泛听取包括军人在内的意见后，最终决定权由西园寺公望掌握。通过进一步强调这种形式，西园寺公望维护了推荐斋藤实为首相的正当性。

因此，"五一五"事件发生之时，元老西园寺公望考虑到之后的具体情况，将事实上被更改后的继任首相推荐形式书面化，不得不变更 1926 年的流程。这对当时已经八十二岁高龄的西园寺公望来说，也是一种以备不测的手段。

到"五一五"事件过去三个月后的 1932 年（昭和七年）8 月中旬，风波逐渐平息，西园寺公望向内大臣牧野伸显提出要对推荐继任首相的手续进行讨论，尤其有必要对"重臣"的范围进行讨论（伊藤之雄『昭和天皇と立憲君主制の崩壊』，396～398 页）。从这里也可以看出，元老和内大臣并不是对等的关系，西园寺公望具有提出更改继任首相推荐程序的议案的实际权力。

接到西园寺公望的提案后，内大臣秘书官长木户幸一等人进行了讨论。关于这个过程的史料，现在只剩下跟木户幸一相关的资料，西园寺公望对木户幸一等人的议案做了多大程度的修正就不得而知了。但是最终议案的出炉花费了半年之久，从此可以看出西园寺公望应该不会任由木户幸一等人决定。最终议案应该也反映了西园寺公望的意志。

不管怎么说，1933 年 2 月 28 日最终议案被呈奏给天皇，并得到了天皇的认可（此次亦未公开变更后的推荐形式）。

从内容来看，第一，与 1926 年天皇在向内大臣和元老进行实质上的询问后再做出决定相比，该议案提出最初只在形式上询问内大臣，在内大臣询问元老后再进行呈报，通过元老的决断使内大臣参与关于继任首相推选的商讨。

山县有朋去世后，元老成员中就只剩下高龄的松方正义和西园寺公望两人了。因此，从第二次山本权兵卫内阁成立开始确认了一种形式，而 1933 年的这次改变只是回到了原来的形式。考虑到包括军部在内的右翼、保守派对内大臣牧野伸显的批判，关于继任首相的推选，西园寺公望削弱了内大臣的控制权力，以便尽力维护推选继任首相的辅佐团队的正当性。另一方面，元老西园寺公望最大限度地承担责任、完成任务，同时又从制度上保证了万一自己发生不测，也可以通过对内大臣的咨询来应对。

第二，该议案将"重臣"与内大臣放在同等地位。"重臣"指枢密院议长，以及享受内阁总理大臣离任官阶礼遇的人员。首相的离任官阶礼遇对象基本上等同于

元　老

前首相，但是一些前首相因任期过短或者受任中丑闻影响被辞退，故而无法得到离任官阶礼遇且被排除在"重臣"之外。

西园寺公望把东乡平八郎、上原勇作两位元帅排除出了"重臣"之列。"五一五"事件发生后参与紧急会议的陆相、海相也被排除在外。这是因为西园寺公望判断"五一五"事件是军事政变，如果不是因为这个前提，就不用特别听取军人的意见。对首相的离任官阶礼遇对象加以限制的原因是，如果把因渎职而被解职的首相也包括在内，右翼分子就很有可能攻击这个推荐继任首相的辅佐团队的正当性。

在此，我们探讨一下元老西园寺公望不公开继任首相推荐形式，而是对其进行适当变更的意义。

正如之前所看到的，在政党和政党政治尚未健全之际，西园寺公望对维持元老制度和推选继任首相的辅佐团队十分重视。同时，他还认为为了推选合适的首相候选人，在有突发情况时要能够灵活调整推选的方式，以确保元老以及辅佐团队的权力的正当性。在这种情况下，即使推荐形式不以正式文件公布也无大碍，但是目前元老成员仅剩西园寺公望一人，他认为万一自己发生意外，考虑到身后之事，还是应该保留非公开的机密文件。

对推荐继任首相一事，西园寺公望采取的这种灵活的应对方式,本书在前文中也提到过。在明治时期立宪政治不稳定的情况下,极受明治天皇信赖的伊藤博文采取的就是这种方法。

西园寺公望担任过伊藤博文第二次内阁中的文相、外相,第三次内阁中的文相,第四次内阁中的班列相(副总理级别,现在的无任所相)。同时,作为伊藤博文派官员,后来又成为伊藤博文的继任者的西园寺公望,近距离地学习了伊藤博文的手段。遗憾的是,关于继任首相的推荐一事,西园寺公望与伊藤博文当时的谈话记录尚未被找到。

此外,山县有朋也曾经为了保持元老制度的正当性,动用天皇诏书或者试图将大隈重信纳入元老集团等,采取了灵活的姿态,西园寺公望近距离学习了这些做法。

就这样,西园寺公望目睹了两位重量级元老的生涯。在社会局势风云突变的时期,应该如何运作、维护元老制度,对此西园寺公望想必已经有了更深层次的考量。

继任首相、枢密院议长、宫中人事实权的保持

极其反对退出国际联盟的西园寺公望最后却默认了这一结果。为了保持自己作为元老的正当性,西园寺公望甚

元　老

至不惜做出如此让步。他到底想要维护什么呢？

前文已述，右翼的重要人物枢密院副议长平沼骐一郎（前法相、检察总长）从 1920 年前后开始萌生了入宫当天皇的辅佐者或者首相的愿望。但是，在 1925 年（大正十四年）内大臣平田东助辞职时，西园寺公望并未考虑平沼骐一郎，而是让牧野伸显接任内大臣，让一木喜德郎接任牧野伸显原本的宫相职位。

此外，"五一五"事件后，陆军本来期望平沼骐一郎组建内阁，但是西园寺公望推荐由斋藤实组阁。走不通首相之路的平沼骐一郎为了削弱内大臣牧野伸显等的势力试图入宫。西园寺公望对于他们推动内大臣牧野伸显和宫相一木喜德郎倒台的阴谋诡计毫不妥协，平沼骐一郎最终没有得逞。

1934 年（昭和九年）5 月，平沼骐一郎一派的枢密院议长仓富勇三郎以身体不适为由辞职，西园寺公望推选一木喜德郎接任枢密院议长，同时任用了没那么显赫的汤浅仓平（前会计检察院院长）作为一木喜德郎后的继任宫相。这一系列的人事调动均是以天皇的名义进行的。

虽然担任了近八年的枢密院副议长，但平沼骐一郎不仅没有成为宫相，最后连枢密院议长也没当上，尽管按惯例副议长应直接升任议长。

此后，平沼骐一郎认为当前的第一要务是统管军队。

他认为西园寺公望应该能理解自己的想法。他十分期待成为首相（『倉富勇三郎日記』1934 年 6 月 21 日）。"五一五"事件后，平沼骐一郎因为没有如愿成为继任首相，心里对西园寺公望产生了极大的反感，可是老谋深算的西园寺公望的言行能起到直接作用，因此平沼骐一郎自始至终避免与握有推荐首相候选人权力的西园寺公望进行正面对决。

但是，同年 7 月 3 日，斋藤实内阁集体辞职后，根据前一年 2 月定下的推荐继任首相的程序，西园寺公望主导了与内大臣牧野伸显和其他"重臣"的商讨，他们一致推荐了海军大将冈田启介（支持《伦敦海军条约》的海军稳健派）。7 月 8 日，两名民政党成员和三名政友会成员（后因违反党内决议而被除名）进入内阁，与斋藤实内阁一样，冈田启介官僚派的举国一致内阁正式成立。没有人对此结果公开提出反对意见。在整个推荐的过程中，西园寺公望等人一次也没有提起平沼骐一郎的名字。

另外，此次召集的"重臣"有享有首相离任官阶礼遇的高桥是清、清浦奎吾、若槻礼次郎、斋藤实和枢密院议长一木喜德郎。

此外，在斋藤实内阁垮台已成事实的时候，内大臣牧野伸显提出：如果把享有首相离任官阶礼遇者当作"重臣"的话，那么把政党总裁若槻礼次郎也包含进来就有些欠妥；合适的做法是在元老西园寺公望、内大臣牧野伸显之外以准元老的形式加上清浦奎吾。这时，内大臣秘书官长木户幸一作为代表拜访了西园寺公望，并反复强调应该以元老、内大臣和枢密院议长（一木喜德郎）三人间的协商为基础。作为秘书官长，木户幸一的言论可以说已经越界了。

　　但是，西园寺公望不想改变前一年 2 月定下的推荐继任首相的流程，尽管"九一八"事变后的极端时期已经结束。这是因为 1933 年 5 月 31 日，日军与蒋介石政府签订了《塘沽停战协定》，并于 8 月从长城线撤兵，"九一八"事变暂时告一段落。从这里也可以看出，当西园寺公望与内大臣牧野伸显对时局的意见发生分歧的时候，元老西园寺公望的权力更大。

　　关于日本退出国际联盟等事件的社会舆论已无法改变走向，在无计可施的情况下，元老西园寺公望选择退让一步任其自然发展。但他对于继任首相人选和推荐流程，以及内大臣、宫相、枢密院议长的人选等问题，则一步也不妥协地等待时局发生重大转机。

渡过天皇机关说事件的难关

　　"九一八"事变暂时告一段落，东京都也逐渐从经济危机中恢复过来，1935 年（昭和十年）年初，时局也开始呈现走向稳定的迹象。

对此情况，右翼和军部却开始感到危机逼近。从1935年2月18日起，右翼的贵族院议员等以美浓部达吉（贵族院议员、东京帝国大学名誉教授）的学说违反了日本的"国体"为由，发表了抨击性演说。这成了天皇机关说事件的源头（菅谷幸浩「天皇機関説事件展開過程の再検討」）。

伊藤博文和西园寺公望等从施泰因教授那里学到了君主机关说，美浓部达吉的学说与它一脉相承，是以法律为根据的合理且缜密的宪法学说。但是，因主权在国家，天皇是国家最重要的机关等论述遭到右翼和保守派的攻击，美浓部达吉自身并未使用天皇机关说的说法，尽管这个学说此前一直很流行，昭和天皇也支持这一观点。

对天皇机关说事件，元老西园寺公望没有公开表明态度，而是采取了他在日本退出国际联盟时的那种姿态。这是因为不仅西园寺公望自身开始成为青年将校和右翼势力攻击的对象，陆军也开始受理机关说问题，甚至连帝国在乡军人会这次也受到了波及。

西园寺公望对自身的性命倒不怎么在乎了，他只是想尽可能地保住元老正在衰退的权威，让它在社会舆论动向转变的紧急时刻成为向天皇建言、发动有力反击的中心。为了达到此目的，作为能把握国际协调精神的人物，首相和宫中有必要加强元老权威。

对于机关说事件会发酵成为相当严重的问题这一点，西园寺公望也早有预料。4 月 13 日他对他信赖的私人秘书原田熊雄表示，接替冈田启介内阁的只能是宇垣一成内阁了，但是他希望冈田启介内阁能坚持到最后。此时，他甚至考虑了在三月事件中背叛过他的宇垣一成，并准备启用宇垣一成。

在那以后，陆军把帝国在乡军人会也卷进来，直到 8 月，抨击机关说的气势一路高涨。在此境况下，遭受攻击的枢密院议长一木喜德郎、首相冈田启介和内大臣牧野伸显等开始气馁，以身体抱恙为由提出辞职。闻此动向，西园寺公望竭力鼓励他们，让他们不要计较个人得失，以国家大局为重，希望他们坚持到底。

结果，冈田启介内阁分别在 8 月和 10 月发表"国体明证声明"，明确否定了天皇机关说，美浓部达吉也辞去了贵族院议员一职（其著作被禁止出版发行）。机关说抨击运动就此落幕。

然而，经历了此事，再加上身体健康方面的原因，内大臣牧野伸显表明了辞职意向，最终于 12 月 26 日辞任。之后的人事调动就以首相冈田启介为中心推进，最终在西园寺公望的确认下，斋藤实（海军大将、前首相）如西园寺公望所愿被任命为内大臣。枢密院议长一木喜德郎的辞职申请被延期。[1]冈田启介内阁渡过了机关说事件的难关，免于被迫辞职。

对于陆军和右翼发动的攻击天皇机关说的事件，西园寺公望虽然不得不有所退让，但是作为元老的他在首相冈田启介的协助下毅然坚持到最后，最终成功守护了自己推选的内阁，确保了宫中人事的稳定（伊藤之雄『元老西园寺公望公望』）。

第十三章

"二二六"事件与
元老的权力

西园寺公望对军部的压制

"二二六"事件与天皇政治能力的成长

元老西园寺公望一边做出让步，一边谨慎应对陆军和右翼势力的行动。1936（昭和十一年）年2月26日，"二二六"事件还是不可避免地发生了。事件的过程是，当天一大早以陆军第一师团（东京）为主的青年将校率领约一千五百名士兵发动了武装政变，杀害了刚刚就任内大臣的斋藤实和试图限制军费无原则增长的藏相高桥是清，侍从长铃木贯太郎因此身负重伤。首相冈田启介也遇袭，但所幸逃过一劫。青年将校们想要建立以他们尊崇的陆军军人为中心的内阁，加快推进大陆政策。

2014 年秋天公开的宫内厅编纂的《昭和天皇实录》（『昭和天皇実録』），引用了记录官侍从的日志等首次公开的史料，展示了昭和天皇对于此次事件的应对，其中有几个事实颇为耐人寻味。

天皇在当天上午 6 点 20 分起床后知道了事件的发生，6 点 56 分会见了宫相汤浅仓平。7 点 10 分前后他允准了侍从武官长本庄繁的拜谒［本庄繁事后根据记忆写的《本庄日记》（『本庄日記』）记述的拜谒时间为一个小时之前］。天皇督促本庄繁镇压政变，这一天他们共见面了十四次之多。7 点 20 分前后天皇还召见侍从次长广幡忠隆，之后又在当天见了他六次。虽然侍从次长广幡忠隆（公家出身）是并不起眼的宫内官僚，但是侍从长铃木贯太郎身负重伤，无法履行职责，因此由广幡忠隆侍从次长代行其职权。

更重要的是天皇会见陆相川岛义之并下令镇压一事，不是发生在《本庄日记》中记录的"上午 9 点前后"，而是在上午的 11 点 13 分。在此之前的 10 点 15 分，他批准会见了海军的长老、作战负责人军令部总长伏见宫博恭。由此一系列动作可知，天皇是在知道海军方面有意镇压后，才命令陆相川岛义之镇压的。

天皇督促侍从武官长本庄繁镇压的目的，不过是向宫

元　老

中亲信表明自己的意向所在。但如果向陆相下令镇压的话，性质就是在对有责任的大臣下达正式的命令，这种命令是难以收回的，分量截然不同。

天皇会见陆相川岛义之的时间比历来认为的时间要晚两个多小时，从这一点可知，本庄繁、广幡忠隆或者伏见宫等人很有可能也向天皇传达了上午9点在参谋本部内确定的镇压方针（高桥正卫『二·二六事件』）。也就是说，我们可以看出天皇并没有因过分震惊于政变，以致感情用事，命令陆相川岛义之镇压，而是在收集了多方信息后沉着地做出了应对。

从此时起，到2月29日事件得到镇压之前，天皇又先后多次会见了武官长本庄繁和侍从次长广幡忠隆等人，可知他通过这两个渠道收集各种信息。

经历了内大臣牧野伸显辞职、内大臣斋藤实被谋杀、侍从长铃木贯太郎受伤等变故后，即位十一余年的天皇实际上已经能做出独立判断了。三十四岁的天皇在政治方面进步斐然。

我们可以从承担继任首相推荐之责的元老制度的角度来理解天皇的成长历程：如果说明治时期的明治天皇是对元老制度的一种完善，这一次，昭和天皇就可能是对高龄且权威衰落的元老西园寺公望职能的补充。

然而，天皇虽然在事件发生当天的上午11时后对陆相发出镇压命令，但实际上镇压方针在十二个小时以后才确立。此外，虽然天皇多次催促执行命令，但实际上真正开始行动是在三天以后。事件得到镇压后，天皇在一定程度上获得一些成就感，但也应该再次感受到了统治陆军的难度之大（伊藤之雄『昭和天皇伝』）。

"二二六"事件引发的强烈震荡

在"二二六"事件发生之时，元老西园寺公望正在兴津的"坐渔庄"。本来青年将校也打算攻击西园寺公望，但由于任用的下士官兵出了问题，他们在前一天中止了该计划。

得知事件发生后，西园寺公望依然保持沉着冷静。虽然政府通过静冈县知事命令警察部长协助西园寺公望前往静冈县内的警察部长官舍或知事官舍进行紧急避难，但27日下午西园寺公望又返回了"坐渔庄"。

与此同时，关于被杀害的内大臣斋藤实的接班人的任命，宫中一反常态地向前推进。具体就是，在未与元老西园寺公望商量的情况下，到2月28日早晨为止，宫相汤浅仓平和枢密院议长一木喜德郎之间达成了一致意见，认为近卫文麿公爵（贵族院议长）是合适人选。当天上午，宫相汤浅仓平甚至暗地里与近卫文麿进行了交涉，希望他

元　老

出任内大臣一职。在此期间，内大臣秘书官长木户幸一内打电话联系身在"坐渔庄"的原田熊雄，希望他稍微考虑一下以近卫文麿为内大臣的事情。

刚上任的不谙宫中事务的宫相汤浅仓平和一直想辞职的枢密院议长一木喜德郎应该不会主动做出如此举动，这背后一定有多年担任内大臣秘书官长且熟稔宫中事务和惯例的木户幸一的推动。木户幸一和近卫文麿同为青年华族，原本就关系亲密。前面也提到过，在西园寺公望和他们觉察到三月事件时，他们就曾联名向西园寺公望进言应对措施，但并得到采用。他们与青年将校也有过接触。

近卫文麿和木户幸一这样的年轻华族支持的并不是扩大在中国的战争，或者对抗美、英等。但是，他们也受到了建设新的经济体制，以适应世界经济区域化的新形势的观点的影响。在这一点上，他们与元老西园寺公望有些不同。

在此背景下，木户幸一在"二二六"事件中受到强烈冲击。他不像西园寺公望那样把宫中与军部分开，而是希望宫中和军部的关系更加紧密，认为应该在加深理解军部意图的基础上统管军队。在这个过程中扮演牵线人角色的就是近卫文麿。如此一来，在 20 世纪 30 年代中期，在被西园寺公望寄予厚望的华族间出现了对他认为的宫中应有之态的批判趋势，且以"二二六"事件为契机，该趋

势开始转变为行动了。但是，宫相汤浅仓平暗地里向近卫
文麿试探他是否有出任内大臣的意向，近卫文麿以健康状
况不佳为由拒绝了他。

虽说是非正式会谈，但与继任内大臣有关的人事调动
是在未与西园寺公望商讨的情况下推进的，尽管此时西园
寺公望已经返回"坐渔庄"，且其与外界的通讯联络完全
畅通。西园寺公望并不打算就此默默接受元老权威的衰
落，在接到近卫文麿谢绝出任内大臣的电话后，他让私人
秘书原田熊雄通过电话向木户幸一转告自己的想法，即宫
相汤浅仓平是内大臣的合适人选。

在此之后，2月28日首相冈田启介向天皇提交内阁
成员的辞职书，第二天上午8点半，陆军开始行动，将参
与政变的部队视为反叛军进行讨伐。于是，枢密院议长一
木喜德郎、宫相汤浅仓平、内大臣秘书官长木户幸一三
人，在没有询问西园寺公望且内大臣之位空缺的情况下，
决定了继任首相的推荐事宜。具体而言，由枢密院议长行
使内大臣一直以来的职责，但该决定没有提及要召集
"重臣"一事。这些内容被呈报给天皇后，得到了天皇的
应允。也就是说，在三年前的2月按照西园寺公望的指示
制定的继任首相推荐程序，竟在没有西园寺公望介入的情
况下直接被更改了。

2月29日下午2点，在收到已经基本上扫清了政变

元　老

势力的奏报后，一木喜德郎、汤浅仓平等人启动了继任首相的推荐手续。西园寺公望接到了侍从次长广幡忠隆的电话，电话中传达了天皇想要询问他关于下一届内阁的事情，如果方便的话，希望西园寺公望能够进宫。不派遣使者而仅凭电话相托，这种形式自元老制度形成以来还是首次被采用。

西园寺公望应进宫之命令，于 3 月 2 日下午进宫拜谒天皇，接受关于下一届内阁的组织事务的询问。接着，他与宫相汤浅仓平、枢密院议长一木喜德郎进行会谈，又听取了内大臣秘书官长木户幸一的情况说明。一木喜德郎认为由平沼骐一郎接任首相是合适的，但是西园寺公望竭力推荐近卫文麿，木户幸一也赞成推选近卫文麿为候选人。

虽然对于被一木喜德郎、汤浅仓平、木户幸一等人更改并得到天皇许可的继任首相推荐程序，西园寺公望就这样遵循了，但是在首相的人选推荐上，西园寺公望对自己的主张坚持到底。他还于 3 月 4 日去说服近卫文麿接任首相一职，但是近卫文麿以自己身体不好为由坚决推辞。尽管如此，西园寺公望仍然向天皇推荐近卫文麿，近卫文麿虽然接到了天皇的组阁命令，但最终还是推辞了。

在近卫文麿还在京都帝国大学读书的期间，西园寺公望就十分看好他。但是，在这紧要关头，近卫文麿未能展现其有担当、能应战的勇气。自"二二六"事件发生以来一直绷紧了弦的八十六岁的西园寺公望无比失望，一下子因劳累而病倒，已经无力主导时局了。

稍后，3月6日，宫相汤浅仓平就任内大臣，松平恒雄（驻英大使、秩父宫妃势津子的父亲）就任宫相；3月9日，广田弘毅（前外相）组阁。西园寺公望虽然支持这一系列的人事变动，但发挥主导作用的是枢密院议长一木喜德郎、宫相汤浅仓平，以及内大臣秘书官长木户幸一等人。

此外，一木喜德郎因病辞任后，3月3日取而代之的是在此之前一直被西园寺公望反对的平沼骐一郎，对此西园寺公望没有再提出异议（伊藤之雄『元老西园寺公望公望』）。

元老的重担

广田弘毅内阁的十三名成员中，只有三名政党人士，官僚出身的成员比例比"二二六"事件前的冈田启介内阁的还高。但是，由于该届内阁在成立之时就有些软弱，且未能压制住主张解散众议院的陆相寺内寿一，在不到一年后，即1937年（昭和十二年）1月23日，便因内部意见不统一而集体辞职。

由此，内大臣汤浅仓平、侍从长百武三郎（海军大

将）、侍从次长广幡忠隆、内大臣秘书官长松平康昌和皇
后大夫木户幸一（前内大臣秘书官长）等人于当天就继
任首相的咨询手续进行协商（『木户幸一日记』1937 年 1
月 23 日）。包括木户幸一在内的五人之所以就手续进行
商定，是因为内大臣汤浅仓平等人是在"二二六"事件
后才就任的，考虑到事件的影响，他们对于按照元老西园
寺公望的意思再次确认手续这一问题缺乏信心。让已成为
皇后大夫、与继任首相推荐问题无直接关系的木户幸一也
加入进来，是想向他学习经验，毕竟他多年来一直担任内
大臣秘书官长。由此也可以看出汤浅仓平等人毫无自信。

首先是对内大臣汤浅仓平的咨询，汤浅仓平奉答应该
听取元老西园寺公望的意见。于是，天皇要求西园寺公望
进宫以便咨询，侍从长将咨询内容以书面形式记下来，侍
从职员把它送到了静冈县兴津的"坐渔庄"。

前面已经讲到，1933 年 2 月确立的咨询手续（没有被
正式公开，也未被记录下来）在"二二六"事件中由宫
相、枢密院议长等人进行了更改。从同样未要求"重臣"
进宫协商来看，此次基本沿袭了"二二六"事件时的形式。
这主要是考虑到西园寺公望出于身体原因无法进宫吧。

1937 年 1 月 10 日西园寺公望患了感冒，后来虽然逐
渐恢复，但他仍然不能下床（『熊谷八十三日记』1937 年
1 月 10 日~23 日）。在推荐继任首相一事上，除元老以外

最重要的就是内大臣汤浅仓平了，但其担任内大臣的时间尚不足一年，就算加上担任宫相的时间，其在宫中的任职时间也不足四年。别说首相一职了，就是内阁大臣他也没当过。宫相松平康昌和侍从长百武三郎就任也不足一年。就推荐继任首相所需的正当性而言，八十七岁的元老西园寺公望的权威无论如何都是不可或缺的。

由于西园寺公望因病卧床不起，第二天内大臣汤浅仓平听取了枢密院议长平沼骐一郎的意见作为参考后，前往兴津拜见西园寺公望。

汤浅仓平与西园寺公望会谈了四十分钟左右，西园寺公望向汤浅仓平表达了自己认为大将宇垣一成（前陆相、朝鲜总督）能胜任继任首相的态度。为了能顺利统管陆军，西园寺公望之前就通过探查陆军内部的反应和意见等，研究了宇垣一成担任继任首相的可能性。前面已经提到，在差不多正好两年前发生的天皇机关说事件中，西园寺公望就曾向私人秘书原田熊雄透漏，冈田启介内阁之后就只有宇垣一成内阁有希望了。

汤浅仓平返回东京后，向天皇汇报了西园寺公望的意见。宇垣一成受命进宫，于 1 月 25 日清晨接到组建内阁的诏书。

平沼骐一郎虽然是枢密院议长，在推荐继任首相一事上却并未正式参与协商，内大臣汤浅仓平也未发挥积极作用，而元老西园寺公望成为核心可以说是这次的特色了。[1]

　　既然近卫文麿无意以毅然决然之姿态来压制军部、组建内阁，那么即使考虑到可能遭到陆军内部的反抗，最有可能压制军部且能把中国境内发生军事冲突的可能性降到最低的人选，也非宇垣一成莫属了。在动荡不安的局势下，西园寺公望尽力选出最合适的首相候选人，相比于过去的规则，他更看重如何让民众信服。因此，到目前为止推荐继任首相的程序仍未公开，知晓的人只有天皇（或摄政）和元老西园寺公望、内大臣、宫相等宫中近侍。当然，无视惯例地推荐继任首相是否会失去正当性，对这一点他们是慎之又慎的。从这个意义上来说，西园寺公望和伊藤博文一样，他们都根据局势适时思索理想之真义，既是真正的理想主义者，也是真正的现实主义者。

宇垣一成组阁未竟，西园寺公望万念俱灰

　　对于宇垣一成即将奉命组建内阁一事，政党、经济界和民众的呼声很高，对宇垣一成的期待也高涨起来。但是陆军、右翼势力对国民拥护宇垣一成的势头十分反感，感觉受到了威胁。

　　"二二六"事件之后，迫于军部的压力，1936年（昭和十一年）5月，陆军部、海军部开始实行官制改革，陆

军大臣、海军大臣必须是现役的中将或者大将。宇垣一成虽然担任过陆相，但是由于被编入了预备役，在陆军不推选陆相的情况下，他无法兼任陆相。

陆军内部抨击宇垣一成的呼声见涨，最终宇垣一成没有当上陆相候选人。1937年1月27日早晨，宇垣一成向内大臣汤浅仓平提出三个应对措施，暗中向宫中寻求帮助。

这三个对策是：①在不任命陆相的情况下，将首相宇垣一成任命为陆相"事务管理"；②天皇颁发"优诏"给现役将官，任命其为陆相；③将预备役将官（宇垣一成或者宇垣一成的心腹将官）恢复为现役将官。

无论是哪一项，如果其得不到天皇的协助就都只是无稽之谈，但一旦执行，就会招致陆军的强烈反抗。这不仅有可能引发政变，而且如果不能就此使陆军屈服的话，天皇以及促成这一情形的元老、内大臣就将颜面扫地，最终甚至会导致事态一发不可收拾。

元老西园寺公望没有积极行动，内大臣汤浅仓平也拒绝协助，昭和天皇也做出了同样的判断。

1月29日正午，宇垣一成向天皇谢绝组建内阁之事。推举继任首相一事再次被提上日程，由于西园寺公望仍然因病卧床不起，内大臣汤浅仓平再次被派往"坐渔庄"。西园寺公望与汤浅仓平协商的结果是，将枢密院议长平沼骐一郎作为第一候选人，将陆军推举的林铣十郎（前陆相、"九一八"事变爆发后擅自越过边境的朝鲜军司令官）作为第二候选人。在"二二六"事件中，与平沼骐一郎关系亲近的荒木贞夫等皇道派系的将官下台，平沼骐一郎由此失去统管陆军的信心，谢绝出任。于是林铣十郎接受组阁命令，2月2日林铣十郎内阁成立。

实际上，西园寺公望似乎已经对两次到访"坐渔庄"的内大臣汤浅仓平提出申请，想要退出推荐继任首相的相关垂问和奉答等事宜。他的理由是，他认为自己无力回应天皇之召，现在与政界接触少了，对人事安排也疏于了解（『西園寺公と政局』第五卷，262頁、增田壮平『坐漁莊秘録』，247頁）。这只是表面上的理由，实际上的原因是从宇垣一成内阁未能组建之事，他已经看不到继续担任元老的希望了。

但是，对于西园寺公望婉拒奉答的意向，昭和天皇及内大臣汤浅仓平等宫中近侍并没有接受。他们虽然负责了推选继任首相的实际事务，但还是希望通过元老西园寺公望来尽可能地保证推选的正当性。[2]

第十四章

太平洋战争真的
无法避免吗

天皇的努力和内大臣的辅弼

天皇和内大臣汤浅仓平的合作

陆军出身的首相林铣十郎组阁三个月后，因看不到内阁与议会关系改善的希望，下定了辞职的决心，并希望近卫文麿出任下任首相。近卫文麿不仅在军部，而且在金融界和政党等各方面都得到了很高的呼声。

到了 1937 年（昭和十二年）5 月下旬，昭和天皇接受了内大臣汤浅仓平多达六次的拜谒请求（『昭和天皇実録』1937 年 5 月 20 日、21 日、24 日、26 日、28 日）。

元 老

可推测这应该是跟接任林铣十郎的人选有关。在前一章中
我们看到，在推荐林铣十郎之后，西园寺公望就再也没有
力气操心继任首相的推荐问题了。加上内大臣汤浅仓平的
政治能力较弱（松田好史『内大臣の研究』），昭和天皇
不得不打起百倍精神来应对。

5 月 31 日，首相林铣十郎奉上内阁全体成员的辞职
书时，天皇立即召集内大臣汤浅仓平进宫咨询。内大臣汤
浅仓平与枢密院议长平沼骐一郎、宗秩寮总裁木户幸一、
内大臣秘书官长松平康昌等协商，并获取了西园寺公望的
推荐后，将近卫文麿作为首相候选人奏报给天皇（『昭和
天皇実録』1937 年 5 月 31 日）。

这里值得注意的是，天皇对内大臣汤浅仓平进行了垂
问，汤浅仓平与平沼骐一郎、秘书官长松平康昌协商的结果
基本上确定了近卫文麿为人选。元老西园寺公望则仅在最后
确认了这样做是否可行。这实际上等同于内大臣汤浅仓平的
一人推荐制，是一种全新的形式。之所以会变成这样，是因
为包括陆军在内的各界人士对近卫文麿有望担任继任首相一
事达成了共识，于是选择首相候选人也就不那么困难了。

第二天（6 月 1 日），内大臣汤浅仓平到静冈县兴津
的"坐渔庄"拜访了西园寺公望，他们在推荐近卫文麿
方面达成意见统一。在此之后，汤浅仓平又与近卫文麿会
谈，确认其有意接受此重任，然后奏报了天皇。天皇命令

近卫文麿组建内阁（『昭和天皇実録』1937 年 6 月 1 日）。
6 月 4 日，加上两名政党出身的新阁员，官僚派的举国一
致的近卫文麿内阁正式成立。

然而，约一个月后，中国爆发了抗日战争，战火逐步
扩大，战事何时才能结束也不明朗，近卫文麿内阁陷入僵
局。到了 1938 年年末，如果首相近卫文麿辞任，就推选
枢密院议长平沼骐一郎为首相，这个决定是由首相近卫文
麿、内大臣汤浅仓平、厚生大臣木户幸一等人做出的。这
是出于陆军看好平沼骐一郎，希望平沼骐一郎来统管陆军
的考虑。

虽然汤浅仓平以内大臣身份、近卫文麿以首相身份考
虑继任首相人选的问题，没有违背一直以来的惯例，但是
即使推选首相的流程是非正式的，厚生大臣参与这种事也
是没有先例的。这之所以可行，是因为在内大臣汤浅仓平
经验尚浅、木户幸一为内大臣秘书官长的时候，木户幸一
曾通过收集军部的信息等，实际上参与了继任首相的推
荐，所以虽然他此时是厚生大臣，但他这次的参与可以说
是之前工作的延续。木户幸一也是下任内大臣的有力候选
人，虽然是非正式的，但实际上他已经开始参与推荐继任
首相的工作。

过了 1939 年（昭和十四年）元旦，天皇允许内大臣
汤浅仓平从 1 月 2 日开始每天觐见。1 月 4 日首相近卫文

麿奏呈全体内阁成员的辞职书后，天皇命令内大臣汤浅仓平向西园寺公望"征求意见"（『昭和天皇実録』1939 年 1 月 2 日~4 日）。

从这次的操作可以看出，在汤浅仓平把与近卫文麿、木户幸一等协商得出的结果奏报给天皇这一过程已成既定事实之后，西园寺公望才作为参考对象被"征求意见"。天皇并没有直接对西园寺公望进行垂问。

心灰意冷的西园寺公望

当天内大臣汤浅仓平前往"坐渔庄"拜访了西园寺公望，听取了他的意见，并表示自己将对推荐平沼骐一郎为继任首相的事担负起责任。同样，这次也没有召开"重臣会议"。从近卫文麿内阁、平沼骐一郎内阁的成立过程来看，值得我们注意的是，为了补足内大臣的权力，在继任首相推选前和推选的过程中，昭和天皇与内大臣保持了密切的意见沟通。还可以确定的是，推荐继任首相的重要责任转移到了内大臣手中。虽然情况如此，但对与内大臣汤浅仓平、近卫文麿、木户幸一等人不同，以不迎合军部为原则的西园寺公望来说，此时已经找不到合适的人选了。

如此一来，由于对政治的热情逐渐丧失，这位八十九岁的老人迅速丧失了生活的动力。同年 1939 年（昭和十四年）3 月，有人拜托西园寺公望鉴定一幅书法作品是否为其亲笔。西园寺公望在执事熊谷八十三在场时打开了这幅书法。该作品中恰有一句是"人生若大梦"。西园寺公望看到这一句，不禁对熊谷八十三感慨道："吾等人生若小梦。"

西园寺公望把自己的人生和执事熊谷八十三相提并论，带着自嘲的口吻回顾自己的一生"若小梦"，从这一点可以看出，他虽然想拼尽全力走到最后，现实中却有许多无奈。西园寺公望的这种遗憾在这件事中流露无遗（伊藤之雄『元老西园寺公望公望』，328～330 页）。

反感三国军事同盟的天皇

首相平沼骐一郎受到反苏（反共）意识形态的影响过多，一直没有形成客观独立的世界观和外交观。对于陆军推进日本、德国、意大利三国缔结军事同盟的意愿，首相平沼骐一郎曾费尽心思考虑应对措施。1939 年（昭和十四年）8 月末德国与苏联签订《苏德互不侵犯条约》后，对未来失去信心的平沼骐一郎于 8 月 28 日提交了内阁全体成员的辞呈。

8 月 5 日，在由首相、陆相等五大重要内阁成员参与的"五相会议"上，陆相板垣征四郎提议缔结三国军事同盟，昭和天皇对此十分反感，期望陆相改变想法。从8日到13日，天皇应允了内大臣汤浅仓平多达六次的拜见请求（『昭和天皇実録』1939年8月8日~13日），应该说这与三国军事同盟问题和平沼骐一郎内阁的存续问题不无关系。

在此之后，天皇一直担心三国同盟问题，于是询问了侍从武官长畑俊六大将和陆相板垣征四郎。19日天皇与内大臣汤浅仓平进行了长达一个小时的会面，然后在同一天又接见了他两次。在从20日到平沼骐一郎提交辞呈的28日间，天皇还应允了汤浅仓平多达九次的拜见请求（『昭和天皇実録』1939年8月16日~28日）。

汤浅仓平就任内大臣一职已将近三年半，他不断地从近卫文麿和木户幸一那里收集军部动向的相关信息，从而稳固了自己作为天皇的首席咨询对象的地位。但是，汤浅仓平对近卫文麿、木户幸一拥有多大程度的主导权尚不明确。他对陆军的影响力更是微乎其微了。

对陆相人事任命的介入

首相平沼骐一郎奉上辞呈时，天皇召见了内大臣汤浅仓平，就继任首相进行询问。加上陆军的要求，到此时为止，推选陆军大将阿部信行（木户幸一的亲戚）为继任首相一事基本已经确定了。内大臣汤浅仓平与枢密院议长近卫文麿会谈后，到御殿场与正在避暑的西园寺公望进行了面谈。当天，他又拜谒了天皇，最终推荐了阿部信行为第一候选人。

天皇命令阿部信行组建内阁，同时要求他遵守宪法，在政局与财政方面改善与英美的关系。此外，天皇还表达了自己对陆军的长期不满，称有必要重新整肃陆军，且他认为没有比侍从武官长畑俊六或陆军中将梅津美治郎更适合出任陆相的人选了。虽然这一点遭到三大长官（即陆军三大干部陆相、参谋总长和教育总监）的反对，但他依然决定执行自己的想法（『昭和天皇実録』1939 年 8 月28 日）。

就这样，陆军内部也未提出反对意见，在昭和天皇及内大臣汤浅仓平、近卫文麿、木户幸一等人的意志下，大将阿部信行成为首相，并在管制陆军、阻止三国同盟的缔结、避免与英美的关系恶化等方面被给予厚望。当然，尽早结束在中国的战争毫无疑问也是目的之一。虽然在此之前的多年中，陆相基本固定为由陆军的三大长官来选定，[1] 像这次一样在首相是陆军出身的情形下由天皇直接提出陆相人选还是前所未有的情况，但这只反映了天皇个人的意志，并不是对陆相的正式任命。可以说天皇还是在君主机关说的规定范围内行事的。

这反映了在当时国际形势大幅恶化的大背景下，日本国内的首相没有实权，元老几乎名存实亡，内大臣也没有补位的实力。在这种状况下，天皇不得不出面承担元老的职责，开始挽救政治局势。

但是陆军首脑已经基本确定了陆相候选人为矶谷廉介（陆军中将）和多田骏（陆军中将），这与 8 月 28 日天皇向待命组阁的大将阿部信行传达的陆相候选人不同。29 日的早报刊登了这件事。天皇召见了侍从武官长畑俊六，表示自己不同意陆军首脑提议的两位候选人，并且用"激烈"的言辞表达陆军部"应该任命自己信赖的部下"，又命令他向现任陆相传达这一意旨。

由于陆相板垣征四郎正在参加内阁会议，侍从武官长畑俊六请陆军次官山胁正隆传达了天皇早上的意见。于是，山胁正隆解释说昨日天皇对大将阿部信行说的话已被及时传达给陆军首脑，早上三大长官会议上确立了推举畑俊六为继任陆相，希望畑俊六能出任该职。畑俊六接受了命令。如此一来，8 月 30 日阿部信行内阁就正式成立了（『昭和天皇実録』1939 年 8 月 29 日、30 日）。

从这个过程来看，天皇只要表现强硬的态度，就能影响陆相的人事决定。但天皇并不是超越宪法的专制君主，而是宪法下的君主（君主机关说性质的天皇）。他不会直接向国民公布自己的意见，也不会直接对负责陆相人事任命的三大长官下达命令；他只是通过对即将组阁的大将阿部信行或可称为天皇亲信的侍从武官长下令，来间接地将想法传达给负责人。

为了防止局势进一步恶化，自 19 世纪 90 年代后期明治宪法体制基本稳定以来，昭和天皇开始尽力在明治天皇、大正天皇的行为界限以及宪法规定的范围内行动。

天皇影响力的局限性

问题在于，虽然天皇在人事层面间接地施加了影响，但是他的期望，如阻止缔结三国同盟、与美英等欧美主流国家进行协商谈判等，一个也没实现。这是因为如果陆相人选是陆军能接受的，那么这个人选就不会与陆军正面对决，并试图改变陆军的方针。天皇和汤浅仓平、近卫文麿、木户幸一等看重的首相阿部信行也好、陆相畑俊六也好，都不符合标准。

此后发生了更严重的事情。1939 年（昭和十四年）9 月 1 日德军入侵波兰，第二次世界大战爆发，德国势头猛劲，攻陷的范围不断扩大。在这种情况下，日本最终走向三国同盟的趋势已经无法改变。

是否解散众议院的问题引起了内阁与陆相、海相的对立，于是阿部信行内阁在组阁四个半月后提交了辞呈。

看到这种情况，且考虑到只有任命一位理想人选为首相才能改变事态的发展趋势后，天皇意识到这一首相人选应是海军中的实权者，他既不会迎合陆军，又有能力获得陆相之位。这是因为天皇在听取内大臣汤浅仓平、近卫文麿、木户幸一等的建议的基础上建立的阿部信行内阁，最终也以失败告终了。

天皇对米内光政内阁的态度

天皇自 1940 年（昭和十五年）1 月 8 日到 13 日，共接见了汤浅仓平七次。其中 10 日的拜谒长达七十分钟。尤其在阿部信行决定上奏集体辞职的 12 日，天皇分别于上午和下午两次召见汤浅仓平，并于 13 日用长达一个小时的时间又召见了他。在阿部信行决定内阁集体辞职的两天前（1 月 10 日），军令部总长伏见宫博恭就用兵一事上奏，那时，天皇就推选米内光政大将（前海相）为继任首相一事询问了海军的意向。或许是因为当时没有得到明确答复，天皇在 11 日就此事再次询问了军令部总长伏见宫博恭（『昭和天皇実録』1940 年 1 月 8 日～13 日）。

从这一系列动作可以看出天皇对米内光政内阁抱有很高的期望，并试图借内大臣汤浅仓平来贯彻自己的意志。

天皇以自己不亲自出面的形式，在背后行使着元老的职能。

1940 年 1 月 14 日，首相阿部信行提交全体内阁成员的辞呈，天皇就继任首相人选问题询问内大臣汤浅仓平。接着天皇又通过侍从长百武三郎向枢密院议长及首相的离任官阶礼遇者传达了自己的旨意，让他们分别向内大臣陈述自己对继任首相的意见（『昭和天皇実録』1940 年 1 月 14 日）。

虽然内大臣汤浅仓平根据天皇的意思推选米内光政大将为继任首相之事已基本确定，但是枢密院议长和首相的离任官阶礼遇者仍然根据昭和天皇的意志，各自向内大臣陈述了意见。

这种"重臣会议"的重启是 1933 年 2 月的继任首相推荐形式的回归。米内光政不在陆军期望的首相候选人之列，天皇想通过重启"重臣会议"，来树立米内光政的权威（权力的正当性）。

"重臣"之中，冈田启介（前首相）和平沼骐一郎（前首相）赞同米内光政当选首相，近卫文麿（前首相、枢密院议长）推荐的第一首相候选人为内阁参议池田成彬（前藏相、商工相、三井财阀的干部），米内光政是其推荐的第二候选人。之后，内大臣汤浅仓平派内大臣秘书官长松平康昌去询问西园寺公望，西园寺公望对于推选米内光政也没有异议。

元 老

就这样，米内光政当天就接到了组阁命令。之后，天皇又召见了陆相畑俊六，询问陆军对米内光政内阁的态度，畑俊六答复说陆军会效力于米内光政内阁（『昭和天皇实录』1940年1月14日）。从天皇对待陆相畑俊六的态度，也可以看出天皇对于组建米内光政内阁的态度。

在二战战败第二年的3月到4月间，昭和天皇完成了关于战败的回忆录《昭和天皇独白录》（『昭和天皇独白録』，49页）。其中提到："可以说米内光政被推荐为'首相'主要是由我促成的。"天皇向反对"日德同盟"的伏见宫博恭提议推荐米内光政为首相后，伏见宫博恭没有表示反对。于是出于抑制"日德同盟论"的意图，天皇任命米内光政为首相。从这本在战败不到一年后完成的回忆录看，天皇是很坦率的。

值得回味的另一点是，在当时进行三国同盟条约谈判的局势下，由于合适的首相候选人已经基本上找不到了，颇有索性放手不管之意的元老西园寺公望在被问到对米内光政的意见时，给出了没有异议的答复，可以看出他可能多少恢复了一些气势。西园寺公望也希望拥护米内光政的声音能多一些吧。然而，西园寺公望在1940年1月7日由于胃痛几乎无法进食，在之后的1月17日得了轻微的感冒，21日又有轻微脑贫血发作，其身体状况不断恶化，好在到2月10日时终于开始有些好转（伊藤之雄『元老西园寺公望公望』，333 页）。西园寺公望这次已经不是接受关于首相人选问题的垂问，而只是被征求一下意见而已，且这也已经接近他身体承受能力的极限了。

言归正传，被昭和天皇寄予厚望的米内光政内阁，在 1 月 16 日正式成立。

内大臣木户幸一与"重臣会议"形式的定型

汤浅仓平自"二二六"事件起担任内大臣一职，在任职四年零三个月之后最终因病辞职。1940 年（昭和十五年）6 月 1 日，木户幸一（前内相）接任了内大臣一职。由于木户幸一得到了在陆军等各界受欢迎的近卫文麿（前首相）、内大臣汤浅仓平和首相米内光政等人的一致推举，所以据说元老西园寺公望也对他表示赞同。

此时木户幸一才五十岁，作为内大臣可以说是极其年轻了。木户幸一自 1930 年起担任内大臣秘书官长，与青年将校等的接触也比较多，因此对宫中和军部的事情比较熟悉。于是，1936 年的"二二六"事件爆发之后，木户幸一开始参与内大臣的人事安排、商议推选广田弘毅为继任首相等事务，甚至曾超出自己的权限就元老与内大臣级别的事务进行发言。最终，他于同年 7 月专任宗秩寮总裁；他虽然卸任了内大臣秘书官长一职，但是与同为青年

元　老

华族的近卫文麿关系密切，这为他后来成为内大臣有力候选人奠定了基础。终于，实力派的内大臣候选人出现了。

在木户幸一就任内大臣一个半月后的 1940 年 7 月 16 日，由于陆相畑俊六在正午提交辞呈，当天夜里首相米内光政提交了全体内阁成员的辞呈。从四个月前开始，在以前首相近卫文麿为中心建立新党的背景下，第二次近卫文麿内阁组建，该内阁计划推进中日战争问题的解决。由于新党与已有政党的分分合合尚未扯清，因此这次运动被称为"新体制运动"（伊藤隆『近衛新体制』）。陆军希望近卫文麿借此东风再次组阁，加强内阁和各界的团结，从而推行陆军的主张。由于陆相辞职，且没有有力的人选来接替陆相，昭和天皇极其期待的米内光政内阁不得不在半年内解散。[2]

陆相畑俊六辞职后，天皇准允了内大臣木户幸一的拜见，木户幸一就经研究决定的内阁更替后该如何推选继任首相一事密奏天皇，天皇对此表示认可（『昭和天皇実録』1940 年 7 月 16 日）。

除了缺少元老这一点外，它基本上与 1933 年 2 月 "重臣会议"中规定的继任首相推荐方式相同。但在 1940 年 1 月被启用时，流程变为天皇首先垂问内大臣，之后将 "重臣"聚集到宫中"协商"。对"重臣"定位的强化是最大的区别。

另外，在此之前属于"重臣"范围的是枢密院议长和享受首相离任官阶礼遇的人员，而新方法中的"重臣"包括枢密院议长和原内阁总理大臣，这也是一个区别。之所以如此，是因为陆军的肆意妄为导致短命的内阁接二连三地出现，首相即使没有因受贿等辞职，也多因为任期过短而无法得到离任官阶礼遇。而在先例中，首相获得这种待遇需要有三年以上的任期（井原頼明『增補皇室事典』，320 頁）。

关于听取元老的意见一事，内大臣或者接到命令的秘书官长仅仅走个形式以体现"咨询"的过程，即使他们与元老意见相左，最终结果也可能不受影响，这在书面上也有体现。自 1937 年 1 月宇垣一成谢绝组阁以来，元老西园寺公望已经心灰意冷。而且自 1939 年以来内大臣把推荐继任首相当作自己的"分内职责"，实际上也的确是这样的。

元老西园寺公望的婉拒奉答和辞世

前文已述，在 1940 年（昭和十五年）7 月 16 日之夜，米内光政内阁提交辞呈，天皇就继任首相的问题垂问内大臣木户幸一，并于 17 日召集了"重臣"。内大臣木户幸一和枢密院议长原嘉道，以及近卫文麿、若槻礼次

郎、广田弘毅、冈田启介、平沼骐一郎、林铣十郎等前首
相进行协商，推选近卫文麿为继任首相（『昭和天皇実
録』1940 年 7 月 17 日）。

　　17 日傍晚，内大臣秘书官长前往"坐渔庄"拜访西
园寺公望，报告了内大臣木户幸一同"重臣"的协商结
果，并征求其意见。当天早上，西园寺公望的私人秘书原
田熊雄已经向他传达了近卫文麿可能会再度组阁的信息。
西园寺公望当时表示，现在竟然还有被民意左右的执政
者，（近卫文麿）那种思想落伍的人物令人担忧啊。

　　内大臣秘书官长向西园寺公望寻问关于推选近卫文麿
为继任首相的意见时，西园寺公望以自己已年迈，近来又
多病，对时局把握不清为由，表示"请允许我谢绝表态"，
拒绝表达意见（『木戸幸一日記』1940 年 7 月 16 日 ~ 17
日，『西園寺公と政局』第八卷，281 ~ 291 頁）。

　　近卫文麿第一次组建内阁时，西园寺公望就深刻感受
到近卫文麿为赢得支持而极力迎合大家，其性格其实十分
懦弱。由此，西园寺公望断定近卫文麿内阁一定会因受陆
军牵制而置日本于险境。以高龄和身体状况不佳为由，连
形式上的奉答都不愿完成，这可以说是西园寺公望作为元
老的坚持和轻微的反抗吧。

　　对于西园寺公望谢绝表态这一结果，内大臣木户幸一
的判断是西园寺公望确实不知情，而不是反对近卫文麿组

阁。于是他继续向前推进，向天皇奉答。天皇对此表示接受，7月22日第二次近卫文麿内阁成立。

昭和天皇和内大臣木户幸一都十分看好首相近卫文麿能压制陆军。然而，事实证明退隐"坐渔庄"、受疾病之苦的九十岁老人对近卫文麿的看法才是正确的。在第二次近卫文麿内阁组建两个月后的9月27日，日本就签署了与德、意的三国军事同盟的条约。

德国于前一年秋天、意大利于该年6月发动了对英、法等国的战争，美国则向英国提供武器和物资援助。三国同盟将欧洲的战事与日本联系在一起，日本迈出了对美英作战的一大步。

在三国同盟条约签订两个月后，西园寺公望的肾盂肾炎等疾病恶化，再加上他本就因高龄而身体衰弱，最终于11月24日病逝了。如此一来，内大臣、各"重臣"尤其是昭和天皇的权力更加集中，最终沦落成一种形式的元老也从世上消失了。

从此时起，到太平洋战争爆发前的第三次近卫文麿内阁、东条英机内阁的成立为止，推选继任首相的程序都是天皇先向内大臣木户幸一垂问，以理解昭和天皇旨意的内大臣木户幸一为中心的"重臣"再进行会谈。然而，天皇、内大臣木户幸一等人虽然竭尽全力推选继任首相，但日本还是走向了太平洋战争。

元　老

　　"重臣"发挥巨大作用的事件有 1944 年（昭和十九年）7 月东条英机内阁垮台和小矶国昭、米内光政联合内阁成立，以及 1945 年 4 月铃木贯太郎内阁成立。战争临近结束时，天皇和内大臣木户幸一对这些内阁都十分期待。在小矶国昭、米内光政的联合内阁后期，天皇判断首相小矶国昭无法终结战争，命令他终止以和谈为目的的"缪斌工作"，此事甚至直接成为该内阁倒台的契机（『昭和天皇実録』）。虽说有内大臣木户幸一，但是在没有强有力的元老支持的情况下，为了能尽可能地减少牺牲者，天皇就算做出稍微超出君主机关说的范围的行动，也希望迅速终结战争。

　　促使日本以无条件投降来结束战争的真正动因在于广岛的原子弹爆炸（8 月 6 日）和苏联的参战（8 月 9 日）。天皇判断陆军在日本"本土作战"的气势有所减弱，于是向内大臣木户幸一下令。由此，1945 年 8 月 15 日，战争终于结束了（伊藤之雄『昭和天皇伝』）。

　　在当天东久迩宫内阁和 10 月的币原喜重郎内阁的首相推选中，天皇对内大臣木户幸一进行了垂问。因难以召集"重臣"，他只与木户幸一和枢密院议长平沼骐一郎进行了协商。这也是考虑了美国（之后的驻日盟军总司令）的意志后，在天皇意旨的基础上，以内大臣木户幸一为中心进行的协商。但是，继任首相的推选事实上到东久迩宫就结束了，因为在 11 月内大臣一职被撤销了。

1946 年 5 月吉田茂内阁（以众议院第一大党自由党为执政党）的成立，实际上走的是得到驻日盟军总司令的同意后，由前首相币原喜重郎推荐给天皇的形式（『昭和天皇実録』）。在第二年的 5 月 3 日，《日本国宪法》开始施行，此后继任首相的推选就变成由国会投票决定的形式，和现在一样。

由此来看，以内大臣为中心推选继任首相的形式同以元老为中心的形式一样，在动荡时局中为了维护其正当性而发生了灵活的改变。此外，在情势恶化时，由于缺少得力元老的支撑，天皇不得不介入首相推选，甚至游离在宪法规定的边缘，这成为极大的特色。也就是说，元老职能与其说是由内大臣等人继承的，不如说是由昭和天皇和内大臣共同继承的。

末　章

元老制度与近代日本

元老在近代日本发挥的作用

　　关于继任首相的推选问题，与在无明文法律状态下由元老这种非正式机关选定，再向天皇推荐的形式相比，由国会（《大日本帝国宪法》下为帝国议会）投票选出的方式的确是民主的。然而，帝国议会开设后，日本迅速采用了由帝国议会的众议院多数党选出，之后由天皇在形式上做出认可并下令组阁的形式。对于日本的发展来说，这种方式真的好吗？

　　发展中国家效仿发达国家建立民主政治制度并不是多么困难的事情。但是自第二次世界大战以来直至今天，很多发展中国家一下子改头换面，成为民主制国家，但其国内政治、经济发展不稳定，甚至连治安都无法成功保障的例子不在少数。跟欧美列强相比，明治维新后的日本可以说是发展中国家，国民的意识在支撑近代化的外交、内政这两个方面尚需时日才能达到成熟状态。考虑到这一点，我们就能很清楚地看到元老制度发挥的积极作用。

第一，本书探讨了元老在近代日本的外交和内政中发挥的作用。

元老中起到核心作用的首先是伊藤博文，其次是1900年（明治三十三年）以后的伊藤博文和山县有朋，1909年10月伊藤博文被刺杀后是山县有朋。遗憾的是，山县有朋在第一次世界大战结束前后，面对新时代的新状况信心渐失，最终成为第一个真正意义上的政党内阁——原敬内阁中首相原敬的附属。从此时起到1937年（昭和十二年）年初，西园寺公望是元老的中心人物。

元老伊藤博文和西园寺公望，以及首相原敬对于帝国主义时代列强间的国际规范和正在形成的近代国际法有着较为深刻的理解。不仅如此，他们还时常思考日本的国力界限，把国际协调和在东亚各国间建立稳定的国际秩序放在首位，不仅加快了日本的近代化，也促进了政党政治的确立和民主化进程。虽然与伊藤博文、西园寺公望、原敬不同，山县有朋想要抑制政党的势力，维持藩阀官僚、官僚政治，但他不是极端的扩张主义者与殖民主义者。他经常考虑的问题是，在与列强、中国的关系不断恶化的情形下，日本如何避免被国际社会孤立。

也就是说元老的作用是在推选继任首相和其他重要问题上辅佐天皇，从而稳步推进日本与各国的关系，稳定日本的民主化、近代化进程，他们可谓从宏观层面为国家贡献了力量。在明治维新时还是小国的日本，到第一次世界大战之后一跃成为仅次于美国、英国的第三大国，成了国际联盟的常任理事国，并在此后十几年中支持着威尔逊主张的"新世界秩序"。发生这种情况的主要原因之一，就是在世界及东亚的发展大潮中，目光长远的元老们通过推荐继任首相，不断在外交和内政方面进行调整，指明日本的前进方向。

与天皇的关系

第二，通过本书还可以看出明治、大正和昭和三位天皇与元老的关系。虽然三位天皇都遵从伊藤博文设计的大框架下的宪法行事，作为君主机关说性质的天皇而存在，但是由于三人在个性、所处时代背景，以及宫中亲信的能力等方面不同，他们的行为也有些差别。

明治天皇十分信赖伊藤博文，深刻理解君主机关说性质的宪法观，并依此行事，在必要情况下以调停者的身份参与政治、施加影响，从而确立了自身权力的正当性。同时，明治天皇在不妨碍自己发挥最终调停者作用的前提下，在外交和内政两方面支持了伊藤博文确定的方向。

大正天皇没有接受政治教育的机会，加上被山县有朋过度压制，最终因病而几乎无缘于政治。但是，大正天皇对国际协调和英国式的立宪政治很感兴趣，这一点影响了裕仁皇太子。不仅如此，大正天皇在患病前营造的氛围，成为之后原敬组建内阁、为建立英国式政党政治而奔走时的重要支撑。

元老西园寺公望与年仅二十五岁就即位的昭和天皇的关系，与伊藤博文和明治天皇的关系略有不同。西园寺公望与昭和天皇、内大臣牧野伸显等在国际关系协调等问题上有相似的价值观，但是对于具体发生的事件该如何应对，他们的看法有所不同。这也许是因为昭和天皇在从即位到"九一八"事变的约五年间，与年迈的西园寺公望接触较少，受到的更多是内大臣牧野伸显等宫中亲信的影响。天皇由此不能在参与政治时作为调停者很好地平衡各方关系，从而未能确立自身权力的正当性。

出现上述局面是因为，与西园寺公望两度担任首相，曾近距离地接触伊藤博文、山县有朋等资深元老不同，缺乏这些经验的牧野伸显等宫中亲信在辅佐政治经验尚浅的天皇一事上力量极其有限。牧野伸显等未能预测到年轻且

元　老

威信不足的天皇打破常规的行动会带来的影响，以至于任凭天皇在正义感驱使下做出过于强硬的行为（如问责首相田中义一），反之又在涉及陆军统帅权的程序违反方面（如朝鲜军的擅自越境）过于懦弱，采取了默认的态度。

天皇之后才在痛苦的摸索中渐渐提高自己政治方面的才能。然而，无论是天皇，还是已经八十多岁高龄的元老西园寺公望，抑或是西园寺公望推选的首相，都已经无法抑制势力膨胀的陆军了。后果就是，日本已经无法维持自己与其他国家的关系的平衡与协调了。

元老制度的形成与确立

第三，本书明确了关于元老制度的形成和确立的问题，包括它是怎样形成的，由谁、为了什么而进行了调整，并再次确定了谁能被称为元老。

首先本书弄清楚了，《大日本帝国宪法》中并未规定元老制度。它并不是自然而然地形成的，而是为了应对新的情势形成的，并且根据实际情况不断地经历着调整。这依据了伊藤博文和明治天皇等人的意思，即应该继续保留作为调停者的君主机关说性质的天皇。

《大日本帝国宪法》规定，继任首相是由天皇在无人辅佐的情况下推选的。然而，伊藤博文想要建立君主机关说性质的天皇机制，在制定宪法之前，新首相主要从能团结藩阀官僚的有势者中选出，推荐程序的基础是内阁成员协商。这与宪法制定后的形式是相同的。

但是，在初期议会中，围绕着如何应对政党，政党绥靖派的伊藤博文和井上馨与政党压制派的山县有朋和黑田清隆等其他藩阀有势者之间出现意见分歧，由内阁推选首相的事情也因此无法进行了。

因此，虽然伊藤博文设想将自己、山县有朋、黑田清隆、井上馨和松方正义五人作为继任首相推荐者的人选，但明治天皇只垂问了藩阀中最有势力的伊藤博文、山县有朋和黑田清隆的意见，如此一来第二次伊藤博文内阁成立了。在此之后，每当内阁倒台时，天皇都会垂问藩阀中的有势者，敕裁被推荐的候选人，并决定首相人选，这一形式成了惯例。甲午中日战争之后，受过垂问的有伊藤博文、山县有朋、黑田清隆、井上馨和松方正义，他们于是被称为元老。

有趣的是，在甲午中日战争之前，那些后来被称为元老的最有实力的政治家当初的称呼是"元勋"或者"黑幕"，而"元老"这个表述当时指比他们稍微低一级的实力派政治家，或者指最有实力的政治家和相对有实力的政治家组成的集团。大约从第二次松方正义内阁成立的1896年（明治二十九年）的秋天开始，"元勋"这个说

元　老

法逐渐被"元老"所取代。其原因大概是当时急需让对新事物敏感度高的年轻政治家来进行甲午中日战争后的国家管理，且最有实力的政治家也通过自称"元老"，试图表达自己能够适应新时代等主张。

如上元老制度虽然已经建立了，但继任首相的推荐流程偶尔也会发生例外。如在1897年12月第二次松方正义内阁集体辞职之际，天皇只垂问了枢密院议长黑田清隆一人（天皇已考虑下任首相为伊藤博文）。黑田清隆答复伊藤博文或者山县有朋都能胜任，于是天皇下令让伊藤博文组建内阁。

我们已经知道明治天皇对伊藤博文极其信赖，但是如果任凭上述例外情形进一步发展的话，天皇的权限就会超出宪法设定的君主机关说范围。也就是说，让天皇承担政治责任将不利于国家的稳定。

因此，在1898年年初第三次伊藤博文内阁选定其成员之际，1月10日伊藤博文以"元老"的身份，正式奏请天皇召集在推荐首相时接受过天皇垂问的伊藤博文、山县有朋、黑田清隆、井上馨，以及西乡从道和大山岩。由此，召集"元老"共同协商如何应对时局的方案基本确立。

由于一般很难在首相辞任后立即找到接替者，因此上述六人再加上松方正义，这七人在此之后开始经常受到天皇关于继任首相的垂问（大山岩在日俄战争前的一段时间和战争后的七年间被排除在外）。就这样，"元老"的称呼和组织逐渐定型，宪法规定之外的常设机构"元老"于1898年确立起来了。

从这个过程我们可以知道，在明治时期，想要成为新元老，就要获得天皇（明治天皇）、伊藤博文，以及其他元老的认可。到了大正时期，大正天皇几乎没有权力，因此元老们的认可就是最重要的因素了。1916年（大正五年），西园寺公望被吸纳为最后的元老。

另外，桂太郎在第三次桂太郎内阁成立之际曾出席元老会议，大隈重信也在原敬内阁成立之时受到垂问。但是，他们并没有被元老们视为元老，且没有继续参与推荐继任首相的工作，因此不能把他们算作元老。

元老们在政治、外交、军事和财政等方面各有所长。同时，与第二次世界大战以后的大多数发展中国家领袖相比，他们对天皇、国家、国民更加赤诚、忠心，整体来说较少计较个人私利。另外，元老们在协商一致后做出决定，每个个体都能施展自己的才华来支撑整体，让国家安定是他们共同的愿望。

日俄战争之后的桂太郎（山县有朋派）和西园寺公望（政友会）的联合和他们间的政权更迭，事实上并不是通过元老制度实现的。我们可以认为这种情况是明治天皇和最有实力的元老伊藤博文对政党的成长，以及西园寺公望（政友会）的政权处理工作十分满意的结果。

如何确保制度的正当性

第四，本书探讨了对元老的质疑的发酵过程。从日俄战争之前起，在对日俄协商的不安中，人们对在宪法和法令中找不到根据的元老制度的正当性产生了质疑；日俄战争后，随着政党势力的膨胀，这种疑问渐渐扩大；以大正政变为契机，该疑问进一步扩大。同时本书还对山县有朋和西园寺公望等元老以怎样的应对方式确保元老的正当性这一点进行了论述。

自1909年（明治四十二年）元老伊藤博文遇刺后，反感政党、有陆军背景的元老山县有朋的影响力增强，元老的正当性开始受到挑战。由增设两个陆军师团的要求引起的第一次护宪运动和大正政变，甚至演变成了威胁元老制度本身存续的严重危机。

国民把最有实力的元老山县有朋和桂太郎视为"长州－陆军阀"，认为元老是不符合宪法规定的机构。公然质疑元老权力正当性的气氛日趋紧张，最终导致了元老制度的第一次存亡危机。对此，山县有朋等元老提出将天皇的诏书作为元老存续的依据，让元老从明治天皇手中接到

"元勋优待"诏书，并且在大正天皇继位后获得了同样的诏书。而这类关于诏书和元老资格的争论在明治时期没有发生，且井上馨等元老也没有接到"元勋优待"的诏书。

之后，1914年（大正三年）成为首相的大隈重信在总选举中获胜，成功使执政党同志会成为众议院第一大党。1916年他拉拢天皇，想要推荐同志会的总裁加藤高明为继任首相。这是大隈重信对元老制度发起的挑战。实力最强的元老山县有朋加强与井上馨、松方正义、大山岩（同时也是内大臣）三位元老的合作，并同时拉拢大正天皇。此外，由于西园寺公望（前政友会总裁）也作为补充加入元老集团，元老获得了政友会的支持。这样一来，以山县有朋为中心的元老们击退了大隈重信的挑战，成功摆脱了元老制度的第二次存亡危机。

另外，首相大隈重信辞职不久后，山县有朋等元老再次提出应把元老的资格和诏书关联起来，并在身边有权势的人物的帮助下通过新闻媒体把这种观点传播到了一般民众中。元老们竭力通过天皇诏书来确保元老制度的正当性。

在大隈重信内阁之后的是山县有朋派官僚的寺内正义内阁。寺内正义内阁垮台后，元老山县有朋在元老西园寺公望的说服下，同意推选众议院第一大党政友会的原敬为继任首相。由此，原敬内阁成了日本的第一个真正意义上的政党内阁，结果，元老在法律上的正当性就很难被过分质疑了。

在此后的 1921 年发生了关于皇太子妃选定问题的纠纷，山县有朋、松方正义提出辞职（包括放弃元老资格），引发了元老制度的第三次存亡危机，好在首相原敬尽力挽回了局面。

接着，1922 年，山县有朋辞世，元老中就只剩下松方正义和西园寺公望两位高龄人士了。不久后，元老制度的第四次存亡危机发生了。在此过程中，以西园寺公望为中心的两位元老在继任首相的推选问题上，拒绝了非元老人士的介入，在充分考虑政党状况后做出了合理的判断，元老的正当性因此没有受到太大的动摇。

一人元老制形成的原因和真实情况

1924（大正十三年）年 7 月松方正义去世后，元老就只剩下西园寺公望一人了，元老能否存续的问题令人惶惶不安。如果西园寺公望也有个三长两短的话，就无人能向天皇建言继任首相人选了。这时，身患疾病的大正天皇已完全无力顾及政务，年少的裕仁皇太子开始摄政，但仅发挥了形式上的作用，因此元老仍然肩负着重要责任。

然而，此时无法找到做过首相的、有实力的，尤其是能公平地履行推荐继任首相之职责的元老候选人。这是因为此时被公认为最有实力的元老候选人原敬在 1921 年遭到暗杀，另外一位合适的人选加藤高明也在 1926 年（大正十五年）病逝。在这种形势下，只身一人的元老西园寺公望制定了以内大臣为中心推荐继任首相的体制，以确保在自己发生意外的情况下也能依惯例推选首相。此外，1926 年 10 月，西园寺公望又秘密地制定了在发生政变时天皇向元老和内大臣垂问的制度，将之奏报给了摄政的裕仁皇太子，并私下告知了内大臣牧野伸显。

昭和天皇即位后，1927 年（昭和二年）4 月元老西园寺公望按照这种方式推荐了政友会总裁田中义一为首相，田中义一内阁组建，政党内阁得以继续存在。在西园寺公望的努力下，新闻媒体等质疑元老正当性的声音逐渐淡去。只要西园寺公望能保持身体健康并谨慎地完成继任首相的推荐工作，元老制度就有望继续存在。就这样，元老制度的第四次存亡危机最终也被化解了。同时，就算西园寺公望的身体出了状况，继任首相的推荐问题也基本不会受到耽误了。

在此之后，西园寺公望也主动主持并负责了继任首相的推荐工作。在 1932 年"五一五"事件后，他召集了包括身居要职的军人在内的"重臣"，听取了他们关于继任首相的意见，作为一种临时性的补充。1933 年

元　老

1月，西园寺公望基于自己的判断和内大臣秘书官长木户幸一的协助，又将继任首相的推荐方式改为由内大臣和"重臣"（享受首相离任官阶礼遇者，不包含有势力的军人）辅助，并在之后的政变中推行了这种方式。1936年2月"二二六"事件爆发之时，西园寺公望与宫相汤浅仓平、枢密院议长一木喜德郎在商议后选定了继任首相。

由此可见，在首相推荐一事上，西园寺公望能根据具体状况灵活地调整对策。这从另一个角度维护了元老权力的正当性。出现这种情形是因为他见证了伊藤博文和山县有朋等前辈对元老制度的态度，并能根据具体情况进行灵活调整。此外，单枪匹马的元老西园寺公望实际上还掌握着内大臣、枢密院议长等宫中要职的人事任免权。

这种状况一直持续到1937年1月，当时八十多岁高龄的西园寺公望身心疲惫，丧失了推荐继任首相的积极性。近些年来，一部分研究者认为，从元老仅剩下西园寺公望一人的20世纪20年代中期开始，继任首相的推荐方式就是"元老与内大臣的协商"。然而这种观点是没有抓住问题本质的形式论、类型论。事实上，到1937年1月为止，在实际层面发挥作用的都是西园寺公望的一人元老制。

以内大臣为中心的继任首相推荐
和昭和天皇

第五，本书探讨了 1937 年（昭和十二年）1 月西园寺公望实际上放弃了作为元老的职责之后，填补空缺的是谁。使西园寺公望变得消极的契机，是昭和天皇和元老西园寺公望都看好的大将宇垣一成因为陆军的反对而谢绝组阁之事。由此，八十七岁高龄且深受疾病困扰的西园寺公望开始对推荐继任首相一事有放手之意。大概是在内大臣汤浅仓平的主导下，推选工作重新进行，备受陆军期待的林铣十郎最终组建了内阁。

于是，从当年 6 月推选近卫文麿为下一任首相开始，内大臣汤浅仓平就成了中心人物。在此时的首相推选问题上，元老西园寺公望发挥的作用不是实质性的，而是象征性的，他只不过为内大臣汤浅仓平的推选权赋予了正当性。同时，由于西园寺公望事实上基本放弃了元老的职能，昭和天皇只能进一步加强与内大臣汤浅仓平的沟通联系，用内大臣来代替元老的角色。

此外，陆军内部正在推进日本与德国、意大利的三国军事同盟条约的签署工作。昭和天皇不希望三国结盟，深感危机的他进一步介入了推选继任首相等事宜。1941 年 1

元　老

月阿部信行内阁倒台，天皇于是通过一边垂问一边诱导内大臣汤浅仓平的形式，意图让海军大将米内光政成为继任首相。

这次，在天皇的命令下，枢密院议长和享有内阁总理大臣离任官阶礼遇的人士（"重臣"）分别与内大臣汤浅仓平单独见面，陈述他们对继任首相的推荐意见。通过采取听取"重臣"意见的形式，天皇竭力扩大了米内光政内阁的支持者范围。

对于缔结三国同盟这样的重大问题，天皇本应该先与元老进行协商，然后做出不偏不倚的决断；但由于元老处于事实上的缺位状态，天皇不得不通过超出宪法规定的君主机关说下的自身权限来参与解决政治问题。伊藤博文和明治天皇为了维护君主机关说下的天皇的正当性而建立了元老制度，元老职能的缺失将必然导致各种问题。

然而，虽然有昭和天皇和内大臣汤浅仓平的斡旋，但当年7月陆相辞职，米内光政内阁在约半年后因此倒台。在此前的6月，汤浅仓平患病，大佬木户幸一取而代之就任内大臣。木户幸一奉天皇之命，制订了针对继任首相推选形式的修订方案，并在米内光政内阁提交辞呈之日得到御准。新的形式是天皇先垂问内大臣，然后内大臣与枢密院议长、前首相等"重臣"进行"协商"，并在形式上咨询元老后再上奏天皇。

米内光政内阁之后，以陆军为中心，推选近卫文麿为首相的呼声日益高涨。天皇和内大臣木户幸一也对与陆军亲近的近卫文麿寄予厚望，希望他统管陆军，于是以内大臣木户幸一为中心的"重臣"会议推选了近卫文麿。"重臣"会议的召开意义不过是提高近卫文麿的威望、抑制陆军而已。西园寺公望不太看好意志软弱的近卫文麿，婉拒了奉答。于是近卫文麿再度组建了内阁。

最终，第二次近卫文麿内阁于 9 月推动了三国军事同盟条约的签订，这与天皇的期待背道而驰。西园寺公望于当年 11 月 24 日以九十岁高龄去世，本来就只具有象征性意义的最后一位元老也离世了。大约一年之后，日本发动了对美英的太平洋战争，在自我毁灭的道路上越行越远。

注　释

序　章

1. 关于元老制度，词典等文献中一直沿用着含糊释义。这是因为即使是专注于日本近代史实证研究的山本四郎所著的《元老》（『元老』，1986）一书，也未对元老制度进行明确的论述。该书对那些被称为元老的人物的品性以及家族谱系等做了一定程度的描述。从整体上看，它是一本概述性的著作，记录了自 1885 年（明治十八年）第一次伊藤博文内阁至 1940 年（昭和十五年）最后的元老西园寺公望于第二次近卫文麿内阁期间去世的这段时间的政治外交史。自此书出版直至近年来，对特定时期的元老动向及元老制度进行论述的研究并不少见，但是还没有研究将元老制度本身置于从明治至昭和战前这一广阔的背景中进行论述。准确把握元老制度的形成与变迁，描述置身其中的各位元老的人物品性和行为动向，以及明治、大正、昭和各时期的天皇的人格、权力及其与元老们的关系，这些都并非易事。

到目前为止，笔者在《关于元老的形成与变迁的若干考察》（「元老の形成と変遷に関する若干の考察」，1977）、《元老制度再考》（「元老制度再考」，1994）、《山县系官僚门阀与天皇、元老、宫中》（「山県系官僚閥と天皇・元老・宫中」，1996）、《原敬内阁与立宪君主制》（「原敬内閣と立憲君主制」，1998）等论文中，对元老制度的形成和变迁的主要脉络以及何人可谓元老进行了论述。正如本书将讲到的，直至原敬内阁时期的元老制度的概要已经在上述四篇论文中提及，而关于之后的元老制度，则由《昭和天皇与立宪君主制的瓦解》（『昭和天皇と立憲君主制の崩壊』，2005）、《元老西园寺公望》（『元老西園寺公望』，2007）等书围绕元老西园寺公望的权力与动向进行了论述。另外，笔者还在《伊藤博文》（『伊藤博文』，2009）、《山县有朋》（『山県有朋』，2009）、《明治天皇》（『明治天皇』，2006）、《原敬》上下卷（『原敬』，2014）、《昭和天皇传》（『昭和天皇伝』，2011）等著作中，对每一位元老的理念与人格、元老制度与元老的权力进行了研究，并且对其与各首相及首相权力，以及与各天皇及天皇权力的关系进行了剖析。本书也将引述在此之后由其他研究者进行的新研究，力求深化考察。另外，本书还将对照元老制度的发展进程，对元老制度的正当性进行质疑与批判，由此展开系统性的论述。本书将完成笔者个人关于元老以及元老制度论的论述，以期探明它们对近代日本而言到底意味着什么。

2. 斋藤利行（土佐出身）是个例外。他是山内容堂（前土佐藩主，该藩的实权者）所重用的人，在担任刑部大辅之后，于明治三年（1870 年）五月开始担任参议长约一年。他身为参议，但并未掌握实权，不能算是藩阀政府中强有力的人物。

3. 1873 年，木户孝允作为岩仓使节团的一员巡访欧美后回国，计划逐步设置由华族担任议员的"元老院"（上院）和"下院"，以作为建立立宪政体的一个环节。另外，1874 年 3 月，福岛县令（现在的知事）安场保和提交了设置辅佐天皇的"元老职位"的意见书，并列出了岛津久光、西乡隆盛、胜安芳、大久保一翁（旧幕僚，东京府知事）作为候选人（池田勇太「公議輿論と万機親裁」）。木户孝允的"元老"指那些活跃于明治维新时期但在新政府中并非最有权力的人。安场保和的"元老"则是既包括维新元勋，也包括胜安芳、大久保一翁这些非维新元勋人物的集团。无论是前者还是后者，这一时期的"元老"都被用来指称在政府内的地位处于"元勋"之下或是包括了一部分地位稍低的官员的集团。后文将会讲到，"元老"一词一直被这样使用到了1896年9月前后。

第一章

1. 在这之前，即恢复皇权后的庆应三年（1867年）十二月九日也有过官制改革，设置了总裁（定员一人）、议定（定员十人）、参与（定员一百人）三职。此外，明治二年（1869年）七月八日的官制改革计划在七月之内让三条实美就任右大臣，岩仓具视就任大纳言，副岛种臣（肥前藩）、前原一诚（长州藩）、大久保利通（萨摩藩）、广泽真臣（长州藩）四人就任参议。之后，前原一诚于十二月辞任，翌年二月佐佐木高行（土佐藩）补任。这里的大臣、纳言、参议被称为"三职"。然而直到八个月后的明治三年三月二十二日，"三职"都未召开集体会议（『保古飛呂比』）第四卷，318页），并且直到明治四年八月的官制改革，三职都没有充分发挥"内阁"这一政府中枢的功能。另外，涩泽荣一（大藏大臣，虽为幕臣但属木户孝允派）为这次官制改革制订了稳固的基础方案，该方案中出现了由大纳言、参议作为"内阁枢密官"来领导国政的表述，"内阁"这一用语已然登场（西川誠「廃藩置県後の太政官制改革」）。此外，于明治四年八月确立的太政官三院制，包括其人事方面，于十一月固定下来，关于这一阶段的组织、人事情况可以参考清水唯一朗的《近代日本的官僚》（『近代日本の官僚』，106～107頁）。

第二章

1. 如果公开声明主权在国家而不在天皇则会受到保守派的攻击，因此伊藤博文在向枢密院等部门进行说明时，称主权在于天皇，但天皇将主权下的重要政治活动委托给各机关负责。

2. 距此两个多月以前，宫相土方久元在写给伊藤博文的书信中表示，自己虽然身处政府之外，但"以元勋之身，受圣主之知遇，奉命回答圣主所询之事，愚认为绝非不当之事"，这里也用到了"元勋"一词（土方久元写给伊藤博文的书信，1892年4月19日，收录于『伊藤博文関係文書』六卷，457頁）。如上文所述，由于伊藤博文、山县有朋、黑田清隆这几位藩阀内最有权力的人物都没有加入松方正义内阁，内阁软弱无力，因此自1892年春以后有一种呼声越发响亮，即以曾被授予"元勋优待诏书"的三位人物为中心的实权者们，应该给予内阁建议和指导，甚至应代替松方正义重建国政。

3.1892 年 7 月 15 日，新闻媒体首次把当时藩阀中最具实权的伊藤博文、山县有朋、黑田清隆，再加上井上馨和松方正义这几个人称呼为"元勋"（『読売新聞』1892年 7 月 15 日），但是没有对被称呼为"元勋"的成员加以限定，也称呼他们为"黑幕"。《大阪朝日新闻》对藩阀政权持批判态度，一直到稍晚时，它都把在羸弱的第一次松方正义内阁背后施加影响的这一集团称为"黑幕""黑幕会议"等（『東京朝日新聞』1892 年 6 月 25 日、7月 3 日、7 月 5 日、7 月 8 日、7 月 12 日、7 月 22 日、7月 31 日、8 月 31 日）。也有把"黑幕"和"元勋"当作同一个意思来使用的媒体（『大阪朝日新聞』1892 年 7 月15 日），但用的基本都是"黑幕"一词。但是到了 1892年 7 月底，松方正义内阁提交辞呈，在明治天皇向伊藤博文、黑田清隆、山县有朋询问继任首相人选，又向井上馨咨询意见后，"黑幕"这一用语在短时间内就被"元勋"取代了（『東京朝日新聞』1892 年 8 月 4~7 日、8 月 10日、11 月 30 日、1893 年 1 月 18 日，『読売新聞』1894年 5 月 7 日、1895 年 10 月 1 日）。我们可以认为"元勋"这一称呼在《大阪朝日新闻》的社论《元勋诸公》（「元勳諸公」，1892 年 11 月 30 日）发表之时固定下来了。首

元　老

相伊藤博文的心腹内阁书记官长伊东巳代治也在 1895 年
3 月写道，山县有朋和松方正义等诸位"元勋"将加入伊
藤博文内阁（伊东巳代治写给伊藤博文的书信，1895 年 3
月 8 日，收录于『伊藤博文関係文書』二卷，312 頁），
将山县有朋、松方正义这样的藩阀实权者称为"元勋"。
但也存在以下情况：或是以"元老"一词代替"元勋"，
或是二者混用，或是用"朝野元勋"一词称呼松方正义、
伊藤博文甚至是包括大隈重信、板桓退助、品川弥二郎在
内的集团（『東京朝日新聞』1894 年 2 月 14 日、11 月 7
日）。然而，就这些词的普遍使用情况来看，一般"元
老"一词被用来称呼地位低于"元勋"的人，或是包括
了"元勋"以及地位低于"元勋"的人的集团（星亨
「政府及薩長元老株の猛省を希ふ」，『自由党党報』1891
年 10 月 25 日， 『東京朝日新聞』1892 年 8 月 16 日、
1893 年 8 月 4 日）。

第三章

1. 从 1896 年 8 月底开始，新闻媒体在称呼伊藤博文、
山县有朋、黑田清隆、井上馨（及松方正义）之际多并用
"元勋""元老"二词；到了 9 月，便开始更多地使用"元
老"一词（『東京朝日新聞』1896 年 8 月 29 日、8 月 30

日、9 月 1 日、9 月 3～5 日、9 月 8～11 日、9 月 16 日、9 月 17 日、9 月 19 日、9 月 25 日，『読売新聞』1896 年 8 月 30 日、9 月 1 日、9 月 3 日、12 月 2 日）。

2. 直到近些年来，"元老"一词一般都被解释为退居二线后仍然发挥政治影响力的实力派藩阀政治家，这类释义中包含了"从一线退下"的意思，高中日本历史教科书中也是如此解释的。通过把"元老"一词上溯至作为历史惯例的制度加以理解，元老即"黑幕"的这种当代印象终于得到了修正。

3. 如前所述，伊藤博文的心腹伊东巳代治在称呼那些参与推荐继任首相的顶级藩阀实权者时，在 1895 年 3 月之前使用的是"元勋"一词，而在此后至 1897 年年底前后则使用"元老"一词（伊东巳代治写给伊藤博文的书信，1897 年 12 月 28 日、1898 年 1 月 9 日，收录于『伊藤博文関係文書』二卷，380～381 頁）。这与他们在宫中被称为"元老"的情形相同。

4. 据目前掌握的资料来看，将"元老"和"元勋"混用的最后一例可追溯至 1898 年 11 月 1 日。当时有媒体记载，天皇把在推荐继任首相等重要国政上进行谏言的集团称呼为"元勋"（『東京朝日新聞』1898 年 10 月 31 日、11 月 1 日）。

出于惯例，元老作为一个机关逐渐固定下来。这里有

元 老

几点需要做特别说明。第一，与其他基于法律法规的政府机关中的职位相同，元老也开始被认为是一种可以辞去的职位。例如，1902 年 12 月有评论认为，伊藤博文应该就自己到底该"以元老的身份"辞去政友会总裁的职务，还是"以政友会总裁的身份辞去元老这一职务"下定决心（「元老か党首か」『報知新聞』1902 年 12 月 1 日）。第二，元老作为承担诸如推荐继任首相等重要国务的最高权力者或实权者，被认为是一种官方机构，因此"元老"这一用语也被当作形容词，用以形容该领域的最高权力者或实权者。例如在 1902 年 2 月，新闻媒体把伊藤博文、松方正义两位元老和大隈重信这三人看作财政界的最高权力者或实权者，称呼他们为"财政与伊松隈三元老"（『報知新聞』1902 年 2 月 10 日）。第三，对于那些在明治维新时期做出贡献的国家创建者，之前都是用"元勋"一词来称呼的，但此时也出现了称呼其为"元老"的情况。例如在 1902 年 7 月元老西乡从道去世时的追悼新闻中写道，"呜呼，维新之元老人才，与日月共凋谢（去世）者"前后相继，如今连君也离去，记者不禁含恨悲叹，泪流满面（「吁西郷侯」『中央新聞』1902 年 7 月 19 日）。也就是说，元老制度确立后，"元勋"一词逐渐被"元老"所取代。

另外，人们在批判伊藤博文、山县有朋等元老是老朽的藩阀旧党之时，也会用"元勋"一词称呼他们。例如，"今日以所谓元勋自称者，大多不过是往昔之遗留，意志消沉且毫无当年意气，于学识于才干，都未优胜于后进者，唯有以藩阀为残垒，不过是苟延残喘"（『東京朝日新聞』1898 年 5 月 30 日刊社论「元勲諸公」）。再或者，当指称伊藤博文等人的前辈——明治维新第一代领导人时，也会使用"元勋"一词。例如，长州三尊"伊藤博文、井上馨、山县有朋的元勋谈（与元勋相关的话题）似乎很有趣，其中伊藤博文的杂谈中还有关于吉田松阴和永（长）井雅乐的一段"（『中央新聞』1900 年 6 月 4 日刊「元勲談について」〔枢密顧問官野村靖子〈爵〉談〕）。

此外，把地位略低于"元勋"的人称呼为"元老"的旧习也还零星存在。例如，即使到了 1900 年胜海舟、品川弥二郎和大木乔任去世之际，新闻媒体仍然友善地称呼他们为"元老"（『大阪朝日新聞』1900 年 3 月 14 日）。

第四章

1. 关于元老与主要阁僚的会议及碰面的详情，可参考山本四郎《元老》（『元老』，126～128 頁）。

第五章

1. 关于第一次西园寺公望内阁辞任的理由尚有争议，有人认为是因为其在日本社会党的取缔一事上受到山县有朋批判，也有观点认为是因为其在财政方面受到了井上馨和松方正义等人的批判。然而，如果认为仅仅是因为这些批判，元老就可以使内阁辞任，就未免过于夸大了这一时期元老的权力。身体状况不佳的首相西园寺公望当政两年半，在总选举中又增加了政友会的议席，获得了一定的成就感。在这一时间点，西园寺公望觉察到了一直以来支持内阁的桂太郎、山县有朋、井上馨和松方正义等人的心理变化，综合判断自己此时应该辞职了，故而辞意坚决（伊藤之雄『元老西園寺公望』）。

2. 第二次世界大战后，有观点认为应该把桂太郎看作元老中的一员（林茂「元老」『世界歴史事典』〔平凡社，1951 年〕他），最有力的证明就是桂太郎获得了"元勋优待诏书"。但即便如此，林茂也没有说桂太郎在接受"元勋优待诏书"后马上就成了元老。与此相对，大久保利谦接受了笔者关于元老制度的研究结论，排除了桂太郎，仅将伊藤博文等八人放在"元老一览"的表格中（「元老」『国史大辞典』五卷〔吉川弘文館，1985 年〕）。

不过近年来，又有研究机械地将"元勋优待诏书"和元老资格联系到一起，认为桂太郎在第二次内阁集体辞职时接到了"元勋优待诏书"，从那时起就正式进入"元老"之列，是后来追加的元老，也就是所谓的"迟到的元老"（千葉功「大正政変前夜」，2011 年）。

　　然而，正如在本书中明确叙述的那样，在桂太郎生前，元老资格与"元勋优待诏书"之间并没有形成紧密的联系，元老们并不认为桂太郎是元老，连桂太郎自己也不认为（伊藤之雄「元老の形成と変遷に関する若干の考察」，1977 年）。如本书所述，要成为元老，除了要得到明治天皇的认可，还必须在与最有权力且深得天皇信赖的伊藤博文的权力关系（在其死后则在与山县有朋等人的关系）中被元老们承认。换言之，所谓的元老制度，就是天皇与元老们，或者说是元老制度成立前的藩阀实权者们制定的一种惯例性的制度，它会随着时代的变迁而变化。试图形式化、机械式地把握元老制度的历史研究态度会让人看不清其本质所在。

　　3. 有史料被推定为入江贯一（枢密院书记官兼枢密院议长秘书官）记录的元老山县有朋（枢密院议长）的谈话笔记。该史料记载，1912 年 12 月 5 日西园寺公望内阁上呈辞呈后，翌日元老们接到进宫令，其中山县有朋、大山岩和桂太郎三位公爵，以及井上馨侯爵应召觐见，但

元　老

松方正义侯爵因病正在静养，无法应召进宫。史料对于桂太郎和元老们被召见的方式没有做出区分（伊藤隆编『大正初期山県有朋談話筆記・政変思出草』，34 頁），但从后来的回忆录来看，这种记述是不正确的。

4. 因为桂太郎出席元老会议，且在 12 月 11 日与三位元老一起接到了天皇催促早日成立下一届内阁的"优诏"，所以在当时的媒体间，关于桂太郎究竟已成为元老与否一事众说纷纭。例如，《读卖新闻》的文章提到"山县有朋、大山岩、井上馨，以及地位等同于各元老的内大臣桂太郎等"（1912 年 12 月 14 日），仍然将桂太郎与元老区别对待。然而，《东京朝日新闻》将山县有朋公爵、桂太郎公爵、大山岩公爵和井上馨侯爵称为"觐见四元老"（1912 年 12 月 8 日），将其召开的会议称为"元老会议"（1912 年 12 月 9 日）等，将桂太郎视为元老。但正如上文所述，元老制度是一种惯例性制度。如果是普通制度下的职位，只要有一日在职就可以说曾任该职；但元老并非如此，正如大山岩的例子所展现的那样，即使出席过某一届内阁诞生时的推荐继任首相的元老会议，也并不意味着就已经成了元老。某个特定人物只有在被天皇和元老集团承认为元老，并且连续不断被召见后，其作为元老的地位才能逐渐稳固下来。桂太郎、西园寺公望和山本权兵卫正因为深知这种运作模式，因而没有把桂太郎当作元老。另外，伊藤博文的后继者——两度担任首相的西园寺公望也有过并非元老但参与元老会议的经验。那就是 1901 年 5 月第四次伊藤博文内阁提交辞呈之际，西园寺公望作为首相临时代理参加了元老会议，还就继任首相问题进行了发言（広瀬順晧監修・編集『伊東巳代治日記・記録—未刊翠雨荘日記』1901 年 5 月 17 日）。

第六章

1. 【原文】後任のこと勿論天皇の大権に属すると雖、何人か御参考の為に申上ぐべきものありやと。桂答へて曰く、的確なる考案なきも、近時加藤男［加藤高明］は人物頗る確実なるを見るが故に、同人を推薦せられては如何かと思料すと。余［山県］以為らく、之今日の情勢に於て到底行はる可きにあらず。桂も亦之を知らざる理なしと。依て単に然るかの一言を以て是に答へたり。

2. 虽然舰政本部长（中将）松本和等海军高官均与渎职事件有关的事实已被披露，但根据当时检事总长平沼骐一郎所说，海相斋藤实也参与了此事件（「倉富勇三郎日記」1927 年 12 月 1 日）。

第七章

1. 波多野敬直是大隈重信的出身地肥前藩的支藩——小城藩藩士的长子，和大隈重信一样，佐贺县是其家乡。荒船俊太郎的《宪政会和享受"元老待遇"的大隈重信》（「憲政会と『元老待遇』大隈重信」）一文指出，根据10月9日下达给大隈重信的诏书，大隈重信"在表面上和其他元老一样陪膳、受到赏赐、接受天皇咨询等，似乎获得了同样的待遇（实际上并不同）"，"之后人们就使用'元老待遇'这样的表达来指称大隈重信得到的待遇"。此外，荒船俊太郎还评价道，"对天皇的建议、辅佐被称为辅弼，大隈重信实质上是辅弼天皇的元老的一种补充"。但是，获得所谓的元老资格要满足两个条件：一方面如本书所论述的那样，须与推荐继任首相人选这一最本质的工作有持续、实质性的关联。另一方面，在明治时期须被明治天皇和元老们视为元老；在大正时期因大正天皇没有多少政治权力，所以须被元老们视为元老。当然，如果特定的人选没有以元老身份行事的意愿，他就不可能成为元老。就像笔者在《关于元老的形成与变迁的若干考察》一文中论述的那样，大隈重信不具备相应的条件，所以不能被称为元老。此外，若是元老，自然会参与宫中相关的各类重要问题的商议以及元老们的决策过程，但大隈重信实际上并没有作为元老行使政治权力。因此，对于大隈重信，不应该使用"元老待遇"这一容易造成误解的用语，以免让人误以为大隈重信拥有了元老的权力并从事了元老的工作。

2. 季武嘉也论述道，山县有朋想通过把大隈重信和西园寺公望这样的政党派人士纳入元老之列，从而强化元老的权威性，"使元老在恢复强大的领导力之后"，成立作为执行机构的"举国一致"内阁（季武嘉也『大正期の政治構造』，199 頁）。七十八岁的山县有朋在当时已是超高龄，且多次患大病。暂且不说他是否想恢复元老的强力领导，但他想把大隈重信纳入元老集团的原因之一确实是他厌恶政党内阁，试图成立不偏向特定党派的"举国一致"的内阁，这一点正如季武嘉所指出的。

第八章

1. 荒船俊太郎在《原敬内阁时期享受"元老待遇"的大隈重信》（「原敬内閣期の『元老待遇』大隈重信」）、《宪政会和享受"元老待遇"的大隈重信》（「憲政会と『元老待遇』大隈重信」）中详细描绘了大隈重信的动向，并阐明了直到寺内正毅内阁后，晚年的大隈重信仍没有丧失政治野心。这个观点很新颖，但是他关于"首相寺内正毅视大隈重信为元老"（「寺内正毅内閣期の大隈重信」，94 頁）的评价的依据并不充分。只要仔细研读山本四郎编写的《寺内正毅日记》（『寺内正毅日記』），我们就可以发现首相寺内正毅与元老山县有朋、松方正义、西园寺公望就各种各样的政治问题进行了商谈和探讨，但该日记没有提及他是否与大隈重信也有过这样的交谈。

2. 与当时有理想主义倾向的新闻舆论和大隈重信不同，原敬和西园寺公望考虑到陆军很有可能会变得难以控制，于是采取了相应的措施，从这一点可看出他们的深谋远虑。如本书第十二章所述，到 20 世纪 30 年代，元老西园寺公望、昭和天皇、首相对陆军的统制深感苦恼。从这一事实来看，与政友会等政党势力具有合作关系的桂太郎和寺内正毅作为比山县有朋年青一代的陆军实权者，在与山县有朋的政治斗争中落败，并已经去世，这令人感到十分惋惜。如果他们还活着，桂太郎成为元老，并接替山县有朋的位置，那么 20 世纪 30 年代的陆军的状态就有可能会发生改变。另外，在之后不到半年，首相原敬被暗杀，可以说这也让陆军在将来的统制方面失去了一种可能性。

3. 《读卖新闻》也在当时将大隈重信称为元老

［1921 年 11 月 7 日「両元老で奉答か」（因为山县有朋、大隈重信两位元老的异议）］。

第九章

1. 荒船俊太郎首次介绍了 1921 年 11 月 26 日的"诏书"（不过将其日期误解为 11 月 25 日，参见「元勲と元老のはざまで」）。但是，他没有关注"诏书"的具体内容，只从大隈重信与三位元老的诏书使用了相同表述，就得出结论，即"可以认为摄政宫宣布将大隈重信作为特别元老对待"或"可推断摄政宫的意志发挥了很大作用"（第 40 页）等，这种做法是错误的。关于后一点结论，除宫相牧野伸显经考虑采纳了裕仁皇太子的提议，即对与公开政务无关的宫中女官进行改革这一事例之外，摄政时代的裕仁皇太子几乎没有实权。就算是类似于这一次的与公开政务相关的"诏书"，也并不能说明他发挥了作用（伊藤之雄『昭和天皇と立憲君主制の崩壊』，第二章）。况且，这只是二十岁的裕仁皇太子摄政的第二天，在"诏书"问题上他无法表达自己的意志。荒船俊太郎在其他论文中提到，大隈重信于 1921 年 2 月、5 月、8 月拜见了生病的大正天皇。以此为依据，荒船俊太郎认为，"在宫中问题方面，大隈重信发挥着超乎元老的元老作用"（第 38

页）。大隈重信未能参与关于皇太子赴欧、设立摄政等宫中具体问题的探讨，却说他发挥了元老的作用，这是荒唐的。

2. 在山县有朋去世前，日本的元老制度不仅在中国，甚至在允许自治的美国殖民地菲律宾等东亚及东南亚地区也广为人知。例如 1920 年夏天，受菲律宾大学暑假讲习班的邀请，松波仁一郎博士（东京帝国大学法学部教授）前往讲授"日本的政治组织"这一科目，被告知"希望你能把元老或以皇室为中心的忠义等内容也讲解一下"（『読売新聞』1920 年 6 月 21 日）。此外，1922 年 2 月关于山县有朋的逝世，某中国官员表示，继大隈重信之后，山县有朋也去世了，短时间内"两位元老"的去世令人非常遗憾，但他们并不认为元老的死会对日本政治产生重大影响。而且该中国官员还认为，山县有朋的势力是大隈重信所无法比拟的，他的"一言一行"都左右着日本政权，就算是所谓的"元老政治"，通常也只表示山县有朋一人的力量，因此，可以预测山县有朋之死基本宣告了日本"元老政治"的结束（『東京朝日新聞』1922 年 2 月 4 日）。

3. 吉野作造（东京帝国大学讲师）在 1924 年度的法学部讲义中论述道，有人认为应该废除元老制度，暂且不说这种理想本身是否正确，但在当时日本的现实下它很难实现。吉野作造认为应该由众议院负责推荐继任首相人选

（「御下問範囲の拡張」），但也看出有必要改善选举中的腐败现状（吉野作造講義録研究会編『吉野作造政治史講義』，396－397頁）。这与1922年《东京朝日新闻》的谨慎立场相同。

4. 有观点将这种方式的变化称为"元老与内大臣的协商方式"（永井和「西園寺公望はいかにして最後の元老となったのか—『一人元老制』と『元老・内大臣協議方式』」，1997年）。使用"元老与内大臣的协商方式"这一表述引发了误解，让人以为元老和内大臣平等或近乎平等地进行协商。包括在这之后就善后处理措施咨询内大臣，也只是高龄元老不能回复咨询时的保险之策，它们是形式上的咨询。这从以下论述中也可以明白。当元老只剩下西园寺公望一人之后，包括根据情况增加参与推荐的人数在内的继任首相人选推荐方式，都根据西园寺公望一人的判断来进行修改。当时，推荐继任首相的工作其实不是通过"元老与内大臣的协商方式"完成的，它所基于的终究还是西园寺公望的一人元老制。"元老与内大臣的协商方式"这一用语，只不过是没有充分展现政治现实的错误形式论。

第十章

1. 1885年（明治十八年）近代内阁制度建立后，自

元　老

首相伊藤博文兼任宫相并推进宫中改革以来，宫中人事关系的决定权就由伊藤博文掌控。原因之一是，明治天皇最信任伊藤博文，伊藤博文又是藩阀势力最大的实权者。但是，19 世纪 90 年代伊藤博文接近政党后，许多藩阀官僚表示反对，纷纷集结到山县有朋的手下，导致伊藤博文缺少能够担任宫中重要职务的伊藤博文派藩阀官僚。因此，成为山县有朋派官僚的田中光显（前警视总监）于 1895 年 7 月担任宫内次官，且自 1898 年 2 月起担任宫相长达十一年以上，这象征着山县有朋在宫中的影响力越来越强。可以说，1900 年以后，得到明治天皇信任的伊藤博文和控制宫中重要人事任免权的山县有朋，在宫中人事安排上拥有对等的权限。但是，1909 年 6 月宫相田中光显辞职后，按照明治天皇的意愿，非山县有朋派的公爵岩仓具定（宫内省爵位最高的人，岩仓具视的嗣子）就任宫相。就这样，山县有朋派未能确保宫相继续由自己人担任。但是，在伊藤博文和明治天皇去世后，情况发生了很大的变化，时任枢密院议长山县有朋不仅掌控着宫中的人事安排，还基本掌控了枢密顾问官的人事安排。之后，第二次大隈重信内阁时期也发生了首相大隈重信反抗山县有朋的人事掌控权的混乱，而原敬内阁为加强首相的权力一直斗争，以从山县有朋手中夺取人事方面的权力（伊藤之雄「山县系官僚阀と天皇·元老·宫中」，第一章、第三章~五章 1，伊藤之雄『昭和天皇と立憲君主制の崩壊』，22~29 頁、87~90 頁）。

西园寺公望对宫中人事权的掌控沿袭了伊藤博文、山县有朋的先例。不过，虽说伊藤博文、山县有朋是元老，但这并不是说元老集团掌控着人事权。只有当元老剩下西园寺公望一人时，才能真正说掌控宫中人事权的是元老。

2. 永井和的《西园寺公望如何成了最后的元老》（「西園寺公望はいかにして最後の元老となったのか」）及《青年君主昭和天皇和元老西园寺公望》（『青年君主昭和天皇と元老西園寺』，212~213 頁）忽视了西园寺公望的提案的创新性，认为它只不过"再次确定了现行的'元老与内大臣的协商方式'"，山本权兵卫内阁成立时采用的是"非正式的元老与内大臣的协商方式"，而此次是"（正式的）元老与内大臣的协商方式"。但是，这样的评价只关注表面的形式，而没有充分认识元老西园寺公望的强大实权这一历史事实。

3. 在推荐田中义一为继任首相的过程中，内大臣牧野伸显与宫相一木喜德郎、侍从长珍田舍己、侍从次长河井弥八等人进行了非正式商议，这是一种新形式。之所以这样做，是因为对内大臣也进行实质性咨询的规定出现后，牧野伸显希望能慎重行事。平时，元老西园寺公望和内大臣牧野伸显在推荐继任首相方面的权力似乎是对等的。但是，如后文将述，在"九一八"事变的非常时期，当西园寺公望和牧野伸显意见发生分歧的时候，西园寺公望始终坚持自己的想法，推荐犬养毅（政友会总裁）为继任首相，让其建立了犬养毅内阁。从这一事实也可看出，相比内大臣牧野伸显，元老西园寺公望拥有的权力是压倒性的。《东京朝日新闻》报道称，作为敕使被派往京都的侍从次长河井弥八在传达天皇咨询的同时，把内大臣牧野伸显、宫相一木喜德郎的"意向也告知西园寺公望，以便西园寺公望进行参考"[1927 年 4 月 19 日晚刊（18日傍晚发行）]，这可谓领会了元老和内大臣的权力关系，正确表达了两者间的细微差别。

4. 不过，由于日本政党内阁开始发展，出现了从原则论的角度乐观看待政治的报纸文章，认为元老没有必要存在："从最近两次政权更迭也可看出，元老已不再有存在的必要。在此劝告想优雅地度过余生的西园寺公望，请利用此次昭和新政的机会，辞去元老优待。"（『東京朝日新聞』1927 年 4 月 19 日「枢密院と元老—政変を見て国民は考へよ」)

第十一章

1. 到了 1931 年 10 月 24 日，国际联盟理事会进行了

决议案的表决，决议案要求 11 月 16 日之前日本应完成在
满铁附属地的撤兵。决议案的通过需要得到参会国的一致
赞成，最后却以 13∶1（日本反对）的结果被否决。第二
天，天皇受理了有关此次事件的上奏，担心列强将对日本
进行经济封锁或者发动战争。但是，事实上列强没有发动
任何制裁。现在的联合国设置了安全理事会，对侵略性行
为的应对比国际联盟要强硬一些。但是即使在当下，一旦
在安全理事会拥有否决权的常任理事国中的三大强国美
国、中国和俄罗斯发生军事摩擦，联合国想要阻止也没那
么容易。在当时，日本是仅次于美、英的三大强国之一。

　　在这个时期，虽然有改变日本从"九一八"事变到
太平洋战争的发展轨道的可能性，而且比之后实现这点的
可能性大很多，但国联成员国由于忙于应对世界经济危机
而没有采取强硬行动。由此，日本的军部势力增长，天
皇、元老西元寺公望和若槻礼次郎内阁等虽然制定了阻止
事变扩大的方针，但还是失败了。

第十二章

　　1. 1935 年 12 月 5 日前后，首相冈田启介突然想要让
近卫文麿（贵族院议长、公爵议员）接任牧野伸显的内
大臣之职，因而十分在意元老西园寺公望的想法。当天西

元　老

园寺公望从原田熊雄那里听到消息后让原田熊雄代为传达称，自己认为此事可交由首相冈田启介判断，但希望冈田启介决定后能告诉自己结果。最终，12月10日首相冈田启介表示他认为斋藤实（前首相）是合适人选，并于14日通过原田熊雄将结果转告西园寺公望，西园寺公望对此似乎表示赞同。同时为了防止右翼的副议长平沼骐一郎升职，对于同样有辞意的枢密院议长一木喜德郎，西园寺公望和冈田启介都认为应该阻止其辞职（『西園寺公と政局』第四卷，386～393页）。三个月后，陆军青年将校发动的"二二六"政变导致冈田启介内阁垮台，西园寺公望此时认为近卫文麿是继任首相的第一候选人。关于内大臣牧野伸显的继任者人选一事，冈田启介曾想将近卫文麿作为继任内大臣候补。西园寺公望当时大概已经想以近卫文麿为首相候补，故而没有明确地表示同意。冈田启介察觉了西园寺公望的意向，因此调整为让斋藤实为继任内大臣候补。

另一方面，虽然12月4日木户幸一（宗秩寮总裁兼内大臣秘书官长）认为近卫文麿适合当内大臣，但12月9日枢密院议长同时也是与宫中渊源深厚的前宫相一木喜德郎表示自己倾向于由斋藤实接任，17日连昭和天皇都向侍从次长表示斋藤实更合适（但如果宫相汤浅仓平对此不悦的话，就以汤浅仓平为内大臣，以侍从长铃木贯太

郎为宫相）（『木戸幸一日記』1935 年 12 月 9 日、17
日）。如此一来，地位低下且权力微弱的木户幸一被孤立了。
从 21 日到 22 日在元老西园寺公望、首相冈田启介和枢密院
议长一木喜德郎之间，以斋藤实为继任内大臣的方针确定下
来了。虽然从道理上说，西园寺公望认为与内大臣相关的事
情归宫相负责，但因事关重大，首相冈田启介的意见最为重
要。西园寺公望通过原田熊雄向首相冈田启介传达了这一态
度，以确认冈田启介的最终意向（『西園寺公と政局』第四
卷，398～401 頁、『木戸幸一日記』1935 年 12 月 21
日）。从这个过程可以看出，元老西园寺由于自身年事已
高，而想让首相冈田启介代为行使宫中重要职位的推荐
权。对于此次人事变动，虽然也有一些研究的论述没有涉
及元老西园寺的影响力，且没有特别关注首相冈田启介的
作用，但这样做忽略了原田熊雄的谈话笔记《西园寺公
与政局》（『西園寺公と政局』）中的叙述，也没有认真研
读《木户幸一日记》（『木戸幸一日記』）。

第十三章

1. 新闻媒体也察知这种状况，纷纷以"园公今日之
中奉答"、"西园寺公推荐首相的情况"（『東京朝日新
聞』1937 年 1 月 24、25 日）、"对西园寺公的垂问"、

元 老

"园公奉命回答垂问"、"打破政局的道标——在坐渔庄"
（『読売新聞』1937 年 1 月 24 日、24 日号外）、"对西园
寺公的垂问"，以及 "内府急奔兴津、传达对园公的垂
问"（『東京朝日新聞』1937 年 1 月 24 日、24 日号外）
等为题，只对元老西园寺公望进行了报道。

2. 此后，"元老、内大臣、重臣的协商方式"转变为
"内大臣与元老的协商方式"甚至是 "内大臣、元老、重
臣的协商方式"。有人认为西园寺公望的身份此时可以说
已经只是 "半元老"了（永井和『青年君主昭和天皇と
元老西園寺』，226 頁）。但是，这些观点都无视西园寺公
望的情况和感受，犯了类型论的错误。正如前文所述的那
样，到 1937 年 1 月宇垣一成谢绝组阁为止，西园寺公望
孤军奋战，承担起了元老的全部责任。虽然他得到了内大
臣等人的协助，但继任首相的推选和宫中人事的安排等事
务基本由其一人决断后再奏报给天皇。在此之后，由于已
经看不到元老一职的前途，再加上自己当时已是八十七岁
的高龄，西园寺公望一下子丧失了气力，实际上放弃了元
老的工作（伊藤之雄『元老西園寺公望』）。

第十四章

1. 从 19 世纪 90 年代末期开始，唯山县有朋马首是

瞻的山县派陆相与山县有朋协商后进行了继任陆相的人事安排，山县有朋和陆相成为统管陆军的中心（伊藤之雄『山県有朋』）。山县有朋去世后，陆相和前陆相等政坛大佬虽然也发挥了一定的影响力，但是1931年缺乏军政经验的南次郎就任陆相之后，陆相的影响力开始衰落。故而从1934年林铣十郎被选为陆相荒木贞夫的继任者开始，就形成了三大长官会议选定、推荐，天皇任命陆相的形式（森靖夫『日本陸軍と日中戦争への道』，第三、四章）。

2. 昭和天皇为了阻止事态向着三国军事同盟的方向发展，启用首相米内光政和陆相畑俊六，对他们寄予了厚望，然而畑俊六辞职，米内光政内阁也倒台了。对此，不仅天皇，元老西园寺也感到很失望。出现这种情况，与当时陆军精英将校阶层中的人事惯例，以及盛行的不建立东亚或者世界新秩序，日本就无法生存的思想有关。武藤章之所以能在1939年9月30日就任陆军部要职——军务局长，是因为陆军次官山脇正隆接受咨询后，以军务局各课长等为中心进行了讨论，最终决定由武藤章担任这一职务。这个时候的武藤章已经决定不介入欧洲愈演愈烈的第二次世界大战，而是希望整顿国内体制以建立"国防国家体制"，并将终结日中战争作为当下的紧要任务。武藤章认为，随着第二次世界大战的爆发，世界已进入了"战国时代"，成为弱肉强食的战场。列强竞相建立本国

的"国防国家体制",因此日本绝不能"安闲"地立于局
外之地,建立日本自己的"国防国家体制"已刻不容缓
(川田稔『昭和陸軍全史』3,10~13頁)。

　　像武藤章这样认为日本无法在欧美达成平衡的既有秩
序中生存的人,在军务局内被大家推选出来,我们可推测
类似的情况也同时发生在陆军部、参谋本部。因而可以认
为,即使政府起用了对欧美平衡(他们所说的旧秩序)
有深刻理解且视野广阔的陆相,后者也无法统帅陆军的各
个部局。另外,如果陆军上下团结一致,想要推翻致力于
维持欧美平衡(旧秩序)的内阁也不太困难。也就是说,
通过 20 世纪 30 年代在陆军内部出现的看似民主的人事变
动(所谓的陆军内部的"下克上"),视野狭隘的中坚精
英将校们组成集团,逐渐在事实上左右国政发展方向,导
致了这种个人不需要担责的状况出现。

后　记

　　我对元老和元老制度这一课题的兴趣，可以追溯到本人还有一年多的时间就要从京都大学文学部毕业的 1974 年秋天。我的毕业论文以元老为主题，我于 1976 年 1 月提交了一份由两百多页四百字规格的稿纸写就的论文。我从其主要部分提炼出约四分之一后发表了《关于元老的形成与变迁的若干考察——以推荐继任首相的功能为中心》（「元老の形成と変遷に関する若干の考察—後継首相推薦機能を中心として—」『史林』60 卷 2 号、1977 年 3 月）。

　　当时为了撰写论文，我每天都在思考元老和元老制度的问题，晚上伊藤博文和山县有朋等人甚至会出现在我的梦中。即使算上之后的人生历程，这种体验也是绝无仅有的，年轻时的热情真是令人怀念。

　　在此后的四十多年的岁月中，我也是一有机会便开始研

元　老

究元老的问题。如今，我已六十三岁，这在过去已是退休的年龄，在这个节点能成书一册真是令人感慨万千。然而要充分勾勒出元老、元老制度的轮廓，还需要对近代日本的三位天皇以及各位元老的理念、权力、人物性格等形成系统的理解，完成这些工作比想象中耗费了更多时间。

我在京都大学大学院法学研究科最初的学生之一泷井一博（现为国际日本文化研究中心教授）在这十年中曾多次向我建议，希望我将一直以来对元老的研究成果整理成册。虽然我最初也是这样打算的，但中国学者等对可称为近代日本政治特色的元老制度十分关心，在与他们的答疑互动中，我改变了想法：比起研究论文集，将其以新书的方式来出版将更有意义，这样也能获得更广泛的读者群体。

本书的初稿是在 2015 年 4 月到 9 月，也就是我在牛津大学日产研究所做研究的期间写就的。在牛津大学时，我虽然会经常拍摄有关英国近代远东政策的原文书，或者参加英国史及其他各种主题的研讨会，但我的写作时间十分充足，这主要得益于京都大学法学研究科允许休假的制度。

此外，我还想对接纳我为教授的日产研究所所长 S. Konishi 教授以及牛津大学的各位同仁表示感谢。拥有多种学科背景的 Konishi 教授的人格魅力吸引了来自世界各国的研究生，我由此能经常参加各种他们的讨论会。离开牛津之前 Konishi 教授夫妇邀请我与他们共进晚餐，以为我送行，这一切都成了我美好的回忆。

此外，在牛津大学时，我遇到了同样前来海外研究的庆应大学的八代充史教授夫妇和法政大学的白鸟浩教授，我也深受他们的照顾。在"八代亭"的三次用餐中，八代充史教授的夫人大展身手做了美味的日式料理，再配上红酒，大家完全超越了各自的专业背景畅所欲言，身心都得到了极大的放松。白鸟浩教授亲自驱车带我前往苏格兰的六天旅行，也成为我在英国期间的亮点。我们参观了古罗马时期的历史遗迹和博物馆等，一边感受着英格兰、苏格兰的自然和风土人情，一边谈论英国和欧洲（尤其是北欧）与日本在政治、历史和文化上的差异，这也成为宝贵的经历。

从 2015 年开始，叙利亚和非洲等地的难民以前所未有的规模蜂拥至欧洲。英国的卡梅伦首相和德国的默克尔总理等的应对措施整日在 BBC（英国广播公司）的电视台上播放，同时我也看了纪念滑铁卢战役二百周年的展览和特别节目。在我思考历史中个人的作用，以及面对环境的变化我们应该如何应对等问题时，它们给了我很大的启发，对本书的完成起了很大作用。

由于照顾家母和家中老狗，妻子未能随我来到英国。

元　老

在我独自一人的生活中多亏她一直支持着我。在完成拙作之时，妻子也发挥了不可或缺的作用。

在写作本书的过程中，上广伦理财团为我提供了包括往返英国的旅费等研究费用，给了我很大的支持，在此表示深深的感谢。

最后，中公新书编辑部长白户直人先生为本书的构架等提供了很多有益的建议，在此也深表谢意。

伊藤之雄

2016 年 3 月 28 日　于樱花盛开的鸭川前

主要参考文献

限于本书直接引用的资料。《日本外交文书》和外务省（外交部）外交史料馆、国立国会图书馆宪政资料室以及防卫省防卫研究所图书馆馆藏的史料和研究著作、论文等，已经在笔者的论著和论文中有所引用，因此很多都没有直接提及。同时，国立国会图书馆收藏、保管的各文书名中的"关系"也被省略了。

未刊行史料

「徳大寺実則日記」（写）（「旧渡辺文庫」早稲田大学図書館所蔵）

「土方久元日記」（首都大学東京図書情報センター所蔵マイクロフィルム）

「倉富勇三郎日記」（国立国会図書館憲政資料室所蔵）

元　老

「井上馨文書」（国立国会図書館憲政資料室所蔵）

「寺内正毅文書」（国立国会図書館憲政資料室所蔵）

「大山巌文書」（国立国会図書館憲政資料室寄託）

「松本剛吉文書」（国立国会図書館憲政資料室所蔵）

「伊藤博文文書」（国立国会図書館憲政資料室所蔵）

「熊谷八十三日記」（国立国会図書館憲政資料室所蔵）

宮内庁編『昭和天皇実録』（宮内庁書陵部所蔵）（うち既刊、宮内庁編『昭和天皇実録』第一～第七〔東京書籍、2015～16年〕）

已刊行史料

伊藤隆編『大正初期山県有朋談話筆記・政変思出草』（山川出版社、1981年）

伊藤隆、広瀬順晧編『牧野伸顕日記』（中央公論社、1990年）

伊藤博文関係文書研究会編『伊藤博文関係文書』全九巻（塙書房、1973～81年）

大塚武松・藤井甚太郎編『岩倉具視関係文書』全八巻（日本史籍協会、1927～35年）

岡義武・林茂校訂『大正デモクラシー期の政治―松本剛吉政治日誌』（岩波書店、1959年）☆本文中では『松本剛吉政治日誌』と略した

木戸日記研究会編『木戸幸一関係文書』（東京大学出版会、1966 年）

木戸日記研究会編『木戸幸一日記』上・下巻（東京大学出版会、1966 年）　小林龍夫編『翠雨荘日記』（原書房、1966 年）

小林龍夫編『現代史資料 7　満州事件』（みすず書房、1964 年）

東京大学史料編纂所編『保古飛呂比』全十二巻（東京大学出版会、1952 年、1976 ~ 79 年）

原奎一郎編『原敬日記』全六巻（福村出版、1965 ~ 67 年）

原田熊雄述『西園寺公と政局』全九巻（岩波書店、1950 ~ 56 年）

原田熊雄編『陶庵公清話』（岩波書店、1943 年）

広瀬順晧監修、編集『伊東巳代治日記・記録——未刊翠雨荘日記』全七巻（ゆまに書房、1999 年）

本庄繁『本庄日記』（原書房、1967 年）

山本四郎編『寺内正毅日記—1900 ~ 1918』（京都女子大学、1980 年）

吉野作造講義録研究会編『吉野作造政治史講義 矢内原忠雄・赤松克麿・岡義武ノート』（岩波書店、2016 年）

元　老

报纸、杂志

『大阪朝日新聞』

『東京朝日新聞』

『東京日日新聞』

『中央新聞』

『報知新聞』

『読売新聞』

『万朝報』

『自由党党報』

単行本

伊藤隆『近衛新体制—大政翼賛会への道』（中公新書、1983 年）

伊藤之雄『大正デモクラシーと政党政治』（山川出版社、1987 年）

伊藤之雄『立憲国家と日露戦争—外交と内政』（木鐸社、2000 年）

伊藤之雄『政党政治と天皇　日本の歴史 22』（講談社、2002 年〔講談社学術文庫版、2010 年〕）

伊藤之雄『昭和天皇と立憲君主制の崩壊—睦仁・嘉仁から祐仁へ』（名古屋大学出版会、2005 年）

伊藤之雄『明治天皇—むら雲を吹く秋風にはれそめて』（ミネルヴァ書房、2006 年）

伊藤之雄『元老西園寺公望―古希からの挑戦』（文春新書、2007 年）

伊藤之雄『山県有朋―愚直な権力者の生涯』（文春新書、2009 年）

伊藤之雄『伊藤博文―近代日本を創った男』（講談社、2009 年〔講談社学術文庫版、2015 年〕）

伊藤之雄『昭和天皇伝』（文藝春秋、2011 年〔文春文庫版、2014 年〕）

伊藤之雄『原敬―外交と政治の理想』上・下巻（講談社選書メチエ、2014 年）

円城寺清著、京口元吉校訂『明治史資料　大隈伯昔日譚』（冨山房、1938 年）

笠原英彦『天皇親政―佐々木高行日記にみる明治政府と宮廷』（中公新書、1995 年）

川田稔『昭和陸軍全史』全三巻（講談社現代新書、2014 ~ 15 年）

宮内庁編『明治天皇紀』全十三冊（吉川弘文館、1968 ~ 77 年）

久保田哲『元老院の研究』（慶応義塾大学出版会、2014 年）

小林道彦『大正政変―国家経営構想の分裂』（千倉書房、2015 年）

元　老

　　坂本一登『伊藤博文と明治国家形成―「宮中」の制度化と立憲制の導入』（吉川弘文館、1991 年〔講談社学術文庫版、2012 年〕）

　　清水唯一朗『近代日本の官僚―維新官僚から学歴エリートへ』（中公新書、2013 年）

　　季武嘉也『大正期の政治構造』（吉川弘文館、1998 年）

　　髙橋正衛『二・二六事件―「昭和維新」の思想と行動』（中公新書、1965 年）

　　瀧井一博『ドイツ国家学と明治国制―シュタイン国家学の軌跡』（ミネルヴァ書房、1999 年）

　　瀧井一博『文明史のなかの明治憲法』（講談社選書メチエ、2003 年）

　　ディキンソン、フレドリック＝R『大正天皇――躍五大洲を雄飛す』（ミネルヴァ書房、2009 年）

　　寺崎英成/マリコ＝テラサキ＝ミラー『昭和天皇独白録―寺崎英成・御用掛日記』（文藝春秋、1991 年）

　　奈良岡聰智『加藤高明と政党政治―二大政党制への道』（山川出版社、2006 年）

　　奈良岡聰智『対華二十一ヵ条要求とは何だったのか―第一次世界大戦と日中対立の原点』（名古屋大学出版会、2015 年）

坂野潤治『明治憲法体制の確立―富国強兵と民力休養』(東京大学出版会、1971 年)

増田壮平『坐漁荘秘録』(静岡新聞社、1976 年)

松尾尊兊『普通選挙制度成立史の研究』(岩波書店、1989 年)

松田好史『内大臣の研究―明治憲法体制と常侍輔弼』(吉川弘文館、2014 年)

室山義正『松方正義』(ミネルヴァ書房、2005 年)

森靖夫『日本陸軍と日中戦争への道―軍事統制システムをめぐる攻防』(ミネルヴァ書房、2010 年)

山本四郎『大正政変の基礎的研究』(御茶の水書房、1970 年)

山本四郎『山本内閣の基礎的研究』(京都女子大学、1982 年)

山本四郎『元老』(静山社、1986 年)

井原頼明『増補皇室事典』(冨山房、1942 年)

『新漢語林』(第二版、大修館書店、2011 年)

『広辞苑』(第六版、岩波書店、2008 年)

大久保利謙「元老」(『国史大辞典』五巻、吉川弘文館、1985 年)

林茂「元老」(『世界歴史事典』六巻、平凡社、1951 年)

元　老

論文

荒船俊太郎「元勲と元老のはざまで―大隈重信『元老』となる」（『早稲田大学史記要』39 巻、2008 年 2 月）

荒船俊太郎「原敬内閣期の『元老待遇』大隈重信」（『早稲田大学史記要』40 巻、2009 年 3 月）

荒船俊太郎「憲政会と『元老待遇』大隈重信―加藤高明首班擁立工作の展開と挫折」（安在邦夫他編『近代日本の政党と社会』日本経済評論社、2009 年）

荒船俊太郎「寺内正毅内閣期の大隈重信―『元老待遇』の出発」（『早稲田大学史記要』41 巻、2010 年 3 月）

池田勇太「公議輿論と万機親裁―明治初年の立憲政体導入問題と元田永孚」（『史学雑誌』115 巻 6 号、2006 年 6 月）

伊藤之雄「元老の形成と変遷に関する若干の考察」（『史林』60 巻 2 号、1977 年 3 月）

伊藤之雄「元老制度再考―伊藤博文・明治天皇・桂太郎」（『史林』77 巻 1 号、1994 年 1 月）

伊藤之雄「山県系官僚閥と天皇・元老・宮中―近代君主制の日英比較」（『法学論叢』140 巻 1・2 号、1996 年 11 月）

伊藤之雄「原敬内閣と立憲君主制」（一）～（四）
（『法学論叢』143 巻 4 ～ 6 号、144 巻 1 号、1998 年
7 月 ~ 10 月）

伊藤之雄「昭和天皇・元老・宮中勢力の情報・ネットワークと政治」（猪木武徳編著『戦間期日本の社会集団とネットワーク—デモクラシーと中間団体』NTT 出版、2008 年）

伊藤之雄「原敬と選挙区盛岡市・岩手県—国際環境に適応する新しい秩序観と体系的鉄道政策」（伊藤之雄編著『原敬と政党政治の確立』千倉書房、2014 年）
刈田徹「宮中某重大事件に関する基礎的史料の研究—佃信夫の手記『皇太子妃廃立事件日誌補遺』の解題と紹介」（『拓殖大学論集　政治・経済・法律研究』8 巻
1・2 号、2006 年 3 月）

菅谷幸浩「天皇機関説事件展開過程の再検討—岡田内閣・宮中の対応を中心に」（『日本歴史』705 号、2007 年 2 月）

高橋秀直「征韓論政変の政治過程」（『史林』76 巻
5 号、1993 年 9 月）

千葉功「大正政変前夜—『遅れてきた元老』桂太郎を中心として」（『研究年報』〔学習院大学文学部〕
58 号、2011 年）

元　老

　　永井和「西園寺公望はいかにして最後の元老となっ
たのか―『一人元老制』と『元老・内大臣協議方式』」
（『京都大学文学部研究紀要』36 号、1997 年 3 月、のち
に同『青年君主昭和天皇と元老西園寺』京都大学学術
出版会、2003 年に所収）

　　西川誠「廃藩置県後の太政官制改革―渋沢栄一と
江藤新平―」（鳥海靖他編『日本立憲政治の形成と変
質』吉川弘文館、2005 年）

　　平松良太「ロンドン海軍軍縮問題と日本海軍―一
九二三～一九三六年」（一）～（三）（『法学論叢』169
巻 2・4・6 号，2011 年 5・7・9 月）

　　三谷太一郎「大正期の枢密院」（『枢密院会議議事
録 別冊』東京大学出版会、1990 年）

　　吉野作造「憲政の本義を説いて其有終の美を済す
の途を論ず」（『中央公論』1916 年 1 月号）

图书在版编目（CIP）数据

元老：近代日本真正的指导者／（日）伊藤之雄著；
沈艺，梁艳，李点点译. －－北京：社会科学文献出版社，
2019.9

ISBN 978 － 7 － 5201 － 4334 － 9

Ⅰ.①元… Ⅱ.①伊… ②沈… ③梁… ④李… Ⅲ.
①政治制度－研究－日本－近代 Ⅳ.①D731.39

中国版本图书馆 CIP 数据核字（2019）第 028312 号

元 老
——近代日本真正的指导者

著　　者／〔日〕伊藤之雄
译　　者／沈　艺　梁　艳　李点点

出 版 人／谢寿光
责任编辑／张金勇　廖涵缤
文稿编辑／成　琳　刘　韬

出　　版／社会科学文献出版社·甲骨文工作室（分社）（010）59366527
　　　　　　地址：北京市北三环中路甲 29 号院华龙大厦　邮编：100029
　　　　　　网址：www.ssap.com.cn
发　　行／市场营销中心（010）59367081　59367083
印　　装／北京盛通印刷股份有限公司

规　　格／开　本：889mm × 1194mm　1/32
　　　　　　印　张：12　字　数：219 千字
版　　次／2019 年 9 月第 1 版　2019 年 9 月第 1 次印刷
书　　号／ISBN 978 － 7 － 5201 － 4334 － 9
著作权合同／图字 01 － 2017 － 4970 号
登 记 号
定　　价／72.00 元